JN044007

マクロ経済動学

景気循環の起源の解明

Interaction-driven Macroeconomic Fluctuations

楡井 誠 著

有斐閣

『マクロ経済動学』

目　次

第 II 部　ミクロからマクロ振動へ

第4章　ミクロ起源の総投資振動————————94

第5章　物 価 振 動————————————131

第6章　資産価格とマクロ経済：準備————————164

第7章　資産価格振動と市場による学習————————182

序　章 ▰▰▰▰▰▰▰▰▰▰▰▰▰▰▰▰▰▰▰▰
景気変動の起源

1　なぜマクロ変動が生じるのか

　景気変動を引き起こす原因は何か。本書はこの古い問いに新しい答えを求める試みである。

　従来のマクロ経済学では，総需要の外生的なショックが GDP と雇用の変動を引き起こすと教えられてきた。ケインズの重視した企業家のアニマル・スピリッツ（血気）がその代表例だ。ケインズの説いた有効需要の原理は，マクロ経済の短中期的変動を見るうえで実務的に有効な視点として現在に至るまで機能し，大学学部における経済学教育の主要な柱であり続けてきた。

　一方で 1970 年代以降，動学一般均衡理論の導入によってマクロ経済学の革新が起こり，高度なマクロ経済政策の所轄当局が準拠する経済理論は，少なくとも見かけの上で一変した。基本モデルに動学一般均衡を採用したことで，マクロ経済学は 2 つの点で包摂的になった。1 つは，ミクロ経済学を取り込み，ミクロデータとの理論的接点を確立したことである。精細なミクロ行動がデータ化され集積される現代社会の趨勢は今後もとどまるところを知らない。マクロ経済統計のほかには体系的統計を持たなかった 20 世紀中葉と比較したとき，マクロ経済学にとっての最大の環境変化はデータであり，新しいマクロ経済理論はこの点に対応している。

　もう 1 つは，異なる経済政策思想を同じ土俵にのせて包摂する意味を持った。ケインジアンやマネタリストといった諸学説は今や同じモデルの上で意思疎通し，前提条件や理論的含意が同一理論内で明らかにされ，対応するデータ

によって検証されている。少なくとも，そのような意味における科学的な仮説検証プロセスが学界に期待され，活発な国際的議論に結実している。20世紀初頭までは，ケンブリッジ大学で口頭の教えを受けなければその真髄がわからない秘儀のようだった経済学[1]は，明解で包摂的な数理的基盤を持つことで，学ぶ気さえあれば誰もが学べ，自分の考えをモデルに反映してデータに照らし合わせ政策論戦に参加することができるという，いわば民主化に成功した。

統一的な数理基盤を持つことの代価として，理論の抽象度は上がった。学部教育と，政策担当者が共有する大学院レベルの経済学のギャップは大きくなった。動学一般均衡に相性の良い仮説・悪い仮説も明らかになってきた。有効需要原理は相性の悪い仮説の好例だろう。しかし，一般均衡理論が本来許容している高い自由度を探索し，広範な諸仮説を計算機上に実装したり，あるいは人間の頭でも理解できるように簡単化したりといった彫琢が，今も進んでいる。不完全競争，不完備市場，非ワルラス的市場，情報の非対称性，外部性といった要素は動学一般均衡理論の含む定番メニューとなり，限定合理性や認知バイアス，家計・企業・産業連関の異質性といった新メニューが開発されている。

2 マクロ変動を引き起こすミクロ相互作用の条件

本書では，動学一般均衡の枠組みの中で，既存の景気循環論では見過ごされてきた要因に焦点を合わせる。本書が注目するのは，ミクロの行動主体が**相互作用**することで，ボトムアップにマクロ変動が生じる可能性である。可能性だけなら何にでもあろうから，問題となるのは，どの相互作用がマクロ変動につながり，どれはつながらないのかという腑分けだ。そこに，動学一般均衡という規律が役に立つ。ミクロ経済学的基礎を活用することによって，ボトムアップなマクロ変動が生じる経済的局面を識別し，変動の原因の経済学的論理を明らかにすることが本書の狙いである。

■ **同調性**　マクロ振動を引き起こすミクロ的相互作用の条件の1つは，行動の伝播が局所的にとどまらないほどには十分に強いが，皆が同調してしまう

---

1)　マクロ経済学における "oral tradition" については Keynes (1924) や Patinkin (1969) 参照。

ほどには強すぎないことだ。この条件は，ウイルスの再生産数とパンデミックの関係に似ている。1人の感染者が感染を広げる平均的な再生産数が1より小さい場合は，新規感染は局所的にとどまるため，感染拡大がマクロ的に感知できる水準に達しない。一方，再生産数が1より大きい場合は，新規感染者数は指数関数的に増大し感染爆発を起こす。感染爆発は社会の大多数が感染者になって集団免疫を獲得することで終息する。どちらの場合でも，マクロは安定的な相へ移行する。

　しかし，再生産数がちょうど1に等しいとき，あるいは1近傍で揺動する場合は様相が異なる。ミクロの感染連鎖が指数関数的には減衰しないため，マクロレベルに影響を及ぼす伝播力を持ちうる。しかし集団免疫をすぐに達成するほどの一方的な感染力は持たない。再生産数がちょうど1であるような，マクロ的に安定な2つの相の境界にあたるパラメータ値のことを**臨界点**と呼ぶ。臨界点上ではミクロの相互作用がマクロのゆらぎに転化する。感染症の場合であれば，局所的感染にとどまったり大域的な感染拡大がもたらされたりと，新規感染者数がマクロ的に感知できるレベルで振動し，予測できない確率的な動きを見せる。

　臨界現象の物理的な例に水の沸騰がある。水分子 H_2O は，水のときも水蒸気のときも分子構造自体は変わらない。変わるのは分子と分子の関係，相互作用である。摂氏0度と100度の間では，水分子の集まりは流体となって安定的な関係を結ぶ。100度より上では，気体として安定的な関係にある。流体相と気体相という安定的な2つのマクロ的な相の境界が沸点という臨界点である。臨界点上で水分子の集まりは，ときに水の交わり，ときに蒸気の交わりとなる。湯を沸かすと現れる大小さまざまな気泡は，ミクロの相互作用がマクロにもたらすゆらぎの証左である。

　臨界点は，連続的なパラメータ領域の中の1点なので，パラメータがたまたまその値をとる確率はゼロだ。水の沸騰を観察するためには，温度パラメータがちょうど沸点になるよう人間が調節しなければならない。それでは臨界現象は必ず，自然には発生しない人為的現象なのだろうか。そうとは言い切れない。沸騰した水が蒸発してなくなってしまうまでの間，やかんの水が沸点にとどまるように，エネルギー開放系の定常状態として臨界状態が保持されることは考えられる。また沸点が気圧に依存して変化するように，臨界点はシステ

ムの大域的な性質に依存しうる。相互作用パラメータを動かす大域的な動学があり、その動学の安定点が相互作用パラメータの臨界点になるようなシステムがあることが知られている。そのような動学は臨界現象の**自己組織化**と呼ばれる。

　本書は、ミクロ的相互作用が臨界点上で引き起こすマクロ的ゆらぎとして景気変動を捉える。そこで直ちに問題となるのは、ある種の相互作用がなぜ臨界性を示さなければならないのか、ということだ。相互作用の臨界性の自己組織化が経済原理によって引き起こされる場所こそが、本書の長い旅路の行先である。

■　**離散性**　　マクロ振動を引き起こすミクロ的相互作用のもう1つの条件に、ミクロ行動の**離散性**を据える。通常、モデル変数が離散か連続か自体に深い含意はない。解析を用いて解く場合は連続が便利だし、コンピュータを使って解く場合はどこかで離散にする必要がある。モデルの分析者は都合に応じて離散と連続を行き来するが、これができるのは多くの場合で離散モデルと連続モデルが互いのよい近似になっているためだ。しかし本書で追究するメカニズムには離散性が深く関わる。より正確にいうと、ミクロ行動の**非線形性**がマクロ的振動を生み出す1つの鍵となっており、非線形行動の単純版として離散選択をハイライトする。工場の新設から歯ブラシの交換まで、離散選択は経済行動にありふれているからである。

　本書では深く立ち入らないが、外力によらない内生的変動を表現する広いクラスの数理として非線形力学が知られている。例えば不動点近傍では発散傾向があるのに、遠くからは不動点に収束する傾向を持つ、カオス力学がある。ほかにも、自律的な振動子を結合するとマクロ的な同調が起こることが知られている。振り子時計を開発したホイヘンスは1665年、同じ梁に取り付けた2つの振り子が長期的に同期することを発見した。これは壁を伝う弱い作用によって振り子が位相を引きつけ合うことによる。この現象の多自由度版、つまりたくさんの振り子がつながっている場合の同期を解析した蔵本振動子モデル（Kuramoto, 2003）は、経済理論家の中にも密かなファンがある。しかし蔵本モデルによって景気変動を説明した研究は未だない。理由の1つは、調和的であれカオス的であれ減衰しない振動を示すミクロ的行動が、離散的調節以外に

はあまり経済に見受けられないためである。本書第Ⅱ部では，ミクロの離散調節の相互作用が引き起こす確率的同期現象に焦点を合わせていく。

3　マクロ変動の3つの震源

■ **設備投資**　　臨界性と離散性という2条件を満たす経済的相互作用として，本書では3つを提起する。1つは企業の設備投資である。近代的な工業経済は，複製可能な生産技術（ブループリント）をもとにした規模拡大的（スケーラブル）な財供給体制を持つ。そのような生産技術は，ロット生産の**不可分性**と，ロット単位の規模に関する**収穫一定性**という性質をはらむ。規模の収穫一定性のもとで生産の限界費用は規模に関わらず一定となる。このため均衡要素価格からは財供給側の生産水準が決定されず，財市場は**需要決定的**になる。このような生産技術のもと，一定の製品価格支配力を持つ多数の独占的企業が競争する状況を考える。価格支配力があるために総生産は効率点よりも過小になっているので，企業の設備投資による有効需要増大は，雇用増と所得増を通じて内生的な需要増に波及する**需要外部性**を持つ。需要外部性は企業の設備投資行動を**戦略的補完関係**にする。つまり，ある企業の投資が他の企業投資を促す関係にする。さらに規模の収穫一定性のもとでは，この補完関係が1対1，つまり感染拡大の再生産数が1であるような臨界状態になる。臨界点において総投資は，あたかもアニマル・スピリッツの所業に見えるような内生的変動を示す。第Ⅱ部4章でこのメカニズムを詳説する。

■ **物価**　　2つ目は，企業の製品価格付けである。設備投資と消費が順循環するのが景気循環の特徴だが，投資の内生的変動と消費の正相関を導く要因と目されるのが物価水準の**粘着性**である。財需要が増大したときに値上げによって対応できないのなら，企業は増産に動き労働需要を増大させて家計所得を引き上げるからだ。しかし物価は，いずれは動く。それはどのように動くのか。財価格を設定する主体は，他企業と競合しながら一定の価格支配力を保つ企業である。企業は取引先や競合企業の値付けを横目に見ながら値付けする。平均的な財価格と比較したときの自製品の相対価格を一定に保とうとするなら，企業は物価水準の変化に1対1対応して値付けすることになる。ここに臨界的

再生産数 1 を再び見出すことができる。すべての企業が平均価格に追随して値付けをしているとき，物価の絶対水準は非決定にならざるをえない。実際，経済学がとりあえずのベンチマークとする**貨幣中立的経済**では，すべての財価格と名目賃金のいっせいの上昇は，資源配分を変化させない。つまり，あらゆる物価水準が均衡で可能である。ではそのような経済に，値付けの離散性があったらどうなるだろうか。第 I 部 2 章で見るように，現代の金融政策議論の土台となる**ニューケインジアン・モデル**では企業の不連続な価格改定を前提するのが一般的である。第 II 部 5 章では，このような価格付け行動の離散性が平均的物価水準の確率的振動をもたらすことを示し，さらに高インフレ経済ではインフレ振幅が大きいという実証事実を説明する。

■ **資産価格**　3 つ目は，資産市場における投資家の取引である。経済には無数の投資プロジェクトがある。その成否は不確実であり，よいプロジェクトを選り抜けるかどうかに経済の未来はかかっている。その選別をする重要な場が資産市場である。資産市場には無数の投資家が集まり，プロジェクトの真の価値を見極めようとする。投資家たちはそれぞれ得意とする分野の情報を集め，プロジェクトの価値を見定め，その資産価格が安ければ買い，高ければ売る。その売買を通じて，見込みの薄いプロジェクトから資金が流出し，有望なプロジェクトに資金が集まることで，資産市場は資本の効率的配分を実現する。しかし，うまくいかないこともある。投資家はそれぞれにプロジェクトについての見識を持つが，自分が知らないことを他の投資家が知っている可能性があることも承知している。すると資産市場は，投資家が相手の持つ情報を読み合おうとするゲームになる。ある資産の値が上がるのを観察した市場参加者は，その資産について自分の知らないよいニュースがあったのかもしれないと考え，わずかばかり買いに傾く。市場参加者の中には元から買い気が高く，新しい推測を織り込んだことがきっかけになって実際に買う者もいるかもしれない。するとその買いは，元から買い気が高かった投資家がいたことを市場に開示し，資産価格をさらに引き上げる。このようにして資産価格が伝達する情報効果によって，投資家の資産買付け行動は戦略的補完の関係に置かれる。ケインズは資産市場のこの状況を，優勝した候補に投票した人に景品が当たるような，新聞紙上の美人投票になぞらえた。投票者たちが，平均的な投票行動に追随する

ような投票行動をとると，思惑への思惑からどの候補が選ばれても不思議で
ない。同じようなことが資産市場でも起こりうる。投資家が平均的投資家の行
動に追随しようとするとき，1人の買いは平均的に1人の追随買いを招き，資
産需要の臨界的な振動を引き起こす。第7章ではこのようなモデルを用いて，
資産価格で実証的に観察される振動分布である冪乗則を解明する。

4　効率性と安定性のトレードオフ

　経済学が効率的な資源配分に大きな関心を寄せる学問であることはよく知ら
れている。各人がもっぱら自らの関心に沿って意思決定しているときでも，競
争的な市場が完備していれば社会的に効率的な資源配分が達成されることを，
厚生経済学の基本定理は示した（第1章参照）。このことは，営業の自由，職業
の自由，契約の自由など，個人の経済行動の基本的自由が認められた自由主義
経済において，適切に整えられた市場を通じて分権的社会がうまく機能しうる
ことを意味する。その後の経済学の展開においても基調は変わらない。市場機
能を妨げるさまざまな「市場の失敗」に対しても，利己的個人の自発的行動を
前提とした分権的メカニズムを適切にデザインすることで，社会的に最大限効
率的な資源配分が可能になることが示されてきた。

　情報の非対称性のもとでの資源配分計画の困難は特に銘記すべきである。適
材を適所に配置し必要な物資を必要とする人に届けるためには，実際に人が何
を必要とし何を提供できるかを知ることが不可欠だ。しかしそのような情報は
高度に私的なものである。政府からやってきた役人がアンケートを取っても無
理やり口を割らせることはできない。人間が普段から嘘つきだということはな
いが，正直にモノをいえば馬鹿を見る状況で思ったことをそのままいう大人は
多くない。正直にいうことがその人の不利益にならないようにして初めてその
ような情報はもたらされる。市場をはじめとする分権的意思決定制度が機能す
る理由はこの点にある。

　分権的市場が効率的な資源配分を達成するという，経済学の大きな物語の
傍らに，市場が安定性を損なう可能性はないのかという問いは常にあった。
一般均衡理論形成期にこの問いを提起したのは根岸隆である。その展望論文
（Negishi, 1962）が書かれた1962年時点では，本質的に静学的な一般均衡理論

の動学化についてコンセンサスはなく，多様な道が開かれていた。展望論文は
市場はいかにして均衡点に達するのかという問いを立て，模索過程（タトヌマ
ン）や非ワルラス的模索過程 (Hahn and Negishi, 1962) が安定的に均衡に達す
る動学について考察している。

　その問いの背景には，そもそも市場機能が不安定になる可能性がなければな
らない。しかし根岸は急いで付け加える：「経験的にいって，経済は実際のと
ころ相当にショック・プルーフである」(Negishi, 1962, p.639)。資源賦存量や
生産技術，消費者の選好（嗜好）といった経済のファンダメンタルズ（基礎的条
件）は刻々と移り変わる。そのような外生的なショックに際して，市場は機敏
に反応して新しい需給一致点を見出す。実際，価格のそのような機敏な動きこ
そが，効率的な資源配分を実現する要なのである。かつてパレートは市場のこ
とを，効率的資源配分を計算する計算機に喩えた。ならばその計算機は安定的
に解を探し当てられなければならない。現実的な経済モデルは，そのような均
衡回復過程を理論の内に含んでいなければならない，と根岸は続ける。

　現在の動学一般均衡モデルでは，摩擦的失業や製品在庫といった「不均衡」
要素がモデル内に組み込まれ，在庫投資も含め相当程度弱められた意味にお
いて需給一致が成立する建付けである。その建付けにおいて，経済変動の起源
は何に求められるのか。標準的には，生産性，選好，資源，政策などの外生的
マクロショックが経済変動のドライバーであるとされる。それでは，もし外生
的マクロショックがいっさいなければ，経済は変動しないのだろうか。本書が
挑むのはその問いである。多くのショックに対して経済が自律的に調整する機
能を，動学一般均衡モデルを採用することで表現しつつ，その内部のいくつか
に，内生的な変動を引き起こす活断層があることを示す。

　内生的な変動の可能性は，効率性と安定性のトレードオフ関係から開かれると
解釈することもできるかもしれない。資源配分に非効率性が残っているとき
に，経済学が市場に期待するのは，誰かによる裁定取引である。パレートの意
味での非効率性とは，ウィン-ウィンとなる取引が残されている状態のことで
ある。非効率な資源配分のもとで，ダブルウィン取引を仲介することができれ
ばゼロでない利潤を手にすることができる。よく機能する自由経済は，そのよ
うな仲介を大量にこなすことで非効率な資源配分を正していく。分業によって
起こる効率化はそのよい例である。

　しかし，仲介に人的・物的コストがかかる場合は多い。こうした取引費用があるときは，効率的配分から若干ずれていたとしても，わざわざ取引費用を費やしてまで正すのはかえって無駄になる。その結果，取引費用がない理想的世界だったら起こらない非効率状態ではあるが，わざわざ修正するには及ばない，という制約付き効率 (constrained efficiency) 的な資源配分が無数にあることになる。そのような資源配分の領域は，場合によっては広大であるかもしれない。その含意の 1 つは，取引費用の減少が経済を革新する原動力となりうることだ。取引費用の減少によって商圏が広がることで，分業と交易の可能性が拡大して経済が成長する。その論理は『国富論』とともに古いが，グローバリゼーションによって，そしてインターネットの出現によって，再び新たに観察されつつあることでもある。

　このような成長論への含意は本書の範囲を超える。本書が追究する取引費用のもう 1 つの含意は，制約付き効率的な資源配分の領域が比較的広いために，マクロ的に有意味な規模での振動が起こる余地を与えるという可能性である。制約なしの効率的資源配分を達成するような裁定取引が直ちに可能であるなら，効率的配分からの大きな偏差は生まれえないからだ。しかし，変動の可能性があることは変動が起こることを意味しない。そのような領域内でのマクロ的変動を起こす力には何が考えられるだろうか。

　本書を通じて何度か現れる観察は，最適点において，個人は選択肢に対して無差別になるということだ。最適化プロセスを，暗闇での山登りに喩えてみる。右と左のどちらが山頂か，目では見えない。できることは，右足側と左足側を比べて高い方に進んでみることだ。それを繰り返しているといずれ，左右で高さが変わらない点に到着する。そこが（局所的な）山頂だ。最適化の一階条件は，目的関数を微分してゼロになる点が最適点の必要条件だと主張するが，同じことを指している。一階条件の含意として，最適点では多少左右にずれても大勢に影響しない。右も左も無差別なのである（図 1）。

　若い人から相談を受けることがある。A 社に行くべきかそれとも B 社か。A 君がいいか B 君がいいか。できるかぎりの情報を集めて，自分の心にもう何度も聞いたのなら，合理的な選択はかなり済んでいる。C 社や C 君以下ありえたたくさんの選択肢がすでにふるい落とされていることが最適化の成果だ。あなたはすでに最適解にたどり着いていて，A と B は無差別と思ってい

図1　最適点における選択の無差別性

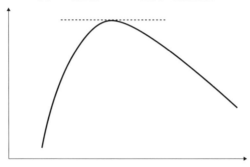

い。好きな方を選べばよい。山の頂点にいる人間が左右どちらを選ぶかは，本人にとってもランダムだ。ふもとにあって坂の上の雲を望む人間の方が，どちらを目指すかはむしろわかりやすい。

　市場に参加している人々が，それぞれの制約の中ですでに大まかに最適化しているとき，つまり経済学で均衡とみなされるような領域にある状態は，微視的なランダムさに満ちているとも言い換えられる。微視的なランダムさの集積としてのマクロ経済は，箱の中の気体のようなものだ。1モルの気体中に 6×10^{23} 個の分子が飛び回っているように，日本経済は 10^8 もの意思決定主体からなる。市場の効率化の働きによって，労働は適材が適所に，物資は必要と選好に応じて配置されている。しかし効率的な資源配分のもとでは，個々の意思決定主体は効率化の山頂にあって，多少左右に動くことには無頓着である。

　それらが個別独立にランダムであるのならば，合計すれば打ち消しあってマクロ現象にならない。しかし，市場の働きによってこれらミクロの動きが同調すればどうだろうか。ロンドンのミレニアム橋を渡った群衆が橋のかすかな揺れに反応することで橋全体を大きく揺らしてしまったように (Dallard et al., 2001)，ミクロの動きが媒介されてマクロ現象に転化することはある。

　図式でいえば，第1章で解説する2時点モデルのフィッシャー・ダイアグラム（図1.2）がわかりやすい。今期の消費と来期の消費の選択を考える。家計にとっては両者はある程度代替的である。生産者にとっても，今期の生産量と来期の生産量は代替的な関係にある。家計の無差別曲線と，生産者の変形曲線の出合う点で，現在財と将来財の相対価格である金利は決まる。その金利に導かれて，動学的効率点が達成される。しかしこの均衡点近傍で，生産者にと

って金利以外にも意思決定のうえで考慮すべきことはたくさんある。特に，自己資本という形で投資資金を調達した企業にとっては要求金利（割引率）自体が確率的である。企業の直面する需要が増えれば，資本増強を考えるだろう。その投資が別の企業の直面する需要を増やす。企業の投資行動はミレニアム橋を渡る歩行者のように同調しうる。ここでは，均衡金利上の効率的生産点におおむね位置しているという効率性条件自体が，移ろいやすさの原因となる。

　社会的効率性というものも，何らかの社会的厚生関数の最大値であると考えれば，ほぼ無差別な領域の中の一点である。市場の効率化機能は，山のふもとでくだを巻くような大きな非効率性を正し，経済を効率的な高嶺に導く力を持つ。しかし効率的な高嶺は高原のように意外と広いかもしれない。高原のどの一点が実現するかを決める力学は，効率化を進める裁定取引の力ではなく，隣の人の行動に誘導された合理的な同調行動であるかもしれない。そこで問題となるのは，どのような相互作用がマクロ変動に転化しうるものなのかということだ。その力は均衡へ誘導する価格の力とは別のものかもしれない。そして，どんな橋でも歩行者の同調が起こるというわけでもない。ここら辺でそろそろ，山や橋，沸騰やパンデミックといったアナロジーから離れ，経済学的条件を市場モデルに即して分析していく必要がある。

　もしもマクロの変動が，大まかに効率的な資源配分の広い領域の内部を漂流するようなものだったのなら，マクロ変動を安定化させることには，効率性上の大きな利益はなくなると思うかもしれない。その指摘はミクロ的には正しい。しかし，原因となっている変動が，経済の他の部分にマクロ的な影響を及ぼすことは考えられる——橋だって揺らしすぎたら落ちてしまうではないか。ミクロにとっては無差別な動きが，集計されると全体の厚生を損なってしまうようなことがあれば，それはマクロ経済研究に固有の領域を与える「合成の誤謬」にほかならない。本書で考察する３つの変動原因について，厚生への影響がどのように考えられ，どのような政策的対応が考えられるのか，終章で議論したい。

5　ミクロとマクロをつなぐ鍵：冪乗則

　ミクロ行動の相互作用がマクロ変動を生むことを主張する本書において，数

理的な鍵となる概念は**冪乗則**（パワーロー）である。第3章で詳述するように，冪乗則とは，集計されたマクロ変数の期待値（平均や分散，あるいは高次積率）がうまく定義できなくなってしまうような，確率分布の裾部分に大きな密度を持つ分布関数のことをいう。期待値が定義できないというとエキゾチックに聞こえるかもしれないが，実際の経済社会の多様な変数が冪乗則に従うことが知られている。よく知られている例では，家計所得や家計資産が従うパレート分布が冪乗則である。従業員数や売上で測った企業規模や，都市人口もジップ則という冪乗則に従う。株式，外国為替，投機性商品といった資産の価格変動も冪乗則に従うことが長く知られている。経済では，例外的に大きな経済主体や，例外的に大きな変動が，例外とはいえないほど頻繁に生じる。市場は大小さまざまのブラック・スワンに満ちた場所であり，そのことを冪乗則は統計的法則として示している。

　複雑系科学全体を広く貫く1つのテーマとして，冪乗則がミクロとマクロをつなぐといわれる。その1つの意味は，ある変数が冪乗則に従っているなら，分布の右裾部分，例えば大企業や大都市群が，マクロ経済全体の大きな部分を占めるということだ。また同じ理由から，裾部分へのミクロなショックがそのままマクロな変動の感知しうる一部をなす。このような効果は，企業が質点ではなく一定の粒度を持つという意味で，グラニュラーな効果と呼ばれる。

　粒度性はわかりやすいが，それだけが冪乗則の意味合いではない。本書で注目するのは，ミクロの離散的行動が相互作用するときに生じる，同期 (synchronization) の冪乗則である。ミクロ行動に完全な戦略的補完関係と離散性がある局面でマクロ変動が生じると先に述べた。この2条件のもとで起こるのが，同調規模の冪乗則にほかならない。

　このように同期によって起こるマクロ変動の特徴として，変動の原因をデータの中に見出すことが困難ということがある。のちに詳しく見るように，同調分布の冪乗則が起こるのは，皆がいっせいに同調するときでも，いっさい無反応なときでもない。皆の行動が適度にばらけているときにこそ，多くの小さな同調の中に時折大きな同調が起こり，マクロレベルの変動を生む。同調が起きるタイミングは，ミクロレベルの状態の布置の微妙な差異に依存するため，精緻なミクロデータが整備されても正確に予測することは難しい。これは，多数の小さな非線形性が埋め込まれた複雑ネットワークが生む動学の特質である。

なぜ多くのミクロ主体が同時に動いたのか，背景となる共通ショックを見出そうとしても見つからず，アニマル・スピリッツといった不可知論に訴えるほかない。本書が描く市場経済には不可避的に流動的な部分があり，たとえマクロ的な外生ショックをゼロにできたとしてさえ，原因のわからないバックグラウンド・ノイズが鳴り続ける。

　マクロ経済学の学術的な文脈における本書の貢献は，外生的パラメータの変動に帰着することのできないマクロ的変動をミクロ経済主体間の相互作用に根拠付けることである。現代のマクロ経済モデルではミクロ的基礎付けを重視することにより，政策変数以外の外生的パラメータはすべてミクロ主体を規定するファンダメンタル・パラメータ，つまり選好，技術，資源賦存を決定するパラメータとなった。家計や企業の行動関数，例えば消費関数や投資関数自体に確率的変動を導入することは，ミクロ的基礎を欠くアドホックな設定とされた。「需要ショックなどというものは（官公需や外需以外）存在しない」といった経済理論家の言い草はそのような姿勢を反映している。

　確かにミクロ的基礎付けの要請は，ミクロ経済主体の行動を規定する要因に研究者の目を向けさせ，真剣にミクロ実証データに取り組む規律として機能している。理論的にも，消費ブームを表現するために効用関数にショックを導入することはできるし，投資ブームを表現するために投資の効率性にショックを導入することもできる。選好や技術を表すディープ・パラメータに確率ショックを導入することで，アニマル・スピリッツに基づく有効需要の変動ですら，ミクロ的基礎を持つ理論表現を得ないわけではない。しかし投資効率性ショックとアニマル・スピリッツは，仮に観測上同値 (observationally equivalent) だったとしても，経済学的に重要な違いを持つ。前者は政策的介入をそれ自体では支持しないのに対し，後者は政策的介入を経済学的に正当化する根拠になる。前者では，マクロの変動は市場の効率的な応答を反映しているのに対し，後者では，非効率な市場変動を表しているからである。

　本書では，ファンダメンタル・パラメータ以外のアドホックなショックはモデルに導入しないという規律を受け入れる。そのうえで，マクロ変動が内生的に発生する余地を理論の中に作り出す。そのようなマクロ変動はミクロ主体間の同調的行動に端を発する。しかし同調行動であればなんでもマクロ変動に転化しうるというわけではない。その条件を明らかにすることによって，本書

ではマクロ経済にバックグラウンド・ノイズを放射する作用を特定しようとする。

6 動学一般均衡理論へのイントロダクション

　市場の内的作用によって常在するバックグラウンド・ノイズを，通常のマクロ経済モデルの中で起こすのが本書の目論みである。市場には，マクロショックに適切に応答して効率的資源配分への調整をもたらすよう機能する領域と，むしろノイズを作り出す領域がある。本書のモデルはこの2つの領域を識別することを可能にする。

　そのようなモデルを記述するためには，まずは標準的なマクロ経済モデルを提示する必要がある。そのため本書第Ⅰ部では，通常の景気循環理論と異質性のある動学一般均衡理論を解説する。第Ⅰ部は動学一般均衡理論への簡易な導入として読めるように心がけた。

　かつて森嶋通夫は，日本の先生は教室で自説を説き学会で通説を述べる，と痛烈な皮肉を飛ばした（佐和，2003，102頁；森嶋，1999，30頁）。内外の学会での応酬に身をさらすことの少ない，かつての日本の研究者の内弁慶な態度をいったものだろう。今では日本の経済学者の姿勢は外向きになった。それでも日本語媒体で流通するエコノミスト的言説に内向きな傾向が払拭されたとは言い切れない。経済学に造詣が深いという触れこみのコメンテーターに，学位も専門論文もなかったりする。経済の専門知は，国際的議論の水準に達しない声高な主張の中でかき消されがちである。

　それには日本固有の困難もある。国際的な学界の議論は必然的に専門的になり，日本語での一般向け媒体にそのままでは馴染まない。本書では，自説の前提となる通説の紹介から始めることによって，両者が同じ土俵にあることを示すとともに，一般向け日本語書籍としての役割も果たしたいと願う。

　本書第Ⅱ部で提示する自説論文のすべては英文専門誌に初出し，国際的な学術コミュニティでの議論に供されたものである。しかしその内容は，日本で構想された経済動学理論の影響を強く受けている。終章ではそのような理論的展開のいくつかを，本書の視点から選び，簡単な紹介としたい。

第 I 部

マクロ経済モデル

第 I 部では標準的なマクロ経済モデルを解説する。第 1 章は最もシンプルな景気変動理論である実物的景気循環モデルを示す。第 2 章は実物的景気循環モデルに名目物価を導入したニューケインジアン・モデルを示し，金融政策分析の基礎を解説する。第 3 章は，非代表的家計・企業を取り入れたマクロ経済モデルを説明し，家計・企業の統計的異質性を特徴づける冪乗則を導入する。標準理論の構成要素のうち確率的割引率の概念だけは，やや数学的なので第 II 部 6 章に回した。

第 II 部で詳述する内生的な景気変動理論は，第 I 部で解説する通説的な景気変動理論を土台としてその上に構築される。第 1 章に対応する内生的実物変動理論は第 4 章 2 節，第 2 章に対応する内生的物価変動は第 5 章，第 6 章に対応する内生的資産価格変動は第 7 章という具合である。また，第 II 部の数理の柱となるのが第 3 章で導入する冪乗則である。

第 I 部 1～3 章と第 II 部 6 章を読めば大学院レベルのマクロ経済理論の骨格をつかむことができる。数学的な導出は各章に付した数学補論にまとめ，読み飛ばしても本書の通読に支障がないようにした。また章末にコラムを配置して，本書の論旨に直接関わりないが興味のある話題を提供した。

第**1**章
景気循環理論

　本章では最もシンプルな景気理論である実物的景気循環モデルを示す。本章の内容は，第2章のニューケインジアン・モデルや第3章の非代表的個人マクロ経済モデル，第6章の資産価格理論へと進むうえでの前提となる。

　1.1節では，本書全体に共通の枠組みである動学一般均衡理論を簡単に説明する。1.2節で，動学一般均衡理論の応用である実物的景気循環モデルをなるべく直観的に解説する。1.3節ではモデルによる景気循環の解釈が示される。1.4〜1.5節に数学的導出をまとめる。

1.1　動学一般均衡

　マクロ経済モデルの基本的な枠組みは動学一般均衡理論によって与えられる。ここではその概要を手短に紹介する。

　「均衡」とは，古典的には価格が需給均衡によって決定されることを指すが，現代では意味合いが拡張されている。例えばマクロ経済モデルでも多用されるゲーム理論のナッシュ均衡は，それぞれのプレイヤーの戦略が他のプレイヤーの戦略の最適応答になっているような戦略の組のことをいう。このように均衡という概念は広義に用いられているので，需給均衡条件のことはあえて「均衡」条件と呼ばず，需給一致条件とか市場一掃条件とか呼ぶことが多い。「均衡」という用語についてここでは，需給一致条件を含む「モデルの解」程度を意味するものと理解しておこう。

　「一般」とはモデル内の財の価格がすべてモデル内で決定される内生変数であること，「動学」とは財や意思決定が多期間にわたることを指す。一般均衡

表 1.1　マクロ経済の 3 市場と 3 部門

		家計	企業	政府	総量	価格
最終財	財	需要（消費）	需要（投資） 供給	需要	総生産	物価
生産要素	労働	供給	需要		総雇用	賃金
	資本	供給	需要		総資本	金利

の対語は部分均衡であり，動学の対語は静学である。部分均衡分析ではある特定の市場に関心を集中し，他の市場で起こることを所与とする。マクロ経済学は国内（閉鎖）経済[1]で起こることを全体的に把握しようとするので，ある市場で起こったことが他の市場に影響するすべての副作用（**一般均衡効果**）を体系に取り込む。その意味でマクロ経済学は一般均衡体系そのものである。マクロ変数の中には，利子率やインフレ率など通時的に定義される変数を含むから，体系は動学にならざるをえない。しかし，もっと積極的な理由が動学化にはある。そのことを次節の中で見ていく。

　動学一般均衡モデルの数ある変奏の中でベンチマークとなるのは**動学一般競争均衡**である。ここで**競争的** (competitive) とは，モデル内の誰も価格支配力を持っていないプライス・テイカーであることを指す。

　経済の基礎的条件 (fundamentals) は，家計の選好 (preference)，企業の生産技術，資源の初期賦存 (endowment) の 3 つで表される。初期賦存として与えられる資源は，2 つの代表的な生産要素である資本と労働（時間）とする。選好は効用関数で，技術は生産関数で表現される。

　経済には財市場，労働市場，資本市場という 3 つの市場がある。家計は労働と資本を提供して所得を獲得し，財を消費する。企業は労働と資本を調達して財を生産する。いずれ登場する政府セクターも含めれば，マクロ経済は表 1.1 のように要約できる。

　「誰が何をどれだけ需要・供給するか」を**資源配分** (allocation) と呼ぶ。**価格体系**は物価・賃金・金利からなる。本章では貨幣が実体経済を攪乱しないモデル（貨幣中立的経済）から始める。そこでは物価を基準として固定するので，価格体系は実質賃金と実質金利からなる。マクロ経済モデルが決定するのは，こ

---

1)　海外との取引も含む体系は開放マクロ経済学である。この場合，世界経済が閉鎖体系となる。

の資源配分と価格体系の対である。

> **[定義] 動学一般競争均衡**
> 動学一般競争均衡は，資源配分と価格体系の時系列のうち次を満たすものである。
> 1. 資源配分は，価格体系を所与としたときの家計効用を最大化している。
> 2. 資源配分は，価格体系を所与としたときの企業利潤を最大化している。
> 3. 財，労働，資本市場では需給が一致している。

　このモデルでは家計は効用を最大化し，企業は利潤を最大化するように行動すると想定している。そして家計も企業も価格支配力を持っていない。したがって均衡では条件 1～2 が成り立っているはずだ。そして，それぞれの市場では条件 3 のように需要と供給が一致している。一般均衡理論の教えるところによれば，このようにして定義された均衡（資源配分と価格の組の時系列）は，幅広い効用関数と生産関数のもとで，実際に存在し，しかもただ 1 つ存在する。つまりこのモデルは，選好・生産技術・初期資源をインプットしてやると，唯一の解（配分と価格）をアウトプットしてくれる。

　競争均衡は経済学の中で特別な位置を占めている。それは，競争均衡が社会的に効率的な配分を実現するからだ。このことを見ておこう。パレート効率性を次のように定義する。

> **[定義] パレート効率性**
> パレート効率的な資源配分とは，その配分によって達成されている家計効用から誰かの効用を引き上げようとすると，それは実現不可能か，ほかの誰かの効用を引き下げる資源配分になってしまうような，実現可能資源配分のことである。

パレート効率的な資源配分とは，家計厚生をさらに改善させるような「ウィン-ウィン」な取引がもはや残っていない状態だと言い換えることができる。
　厚生に影響する財すべてに市場があることを，市場が完備しているという。幅広い効用関数と生産関数のもとで，次の命題が成り立つ。

> **厚生経済学の第 1 基本定理**
> 完備市場における競争均衡の資源配分は，パレート効率的である。

逆命題も部分的に成り立つ。

> **厚生経済学の第 2 基本定理**
> 任意のパレート効率的な資源配分は，初期賦存の適切な分配 (distribution) に
> よって，完備市場における競争均衡として実現できる。

　経済学がしばしば分配問題を切り離して考えるのはこのような発想による。労働や資産をも含めた市場取引の結果として，最終的な資源配分には不平等が生じうる。効率的な資源配分とは，適材を適所に配置し，望まれる財を望む人に配分することなので，資源配分が家計の間で異なっているのはむしろ自然なことである。しかし，効率的な資源配分はさまざまあり，一握りの家計が全体資源のほとんどを占めてしまうような資源配分も効率的配分に含まれうる。それを是正する社会的必要性がある場合は多い。そのような場合に経済学が主張するのは，市場の決める価格や資源配分に政府が直接介入することではなく，家計の購入資源である所得や資産を，価格体系を歪めないやり方で再分配することだ。第 2 定理が主張するのは，いかなる効率的資源配分点に対しても，それを市場均衡として実現するような，適切な所得再分配政策が存在するということである。

　現実の経済にはさまざまな市場の失敗，例えば企業の価格支配力による不完全競争や欠落した市場があるため，潜在的に「ウィン-ウィン」な取引が多く残されている。硬直的な労働市場によって人材の適材適所が達成できていない，情報の非対称性によって資金が効率的に配分されていない，保険市場が存在していればヘッジできたはずの運・不運に家計厚生が大きく影響されてしまう，といった問題だ。市場を整備することによってこれらの資源配分を適正化していくことが経済学の実践的レッスンの真骨頂である。マクロ経済学でも，とりわけ不確実性があるもとでの不完備市場の問題は中核の 1 つをなすので，第 3 章で詳しく論じる。しかし経済全体の実証的ふるまいに関心のあるわれわれは，少し先を急ぐことにしよう。

1.2　実物的景気循環 (RBC) モデル

■ 景気循環における消費と投資の正相関　　景気循環とはマクロの主要変数が
短期的に規則性を持って変動する実証的パターンを指す。GDP は 2 年から 5
年程度で好況・不況サイクルを繰り返す。ただしサイクルといっても周期性
は明確でなく，好況・不況の転換点予測が難しいのが特徴の 1 つである。周
期性の不明確さから，電気・通信分野の研究で使われる周波数よりも，自己
相関係数の方が分析でよく参照される。消費，投資，雇用は GDP の動きに
沿って拡大・縮小するため順循環的 (procyclical) であり，失業率は反循環的
(countercyclical) である。GDP の振幅よりも投資の振幅がずっと大きく，消費
の振幅が小さいことも先進国で広く観察できるパターンである[2]。

　所得と雇用，消費，投資がともに動くことに何も不思議はないではないかと
思われるかもしれない。雇用が増えて所得が増えれば家計は消費を増やし，旺
盛な消費需要を見越して企業も投資を伸ばして総需要は増え，総需要がさらに
雇用を喚起する。雇用と総需要の「好循環」が「経済を回す」というわけだ。
このナラティブが間違いというわけではないし，そのような好循環メカニズム
は確かに経済にあるだろう。しかしこれ一辺倒では理解できない事態がたくさ
んある。例えば，公共事業による総需要刺激策はなぜ万能ではないのか。好循
環はどこまで行ったら止まるのか。需要の好循環だけでは突破できない供給の
天井というものはあるのだろうが，供給の天井から離れて停滞してしまうよう
なことはなぜ起こるのだろうか。

　所得，雇用，消費，投資，資本，余暇，賃金，金利。変数が 8 つもあれば
人間の頭にとっては十分複雑で，居酒屋談義では簡単に混乱してしまう。不
思議さの中心にあるものの 1 つは，消費と投資の正相関だ。そもそも投資と
は，将来の消費を享受するために現在の消費を犠牲にして資源を投入すること
であり，その意味で現在消費の対極にある経済行為である。現在この瞬間を緩
んで享楽するか精励刻苦して将来に備えるかがトレードオフであることは，受
験生なら肌でわかる。あるいは農耕経済であれば，今年多くの収穫物を食べて

---

　2)　新興国では消費の振幅の方が GDP より大きいことが多く，経常収支と外国為替を通じた効
　　　果が背景にあると目される。

しまえば来年の種が減る。投資となる種は，生産物のうち今年中に食べてしまわなかった残りである。このように本来トレードオフの関係にある消費と投資は，なぜ景気循環において正相関するのだろうか。

■ **RBC モデル**　**実物的景気循環** (real business cycles; **RBC**) モデルは，代表的家計・企業からなる経済に，時間的持続性を持つ全要素生産性ショックを導入することで，このような景気変動パターンを説明する。「実物的」といわれるのは，このモデルでは配分は実質価格で決まり，名目価格が経済実態に影響しない「古典派の二分法」が成立しているためだ。まずはこのモデルを見ていこう。

　代表的個人 (representative agents) の仮定とは，家計間・企業間の差異を捨象して，無数の同一の家計と同一の企業からなる経済モデルを考えることをいう。例えば，これから考えるモデルでは，すべての家計が同じ効用関数と初期資源を持ち，すべての企業が同じ生産関数を持つ。同じ環境下に置かれたこれら無数の家計と企業は，同じ行動原理を持っているため，同じように行動する。これは，家計の行動の総和を予測するために，平均的な家計の行動を援用することに等しい。後段で詳述するようにこの仮定は制約的なものだが，複雑なマクロ経済を簡単化するうえで有用であり，また日常的議論の中でもしばしば暗黙裡に用いられているものである[3]。

　企業は資本 K と労働 L を投入して財 Y を生産する。代表的企業の生産関数を $Y = F(K, L)$ と書く。この経済の基礎的条件は，生産技術を表す F，選好を表す効用関数，そして初期資源である K_0 と家計の持つ時間である。家計は消費 C と余暇 H から効用を享受する。代表的家計の生涯効用関数を

$$\sum_{t=0}^{\infty} \beta^t U(C_t, H_t) \tag{1.1}$$

と書く[4]。割引要素 β[5] は家計の時間選好を表すパラメータで，0 から 1 の間の値をとり，0 に近いほど近視眼的な選好を意味する。

---

3)　本章では話を簡単にするために不確実性のないモデルを提示する。本来の RBC モデルは，将来の生産性について不確実性のあることが家計に知られているという合理的期待モデルであるが，本章の主要な結論は変わらない。不確実性については第 6 章で詳述する。

家計の資産残高を a_t と書く。資産を生産資本として企業に貸し出すと資本レンタル料 r_t を受け取れるが，資本は毎期 δ の率で物理的に減耗するため，資本の純金利は $r_t - \delta$ であるとする。純金利に元本を含めた資産リターンを $R_t = 1 + r_t - \delta$ と書く。

家計が 1 期間中に供給する労働時間は，単位時間 1 から余暇時間を差し引いた $1 - H_t$ である。実質賃金を w_t と書くと，労働所得は $w_t(1 - H_t)$ である。家計が企業所有を通じて受け取る企業利潤を Π_t と書く[6]。これらの表記を使うと，家計の t 期の予算制約式は

$$a_{t+1} + C_t = w_t(1 - H_t) + R_t a_t + \Pi_t \tag{1.2}$$

である。左辺の a_{t+1} は来期に持ち越す資産残高を表している。

最後に企業利潤は，売上から生産要素支払い（労働コストと資本コスト）を差し引いた

$$\Pi_t = Y_t - w_t L_t - r_t K_t \tag{1.3}$$

となる。L_t が労働需要，K_t が資本需要を表す。これらの準備のうえで，RBC モデルを次のように定式化する。

RBC モデル

動学一般競争均衡は，資源配分と価格の時系列のうち次を満たすものである。
1. 資源配分が，価格を所与としたときの予算制約式 (1.2) のもとで，家計の生涯効用 (1.1) を最大化している。
2. 資源配分が，価格を所与としたときの企業利潤 (1.3) を最大化している。
3. 財，労働，資本市場で需給が一致している。

---

4) 上の効用関数で生涯期間は $t = 0$ から無限大までであり，不死の設定になっているのはご愛嬌だが，永続する家計の末代までの効用の総和とする解釈も不可能ではなく，簡便のためこのままおく。

5) マクロ経済は変数が多いため，ギリシャ文字の使用は遺憾ながら不可避である。多くの場合ギリシャ文字で外生的パラメータを示し，ローマ字で変数を示す。便宜のため読みの例を記しておく。アルファ α，ベータ β，ガンマ γ, Γ，デルタ δ, Δ，イプシロン ϵ，ゼータ ζ，イータ η，シータ θ，イオタ ι，カッパ κ，ラムダ λ, Λ，ミュー μ，ニュー ν，クサイ ξ，パイ π, Π，ロー ρ，シグマ $\sigma, \varsigma, \Sigma$，タウ τ，ファイ ϕ, φ, Φ，カイ χ，プサイ ψ, Ψ，オメガ ω, Ω。

6) 第 6 章では，資産市場で取引される株式を通じて家計が企業を所有するモデルを詳述する。

■ **均衡条件**　　均衡条件は，1の効用最大化条件（家計行動を表す），2の利潤最大化条件（企業行動を表す），そして3の需給一致条件からなる。均衡条件の導出の詳細は補論に回し，ここでは直観的に見ていく。

最初の均衡条件である効用最大化から始めよう。予算を効率的に使おうとする家計は，2財の限界効用の比（限界代替率）が2財の相対価格に等しくなるよう消費量を調節する。家計は消費と余暇から効用を得るが，消費を増やすためには所得を増やす必要があり，所得を増やすには余暇を減らさなければならないので，余暇と消費はトレードオフの関係にある。余暇を1単位増やすと，労働時間が1減って，労働所得が名目賃金分だけ減る。これを消費に換算すれば（名目賃金/消費財物価）個である。つまり余暇1単位は実質賃金 w_t 分の消費財に相当する。

別の言い方をすれば，余暇の消費に対する相対価格は w_t である。余暇を楽しむ代わりに，労働して所得を得るという選択肢もあった。その選択肢の価値を機会費用という。余暇の機会費用は労働の対価である実質賃金である。余暇を1単位増やすかどうかについて最適点では家計は無差別なはずだから，余暇の限界効用が消費の限界効用に機会費用 w_t を掛けたものに等しくなる点で最適な消費・余暇バランスが決まる。

最大化条件を数式で書けば便利である。H を固定したまま C について関数 $U(C,H)$ を微分することを偏微分という。偏微分によって得られる導関数を偏導関数と呼び，$U_C(C,H)$ は C についての偏導関数，$U_H(C,H)$ は H についての偏導関数とする。すると，余暇と消費の限界代替率は U_H/U_C なので，最適化の必要条件は $U_H(C_t,H_t)/U_C(C_t,H_t)=w_t$ となる。仮に消費を固定してみれば，この最適化条件は賃金を所与とした家計の労働供給 $1-H_t$ を決定づけていると考えられる（図1.1）。

消費・余暇バランスと同様に，家計は消費と貯蓄を調節して，動学的にも予算を効率的に使おうとする。現在の消費財 C_t と来期の消費財 C_{t+1} の相対価格は，貯蓄のリターン R_{t+1} であると考えられる。このことを見るため，予算制約式 (1.2) で現在消費 C_t を1単位減らして来期への資産 a_{t+1} を1単位増やしたとすると，来期の資本所得が R_{t+1} だけ増えるので，同じだけ来期の消費 C_{t+1} を増やすことができる。つまり1個の C_t の対価は R_{t+1} 個の C_{t+1} である。

図1.1　余暇と消費の選択

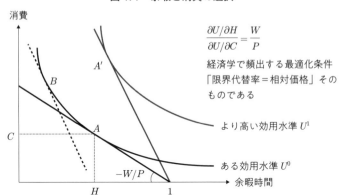

名目賃金 W，財価格 P，実質賃金 $w = W/P$ である。実質賃金を所与として家計が選ぶ最適点が A となる。実質賃金が上昇すると最適点は A' に移る。そのシフトは，代替効果 $A \to B$ と所得効果 $B \to A'$ に分解できる。

このことから効用最大化の必要条件は，来期の消費の限界効用と資産リターンの積が今期の消費の限界効用に等しくなることである。つまり，今期の消費財 1 単位を消費することによって得られる限界効用 $U_C(C_t, H_t)$ と，それを貯蓄して来期に元利金の消費によって得られる効用増加分である $R_{t+1}\beta U_C(C_{t+1}, H_{t+1})$ が釣り合っている。そのようにして，消費・貯蓄選択に関する最適化条件である**オイラー方程式** $1 = R_{t+1}\frac{\beta U_C(C_{t+1}, H_{t+1})}{U_C(C_t, H_t)}$ を得る（図 1.2）。

次に 2 番目の均衡条件である企業の利潤最大化行動に移る。企業は毎期毎期，労働時間 L と資本 K を投入して生産する。生産関数は $Y = F(K, L)$ と書いた。物価で実質化した企業利潤は $\Pi_t = Y_t - w_t L_t - r_t K_t$ である。利潤最大点では，労働の限界生産性が賃金に等しく，資本の限界生産性がレンタル料に等しい。よって均衡条件 2 は，$r_t = F_K(K_t, L_t)$ と $w_t = F_L(K_t, L_t)$ となる。

最後に均衡条件 3 より，労働市場の需給は一致するので，$L_t = 1 - H_t$。資本市場の需給一致条件は $a_t = K_t$。財市場の総需要は消費と粗投資の和なので，粗投資を I_t と書くと，財市場需給一致条件は $Y_t = C_t + I_t$。粗投資の定

図 1.2　現在消費と，貯蓄を通じた来期消費の選択

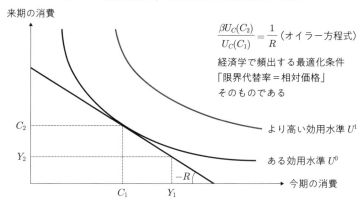

義より資本の蓄積式が $K_{t+1} = (1-\delta)K_t + I_t$ となる。

　家計の予算制約式は $a_{t+1} + C_t = w_t(1 - H_t) + R_t a_t + \Pi_t$ だった。この中に条件 $a_t = K_t$，$L_t = 1 - H_t$，$\Pi_t = Y_t - w_t L_t - r_t K_t$ を代入すると，財市場需給一致条件と合致することを確認できる。これが**ワルラス法則**であり，一般均衡においては需給一致条件と予算制約条件のうち 1 つが余分になることを表している。

　これらの均衡条件 1~3 をまとめると次のようになる。

$$1 = R_{t+1} \frac{\beta U_C(C_{t+1}, H_{t+1})}{U_C(C_t, H_t)} \qquad \text{(消費・貯蓄決定)}$$

$$w_t = \frac{U_H(C_t, H_t)}{U_C(C_t, H_t)} \qquad \text{(労働供給)}$$

$$w_t = F_L(K_t, L_t) \qquad \text{(労働需要)}$$

$$R_t = F_K(K_t, L_t) + 1 - \delta \qquad \text{(資本需要)}$$

$$Y_t = F(K_t, L_t) \qquad \text{(生産関数)}$$

$$Y_t = C_t + I_t \qquad \text{(財市場均衡)}$$

$$K_{t+1} = (1-\delta)K_t + I_t \qquad \text{(資本蓄積)}$$

$$L_t = 1 - H_t \qquad \text{(労働市場均衡)}$$

■ **均衡経路と定常状態**　この 8 本の方程式が，8 つのマクロ変数 $(R_t, w_t,$

表 1.2　マクロ経済の 3 財と 3 部門

		家計	企業	政府	総量	価格
最終財	財	C_t	I_t	（公共需要）	Y_t	$P_t(=1)$
生産要素	労働	$1 - H_t$	L_t		総雇用	w_t
	資本	a_t	K_t		総資本	R_t

$C_t, L_t, H_t, I_t, K_t, Y_t)$ の時点 t と $t+1$ の関係を決定する．一般に，変数群の t 期から $t+1$ 期への写像を力学系 (dynamical system) という．そこでこの 8 本の方程式を**均衡動学**と呼ぶことにする．外生的な初期値は K_0 である．この均衡動学が決定する 8 変数の時系列を**均衡経路**と呼ぶ．均衡という言葉からは収束した先の動かない点を想像してしまうが，現代の経済学で均衡とはモデルの解といった意味でしかない．ここでの均衡経路は，需給一致条件を含む均衡条件（上記 8 式）を満たす資源配分と価格の時系列のことである．

　収束した先の動かない点のことは定常点と呼んで区別する．つまり，均衡動学がある点 $(\bar{R}, \bar{w}, \bar{C}, \bar{L}, \bar{H}, \bar{I}, \bar{K}, \bar{Y})$ に収束するとき，その点を**定常状態**と呼ぶ．定常状態は経済の長期的な状態を表しているので，経済成長論の標準モデルとなる．例えば生産性が定率で外生的に成長する場合，それにつれて成長する $(Y_t, K_t, C_t, I_t, w_t)$ を生産性水準で割ったものが定常状態に収束する均衡動学を示すことができる．そのような定常状態では $(Y_t, K_t, C_t, I_t, w_t)$ が定率で成長する．これは均斉成長経路と呼ばれる．

　マクロ経済学では，GDP 時系列を長期トレンドと短期変動に分けて，前者を経済成長論，後者を景気循環論が扱う．景気循環を扱う本書では経済成長論についてこれ以上触れないが，成長論と循環論が同じ動学一般均衡モデルに包摂されていることは重要な特徴である．例えば，統計の長期トレンドとモデルの定常状態を突き合わせることで外生パラメータ値の特定に役立てることができる．

　RBC モデルは，この動学一般競争均衡モデルに生産性ショックを導入すれば，マクロ変数のトレンド周りのパターン，すなわち景気循環を再現できると主張する．このことを見るために，RBC モデルの効用関数と生産関数を特定して具体的な分析を進めよう．

1.3 RBC モデルによる分析

■ **モデルの特定化** 効用関数を $U(C_t, H_t) = \frac{C_t^{1-\sigma}-1}{1-\sigma} - \frac{(1-H_t)^{1+\gamma}}{1+\gamma}$ とする。ここで $\sigma > 0$ が貯蓄の金利弾力性を決め，$\gamma > 0$ が労働供給の賃金弾力性を決める選好パラメータである。生産関数は収穫一定のコブ＝ダグラス型 $Y_t = A_t K_t^\alpha L_t^{1-\alpha}$ としよう。A_t が外生的な**全要素生産性**である。全要素生産性は次のように持続的なショック過程（一次の自己回帰過程）に従うと仮定する[7]。

$$\log A_{t+1} = \rho \log A_t + \epsilon_{t+1} \qquad \text{(生産性過程)}$$

ここで ϵ_t は t に独立で平均 0 の確率的ショックである。パラメータ ρ $(0 < \rho < 1)$ は生産性ショックの持続性を表す。例えば $\epsilon_t = 0.01$ のショックが起こると，$t+1$ 期には $\rho\%$，$t+2$ 期には $\rho^2\%$ の効果が生産性水準に残存することになる。

　これで準備はできた。あとは，全要素生産性の外生的なショックに応じて変化する 8 変数の均衡過程を解くだけである。実際の解の値を得るためには，モデルの外生的パラメータに具体的な値を与える必要がある。これを**カリブレーション**と呼ぶ。景気循環モデルは，安定的な長期トレンドからの短期的乖離を問題とするので，モデルの定常状態が実際の経済の長期トレンドに合致していることが望ましい。そこで，外生パラメータをデータの長期的平均値に合うよう設定する。

　長期的に比較的安定しているのは**労働分配率**である。近年は労働現場の自動化の進展などを受けて下降傾向にあるが，20 世紀を通じて多くの先進国で労働分配率はだいたい 3 分の 2 で安定していたというのが通り相場である。コブ＝ダグラス型生産関数がよく用いられるのは，安定的な労働分配率を表現で

---

7) 本来の合理的期待モデルでは，この確率過程が家計と企業に知られていて，将来の均衡価格は生産性の実現経路に依存している。家計と企業はあらゆる可能な将来状態について行動計画を策定し，その目的関数は不確実性を加味した期待効用でなければならない。そのような合理的期待モデルの一例は第 2 章を，モデルのフォーマリズムの詳細については第 6 章を参照。本章のように 8 本の決定論的均衡条件式に生産性過程を後付けで付加すると，確率ショック ϵ_{t+1} の存在を家計と企業は認知していないことになる。そうモデル化された ϵ_{t+1} のことを，合理的期待形成学派（「淡水学派」）に対峙した「海水学派」への敬意（とからかい）のしるしとして「MIT ショック」と呼ぶことがある。

きるからだ。企業の最適労働需要条件 $w_t = F_L(K_t, L_t)$ にコブ゠ダグラス型
生産関数を当てはめると $w_t = A_t K_t^\alpha (1 - \alpha) L_t^{-\alpha}$。これと生産関数で整理する
と $\frac{w_t L_t}{Y_t} = 1 - \alpha$ を得る。左辺は労働所得を総所得で除したものなので，労働
分配率である。つまり，コブ゠ダグラス型生産関数と競争的労働市場のもとで
は，労働分配率は常に一定値 $1 - \alpha$ になる。そこで長期的分配率と合わせるた
め，$\alpha = 1/3$ と設定する。

　同様に定常状態を解くと，資本減耗率 δ は粗投資率 $\bar{I}/\bar{K}$ に対応し，家計の
時間選好が定常資本リターンを決定する $(\beta = 1/\bar{R})$ ことがわかる。労働供給
弾力性と異時点間代替弾力性を決定する γ と σ には，マクロ時系列やミクロ
データから推定する手法が開発されている。ここではよく使われる値 ($\gamma = 2$,
$\sigma = 3$) で仮置きする。最後に，生産性ショックの持続性をかなり強い水準 $\rho = 0.9$ に置く。

　まず，生産性にショックが起こらないときの定常均衡を解く。定常均衡では
状態変数である資本がある値 $\bar{K}$ で一定になり，それに伴って他のマクロ変数
も一定になる。次に，均衡条件 8 式を定常状態近傍で線形近似して，定常状
態近傍における近似的な力学系を示す線形連立方程式を得る。そのうえで，生
産性ショックが t 期に起こり，それ以降のショックがゼロだった場合の，t 期
以降のマクロ諸変数の推移を数値計算する。この推移のことを**インパルス応答
関数**と呼ぶ。インパルス応答関数に対応する現実経済データは，マクロ変数群
のベクトル自己回帰式であり，両者の比較によって理論の現実説明力が検証さ
れる。分析の詳細は 1.3 節の補論に譲り，ここでは計算結果を見てみよう。

■ **景気循環のパターンの再現**　　図 1.3 は，全要素生産性 A_t が 1% 増えるシ
ョックが起きた後のマクロ変数の推移を表す。生産性ショック ϵ_t は t 期にの
み 0.01 の値をとり，$t + 1$ 以降は 0 とする。生産性過程の強い持続性 ρ を設
定しているため，生産性水準 A_t 自体は時間をかけて定常水準に回帰する経
路をとる。それに対応する均衡過程において GDP(Y_t) は，図から読みとれる
ように，当初 1% 以上増加した後，単調に定常水準に回帰する。消費 (C_t) は
GDP よりかなり抑制された変動を示し，数四半期にわたって増加したあとゆ
っくりと定常へ向かう。総労働 (L_t) は当初増加するが，循環の後半には定常
水準以下まで低下している。これは循環の後半では余暇が定常以上に増大する

図 1.3　生産性ショック $\epsilon_1 = 0.01$ に対するインパルス応答関数

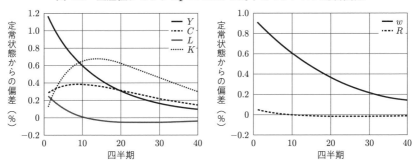

ことを意味している。資本ストック (K_t) は循環の前半に積み上がり，後半は元に戻る。資本ストックの毎期の増分が純投資（粗投資 − 資本減耗）に等しく，粗投資は GDP と消費の差に等しい。よって投資は生産性ショックを受けて高水準に跳ね上がったあと，速やかに減少することがわかる。

インパルス応答関数のこのような形状は，実際の経済で観察される景気循環のパターンと整合的である。すなわち，消費，投資，雇用は順循環し，変動率は大きい順に投資，GDP，消費となる。RBC モデルの実証的成功はこの点にある。

このモデルで雇用の順循環が起こるのは，循環の起源に生産性の外生的変動があるためである。生産性向上により企業の労働需要が高まるため，実質賃金と雇用が増加する。実際，循環の全期間にわたって実質賃金 (w_t) が定常以上の水準になっていることが図 1.3（右）から見てとれる。では，循環の後半になって労働 L_t が定常以下にまで低下するのはなぜだろうか。

それは，賃金の全期間にわたる上昇によって家計の生涯所得が増加したために，余暇への需要が増えるからである。家計は消費と余暇の両方から効用を感じる。富が増えれば家計は消費と余暇両方を同時に増やすことができる。つまり，賃金上昇は**資産効果**によって余暇需要を増やし，労働供給を引き下げる。一方で，実質賃金は余暇の機会費用にほかならないので，賃金上昇によって余暇は消費に対して相対的に高価になったと解釈できる。よって需要は高価な余暇から安価な消費へとシフトする。これが賃金上昇による余暇と消費の**代替効果**である。24 頁の図 1.1 の点 A から点 B へのシフトが賃金上昇による代替効果を表し，点 B から A' へのシフトが賃金上昇による資産効果を表す[8]。

賃金が十分上昇する循環前半では，代替効果が資産効果を上回ることで労働供給が増大し，後半では資産効果が上回ることで労働供給が減少する。家計の労働供給が，生産性の低い将来から相対的に高い現在へと**異時点間代替**される。これが，RBC モデルによる雇用推移の経済学的解釈である。

マクロ経済学は動学一般均衡を基本モデルに採用した。動学が鍵であったのは，単に金利やインフレ率といった重要変数が通時変数なためだけではない。資源配分を異時点間で代替できることが閉鎖経済のマクロ変動の重要な要因だからだ。ミクロの企業や産業が拡大するときには，他の企業や産業から労働や資本を奪って生産資源にすることができる。しかしマクロ経済全体で考えると，個々の企業の拡大・縮小は生産資源全体を変化させない。閉鎖経済では，ある時点での資本と労働力の総量は所与なので，同時点内の配分変化による総生産変化の余地はミクロ主体と比べて制限される。しかし，閉鎖経済でも時間を通じた資源配分を変化させることはできる。上記 8 本の方程式に則していえば，第 2 式が表す同時点内の代替（消費と余暇）と並んで，第 1 式が表す異時点間の代替（消費と貯蓄）が重要な変動経路となるのである。

■ **消費と投資の同時拡大**　このモデルでは消費と投資の正相関が表現できていることに注目する。経済学的に考えれば投資は将来の消費のための準備なのだから，現在の消費とトレードオフの関係にある。その投資と消費がともに増大するのはなぜか。理由の 1 つは，家計が消費経路の平準化を選好することにある。モデルの消費・貯蓄決定式（オイラー方程式）によれば，現在消費と将来消費の限界効用比が金利とバランスするように家計は計画を立てる。ここで家計の富が増えたとすると，家計はそれを現在の消費だけに使ってしまうのではなく，いくぶんかは貯蓄して将来にも使えるようにするだろう。それが**消費平準化**である。増えた貯蓄は資本市場を通じて企業の投資となって資本蓄積が進み，資本蓄積が将来消費の生産の糧となって，消費平準化が経済全体で実現される。消費と投資がともに順循環することはこのようにして可能である。

もう少し詰めれば，そもそも生産性が上昇して生産可能領域が拡大したことも重要だ。放っておいても生産物が増えたのだから，富が増えたことと同じな

---

8)　動学問題では消費と余暇を決定するのは当該期所得だけではなく生涯所得になるので，名前は所得効果から資産効果に変わっているが，理屈は同じである。

ので，現在消費と将来消費の双方が同時に増えても不思議はない。さらにいえば，生産性ショックが持続的と設定されていることも重要だ。将来にわたる高い生産性を享受すべく，企業は資本需要を増やすので，金利は上昇して資本蓄積が進む（図1.3右）。生産性が今期も将来も高いことから，消費と投資の同時拡大は自然に，しかしややトリビアルに，導かれる。

RBC モデルは，非常に簡潔な設定で景気循環の主要なパターンを説明することに成功した。各変数の動きは，実質賃金と金利という価格体系に対する家計と企業の反応，つまり資産効果や代替効果，消費平準化といった原理によって整理することができる。実際，このような経済学的直観を応用できるケースは多い。マクロ経済が大きな外生ショックに揺さぶられるときがある。例えば輸入資源価格が急上昇したり，訪日観光客が大きく増えたり，世界不況によって貿易が不振に陥ったとき，これらを大まかに国内企業の付加価値生産性へのショックであると仮置きしても大過なく分析できることは多いだろう。

RBC モデルには，大胆な含意がある。政府の景気対策は不要ということだ。なぜならこのモデル経済では市場は完備しているので，競争均衡の資源配分はパレート効率的である。確かに生産性ショックという不確実性は存在するが，これは個別家計ショックではなくマクロショックなので，一国内では所詮ヘッジすることのできないリスクである。この経済では，あたかも晴れの日に耕し雨の日に読書するように，折々の生産性水準に合わせて働いたり休んだりと調節するのが効率的であり，家計と企業は均衡価格に導かれてそのような資源配分を実現できている。

■ **RBC モデルの限界**　RBC モデルが単体で万能であるという見方は多くない。まず，現実の経済では市場が完備していないため，景気変動からは厚生損失が生じる。この点は第3章で論じる。また，経済を襲うマクロショック，例えば資源価格の高騰や訪日観光客の増大や貿易不振をまとめて生産性ショックにしてしまうのは，大過なくともいささか乱暴なので，モデルに各産業セクターや貿易や家計効用ショックなどを含めていく必要がある。これらはRBCを拡張して景気循環理論を精緻化していく方向性になる。RBCは十分単純で，動学一般均衡は十分一般的なので，多くのものを取り込む余地がある。実際，第2章では価格粘着性を取り入れて金融政策分析を可能にする。

景気循環論は RBC という極北を得て，幾多の星座をかたどることになる。

　しかし，RBC への批判にはより根源的なものもある。1 つは，モデルの予測の多くが全要素生産性過程の設定に依存していることだ。消費の山型の反応や投資の持続的増大など，景気循環データにうまく適合する予測をモデルは与えてくれるが，これらは全要素生産性の持続性の仮定を緩めると失われてしまう (Cogley and Nason, 1995)。

　もう 1 つは，全要素生産性ショックそのものを直接に観測する手段が少ないことだ。実証的な全要素生産性は，GDP を資本と労働の組み合わせで割ったもの（**ソロー残差**）として推計されている。ソロー残差の変動が財供給側の生産技術上の変化を反映しているのかどうか，確かめることは難しい。例えば，ソロー残差の変動の 1 つの解釈として，観測されない資本稼働率の変動が指摘されている (Greenwood et al., 1988)。産出を労働投入と資本ストックの組み合わせで割ると，資本稼働率の変動が残差に反映されてしまう。資本稼働率は，技術的な生産性ショックを増幅するように働くかもしれない。その場合の経済変動は，RBC モデルが描くように市場の効率的な反応の結果である。しかし資本稼働率は，総需要の変動を吸収するように働くことも考えうる。総需要の変動の中には，政府による安定化政策が経済学的に正当化されるものも含まれうる。

　ソロー残差を見るだけでは，マクロショックの由来がわからない。ショックの根源がわからないのなら，取るべき政策もわからなくなる。ソロー残差の根源を識別することが政策策定上の焦点となるのである。企業の技術ショックや家計の選好ショック，金融政策や租税政策に発するショック，海外発のショックなど，さまざまなマクロショックがこれまで検討されてきた。本書第 II 部は，生産性ショックの根源を探るこのような研究に理論的な革新をもたらそうとするものである。

　長年の試行錯誤を経てなお，実証上の全要素生産性の推計値は投入・産出時系列から残差として得られ，その増減が現実には何に対応しているのか，見定めることが困難なのが通例である。King and Rebelo (1999) の言葉を借りれば，理論の上ではマクロ経済を揺るがしているはずの全要素生産性ショックを，新聞紙上のニュースにさえ見つけることができない。新しい景気循環論は，このアポリアから出発することになる。

1.4　数学補論 1：最適成長モデル

　マクロ経済学の大宗は GDP 時系列の分析であり，10 年以上の長期趨勢を扱う経済成長論とトレンド周りの変動を扱う景気循環論に大別される。現代のマクロ経済学では成長論も循環論も用いる理論は同じ動学一般均衡である。本書は景気循環を対象とするが，循環を定義するためにはトレンドの定義が必要である。そこで最初に簡単な経済成長モデルを説明し，均斉成長経路の概念を導入する。

　単純化のため，家計は労働を非弾力的に供給するものとして，労働人口は L で一定とする。財生産技術をマクロ生産関数 $Y_t = A_t K_t^\alpha L^{1-\alpha}$ で表し，全要素生産性は $A_t = A_0(1 + g_A)^t$ のように定率 g_A で成長するとする。粗投資を I_t と書き，生産資本が定率 δ で減耗するとすると，資本蓄積式は $K_{t+1} = (1 - \delta)K_t + I_t$ となる。代表的家計の効用関数は $\sum_{t=0}^{\infty} \beta^t (C_t^{1-\sigma} - 1)/(1 - \sigma)$ のように消費だけに依存すると考えよう。

　最適成長経路 $(Y_t, C_t, I_t, K_{t+1})_{t=0}^{\infty}$ とは，K_0 を所与とし資源制約式 $Y_t = C_t + I_t$ をすべての時点 t で満たす実現可能経路のうちで代表的家計の効用を最大化するものをいう。

　この制約条件付き最大化問題を解くため，ラグランジアンを $\mathcal{L} = \sum_{t=0}^{\infty} \beta^t (C_t^{1-\sigma} - 1)/(1 - \sigma) + \sum_{t=0}^{\infty} \lambda_t (A_t K_t^\alpha L^{1-\alpha} - C_t - K_{t+1} + (1 - \delta)K_t)$ と書く。ここで λ_t は t 期の資源制約式にかかるラグランジュ乗数である。制約式はすべての時点 t で満たされなければならないので，ラグランジュ乗数も制約式の数だけ必要なことに注意する。最大化の一階条件 $\partial\mathcal{L}/\partial C_t = 0$ と $\partial\mathcal{L}/\partial K_t = 0$ を解くと，$\beta^t C_t^{-\sigma} = \lambda_t$ と $\lambda_t(\alpha A_t K_t^{\alpha-1} L_t^{1-\alpha} + 1 - \delta) = \lambda_{t-1}$ である（K_t は $t-1$ 期と t 期の資源制約式に現れることに注意）。生産関数を使ってこの 2 式を整理すると次を得る。

$$\frac{C_{t-1}^{-\sigma}}{\beta C_t^{-\sigma}} = \alpha\frac{Y_t}{K_t} + 1 - \delta \quad \text{for } t = 1, 2, \ldots \tag{1.4}$$

左辺は $t-1$ 期の消費の限界効用と t 期の消費の限界効用の比であり，異時点間限界代替率である[9]。右辺の $\alpha Y_t/K_t$ は，生産関数を K_t で偏微分して得られたもの

---

[9]　異時点間限界代替率が図 1.2 の無差別曲線の接線の傾きに対応することは次のようにわかる。組み合わせ (C_{t-1}, C_t) の無差別曲線上では生涯効用 $\mathcal{U} = \sum_{t=0}^{\infty} \beta^t U(C_t)$ が一定なので，$\frac{\partial\mathcal{U}}{\partial C_{t-1}} dC_{t-1} + \frac{\partial\mathcal{U}}{\partial C_t} dC_t = 0$ が成り立つ。これを変形すれば $\frac{dC_t}{dC_{t-1}} = -\frac{\partial\mathcal{U}/\partial C_{t-1}}{\partial\mathcal{U}/\partial C_t}$。この右辺が $-C_{t-1}^{-\sigma}/\beta C_t^{-\sigma}$ である。

だから，資本の限界生産性である。したがって右辺は，財 1 単位を $t-1$ 期に貯蓄したとき t 期に得られるリターンと考えられる。例えば Y_t が穀物で，K_{t+1} が翌年のために取り置かれた種籾，種は蒔いたら残らないから減耗率は $100\%(\delta=1)$ であると考えると，右辺は 1 単位貯蓄された穀物が翌年に生む穀物量である。ここから右辺は，今期の財を来期の財に変形するときの**限界変形率**だと解釈できる。最適な経済成長経路では，異時点間限界代替率が限界変形率に等しくなるよう消費と貯蓄が決められなければならないことを式 (1.4) は示している。

市場によって価格と成長経路が決まる分権的経済においても，市場が競争的であれば均衡経路は最適成長経路と一致する。分権的経済モデルは RBC モデルと同様に，家計は価格を所与として予算制約のもとで生涯効用を最大化し，企業は価格を所与として利潤を最大化し，財・資本・労働市場の需給が一致するように実質賃金と金利が決定されるとする。25 頁の図 1.2 に示されているように，家計は異時点間限界代替率が資本リターン R_t と等しくなるように消費経路を選択し（ケインズ = ラムゼイルール，あるいはオイラー方程式），利潤を最大化する企業は資本の限界生産性が資本レンタル料 $r_t = R_t - 1 + \delta$ と等しくなるように生産量を選択する。その結果，均衡経路では式 (1.4) が成立して，最適成長経路と一致するのである。

ここでは成長経済を考えているので，生産性 A_t の上昇に従って GDP Y_t，資本 K_t，消費 C_t も成長していく。19 世紀後半以降の先進国においては，資本係数 K_t/Y_t には明確な成長トレンドがなく，大まかに一定と見ることができる[10]。そこで Y_t, K_t, C_t が同率で成長していく**均斉成長経路**が成熟経済の長期トレンドを描写するのに適当である。詳細は割愛するが，一定の条件のもとで上の分権的成長モデルの均衡経路が均斉成長経路に長期的に収束することを示すことができる。

均斉成長経路上では，まず資源制約式 $Y_t = C_t + K_{t+1} - (1-\delta)K_t$ から，消費がGDP と同率で成長しなければならない。そこで均斉成長経路での GDP，資本，消費の成長率を g と書く。すると家計のオイラー方程式から $R = (1+g)^\sigma/\beta$ を得る。資本蓄積式 $K_{t+1} = (1-\delta)K_t + I_t$ から，均斉成長経路上では投資・資本比率 I/K が $\delta + g$ に決まる。また生産関数 $Y_t = A_t K_t^\alpha L^{1-\alpha}$ から，$1+g = (1+g_A)^{\frac{1}{1-\alpha}}$ となる。このことから，均斉成長経路上の経済成長率 g のドライバーは，生産性の成長率 g_A だけであることがわかる。政府の成長戦略の関心が生産性成長率に集中するのはこのためである。ついでに，生産技術の資本の重要度 α が高い経済では，同じ生産性成長率 g_A のもとでも GDP 成長率 g が高くなることがわかる。これは，全要素生産性成長によって資本蓄積が進み，資本蓄積がより大きな産出を生

---

10) 労働分配率や投資収益率も一定であることなどと合わせて**カルドアの定型化された事実** (Kaldor, 1957) と呼ぶ。

むことで資本蓄積に拍車をかけることから起こる。

さらに，式 (1.4) から均斉成長経路上では次が成り立たなければならない。

$$\frac{(1+g)^\sigma}{\beta} = \alpha \frac{Y}{K} + 1 - \delta$$

これによって決定される長期の資本係数 K/Y は，実際の経済の長期的趨勢をよく説明するだろうか。米国経済では，企業資本・住宅・公的部門を含めた資本係数はほぼ 3 で安定している。本章で見たとおり，資本分配率は大まかにいって 1/3 で安定しており，そのことはコブ = ダグラス型生産関数の α を 1/3 に設定することで再現できる。時間選好率 $1/\beta - 1$ や経済成長率 g は 2% 程度といった小さな値をとる。これらを勘案すると，資本減耗率が 10% 程度という常識的な値のもとで，長期資本係数 $K/Y = 3$ が再現できることになる。

　本書では短中期の景気循環に関心を集中していくことになるが，景気循環モデルと経済成長モデルが同じ動学一般均衡理論に依拠していることにはメリットがある。まず，経済が十分成熟して資本係数 K/Y が定常状態に達しているならば，経済は長期的には均斉成長経路をたどると想定できる。そこでは GDP や資本，消費は同率で成長する。これら変数をトレンド成長率で割り戻してやれば，モデル上の変数をトレンドからの乖離のみで表現することができる。このようなトレンドからの一時的な乖離を，景気循環論の対象として設定することができ，これら変数間の均衡条件を経済成長とは独立に書き下すことができる。つまりは，理論上も実証データ上も，マクロ変数の長期トレンドと短期的乖離を分離し，成長を捨象して循環に集中することが可能になる。もう 1 つの利点は，モデルの基礎的パラメータ値の設定に長期データを用いることができることである。上に見たように，経済成長モデルは資本係数や労働分配率，長期資本リターンなどをモデルの生産技術と選好パラメータによって決定する。したがって短中期には変動しない $\alpha, \beta, \delta, \sigma, g$ といったディープ・パラメータの推定には，長期に安定している変数の実証的観測値を充てることが可能になるのである。

1.5　数学補論 2：RBC モデルの均衡動学

■ RBC モデル：数式バージョン　　本章内では決定論的に単純化された RBC モデルを考察した。ここではそのモデルの均衡動学式を導出する[11]。まず均衡定義を数式を使って書き直す。

---

11)　この補論の叙述はどの大学院レベルのマクロ経済学教科書にも見出せる。加藤 (2007) など参照。

RBC モデル：数式バージョン

動学一般競争均衡は，$(Y_t, C_t, H_t, a_t, L_t, K_t, w_t, R_t)_t$ のうち次を満たすものである。

1. $(C_t, H_t, a_{t+1})_t$ が次の家計の最大化問題の解である。

$$\max_{(C_t, H_t, a_{t+1})} \sum_{t=0}^{\infty} \beta^t \left(\frac{C_t^{1-\sigma} - 1}{1 - \sigma} - \chi \frac{(1 - H_t)^{1+\gamma}}{1 + \gamma} \right)$$

subject to $a_{t+1} + C_t = w_t(1 - H_t) + R_t a_t + \Pi_t, \quad t = 0, 1, \ldots$ 　(1.5)

2. $(Y_t, L_t, K_t)_t$ が，次の企業の利潤最大化問題の解である。

$$\Pi_t = \max_{(Y_t, L_t, K_t)} Y_t - w_t L_t - (R_t - 1 + \delta)K_t$$

subject to $Y_t = A_t K_t^{\alpha} L_t^{1-\alpha}$

3. すべての時点 t において財，労働，資本市場の供給と需要が一致している。

$$Y_t = C_t + I_t \tag{1.6}$$

$$1 - H_t = L_t \tag{1.7}$$

$$a_t = K_t \tag{1.8}$$

■ **均衡動学の導出**　　家計の t 期の予算制約式に対してラグランジュ乗数を $\beta^t \lambda_t$ と置く。前節と異なり β^t がついているが，どちらのやり方でも構わない。ここでの λ_t は当該期ラグランジュ乗数と呼ばれ，家計に与えられた t 期の資源を t 期の効用ベースで測った価値（シャドー・プライス）と解釈できる。家計のラグランジアンは次のように書ける。

$$\mathcal{L} = \sum_{t=0}^{\infty} \beta^t \left[\frac{C_t^{1-\sigma} - 1}{1 - \sigma} - \chi \frac{(1 - H_t)^{1+\gamma}}{1 + \gamma} + \lambda_t \left\{ w_t(1 - H_t) + R_t a_t + \Pi_t - C_t - a_{t+1} \right\} \right]$$

最大化の一階条件 $0 = \partial \mathcal{L}/\partial C_t = \partial \mathcal{L}/\partial H_t = \partial \mathcal{L}/\partial a_{t+1}$ より

$$C_t^{-\sigma} = \lambda_t$$

$$\chi(1 - H_t)^{\gamma} = \lambda_t w_t$$

$$\lambda_t - \beta \lambda_{t+1} R_{t+1} = 0$$

が家計の最適化にとって必要である[12]。3 番目の条件は t 期と $t+1$ 期の予算制約をまたいで得られている。消費は限界効用が資源のシャドー・プライスに等しくなるところまでなされ，余暇もその限界効用が機会費用に一致する点まで享受される。これら一階条件からシャドー・プライスを消去することで，オイラー方程式と消費・余暇代替式が次のように得られる。

$$1 = R_{t+1}\beta \left(\frac{C_{t+1}}{C_t} \right)^{-\sigma} \tag{1.9}$$

$$w_t = \frac{\chi(1 - H_t)^{\gamma}}{C_t^{-\sigma}} \tag{1.10}$$

　企業の最大化問題は，静学問題なので簡単に解ける。生産関数を利潤に代入して Y_t を消去したうえで，生産要素 L_t, K_t の投入量について利潤最大化の一階条件をとると

$$R_t - 1 + \delta = \alpha A_t \left(\frac{K_t}{L_t} \right)^{\alpha - 1} \tag{1.11}$$

$$w_t = (1 - \alpha) A_t \left(\frac{K_t}{L_t} \right)^{\alpha} \tag{1.12}$$

となる。左辺の生産要素価格に右辺の限界生産性が等しくなるよう要素投入量が決まることを意味する。

　こうして均衡条件が，需給一致 (1.6, 1.7, 1.8)，家計行動 (1.9, 1.10)，企業行動 (1.11, 1.12)，および生産関数として書き出せた。家計予算制約式はワルラス法則により他の式と独立でないので無視してよい。これらの式を整理して，均衡経路を決定する次の連立方程式体系を得る。

$$1 = R_{t+1}\beta \left(\frac{C_{t+1}}{C_t} \right)^{-\sigma}$$

$$w_t = \chi L_t^{\gamma} C_t^{\sigma}$$

$$R_t = \alpha A_t \left(\frac{K_t}{L_t} \right)^{\alpha - 1} + 1 - \delta$$

$$w_t = (1 - \alpha) A_t \left(\frac{K_t}{L_t} \right)^{\alpha}$$

$$Y_t = A_t K_t^{\alpha} L_t^{1 - \alpha}$$

---

12)　二階条件も吟味が要る。煩雑を避けるため，本書を通じて家計・企業の最適化が二階条件を満たすようモデルが設定されていることを前提とする。

$$Y_t = C_t + I_t$$

$$I_t = K_{t+1} - (1-\delta)K_t$$

これに加えて，全要素生産性は $\log A_{t+1} = \rho \log A_t + \epsilon_{t+1}$ という外生的な確率過程に従う[13]。

　均衡動学の定常状態がまず求まる。このモデルで定常状態とは生産性ショック ϵ_t がすべてゼロで生産性が $A_t = 1$ で一定であり，マクロ 8 変数すべてが時間を通じて一定となる状態を指す。定常値は変数 X の上にバーを付けて $\bar{X}$ のように表す。オイラー方程式に $C_t = C_{t+1} = \bar{C}$ を代入すると，$\bar{R} = 1/\beta$ を得る。つまり定常金利は家計の時間選好パラメータで決まる。また資本蓄積式から $\bar{I}/\bar{K} = \delta$，つまり定常状態では投資率が資本減耗率に等しくなることがわかる。他の変数の定常値も，上の連立方程式に代入することで簡単に数値的に求まる。

■ **定常状態の安定性分析**　　一般に力学系の定常状態は，周りからその点に収束する安定点だったり，逆に発散する不安定点だったりする。定常状態の局所的な安定性は，動学方程式を定常状態の周りで線形近似することによって分析できる。ここでは均衡動学を定常状態の周りで対数線形近似する。変数 X の定常値からの対数差を $\hat{X}_t := \log X_t - \log \bar{X}$ と書く。例として生産関数 $Y_t = A_t K_t^\alpha L_t^{1-\alpha}$ に適用すると，$\bar{Y}e^{\hat{Y}_t} = \bar{A}e^{\hat{A}_t}(\bar{K}e^{\hat{K}_t})^\alpha(\bar{L}e^{\hat{L}_t})^{1-\alpha}$ である。定常関係 $\bar{Y} = \bar{A}\bar{K}^\alpha\bar{L}^{1-\alpha}$ を使えばバー付きの変数が落ちる。そのうえで辺々対数をとると，$\hat{Y}_t = \hat{A}_t + \alpha\hat{K}_t + (1-\alpha)\hat{L}_t$ を得る。これが生産関数の対数線形化になる。

　対数線形近似は式を成長率で表すようなものである。生産関数の両辺の成長率をとると，連続時間の場合は対数時間微分すればよいので，$g_Y = g_A + \alpha g_K + (1-\alpha)g_L$ となる。つまり掛け合わせたものの成長率は成長率の和になっている。離散時間の場合は変数の共変の効果も含まれてくるが，一次近似としては無視できる。同様に考えると，変数の和の成長率はシェアで加重平均した成長率である。例えば財市場需給一致条件 $Y = C + I$ を対数線形近似すると，$\hat{Y} = \frac{\bar{C}}{\bar{Y}}\hat{C} + \frac{\bar{I}}{\bar{Y}}\hat{I}$ となる。

　これらを組み合わせて，近似体系を次のように得る。

---

13)　叙述の簡単化のため 1.2 節の注 7 で触れた「MIT ショック」を踏襲している。本来の RBC では家計は将来の生産性に不確実性があることを知っているという設定である。その場合家計は期待生涯効用を最大化することになる。期待効用最大化については第 2 章や第 6 章で解説する。

$$0 = \hat{R}_{t+1} - \sigma\hat{C}_{t+1} + \sigma\hat{C}_t$$

$$\hat{w}_t = \gamma\hat{L}_t + \sigma\hat{C}_t$$

$$\hat{R}_t = \zeta_r(\hat{A}_t + (\alpha - 1)\hat{K}_t - (\alpha - 1)\hat{L}_t)$$

$$\hat{w}_t = \hat{A}_t + \alpha\hat{K}_t - \alpha\hat{L}_t$$

$$\hat{Y}_t = \hat{A}_t + \alpha\hat{K}_t + (1 - \alpha)\hat{L}_t$$

$$\hat{Y}_t = \zeta_c\hat{C}_t + (1 - \zeta_c)\hat{I}_t$$

$$\hat{K}_{t+1} = (1 - \delta)\hat{K}_t + \delta\hat{I}_t$$

$$\hat{A}_t = \rho\hat{A}_{t-1} + \epsilon_t$$

ここで $\zeta_r := \alpha\bar{A}(\bar{K}/\bar{L})^{\alpha-1}/\bar{R}$ および $\zeta_c := \bar{C}/\bar{Y}$ は定常値で決まる定数である。5 番目の式はいわゆる成長会計に用いられる式であり，GDP 成長率を生産性と要素投入の貢献に分解している。観測された GDP 成長率から観測された要素投入の貢献を差し引いたものが 1.3 節で言及したソロー残差であり，生産性成長率 $\hat{A}_t$ の実証的な推定に用いられる。

いくつか変数を消去することで，均衡動学式は次のように整理される。

$$\begin{bmatrix} \hat{K}_{t+1} \\ \hat{C}_{t+1} \end{bmatrix} = \Gamma \begin{bmatrix} \hat{K}_t \\ \hat{C}_t \end{bmatrix} + \Omega\epsilon_{t+1} \tag{1.13}$$

ここで $\Gamma = \begin{bmatrix} \gamma_{11} & \gamma_{12} \\ \gamma_{21} & \gamma_{22} \end{bmatrix}$ は 2×2 行列，$\Omega = \begin{bmatrix} \omega_1 \\ \omega_2 \end{bmatrix}$ は 2×1 行列で，行列要素の値は外生パラメータのみに依存する。当面の間ショック項 ϵ_t はゼロと置く。

定常状態の局所的な安定性は，Γ の固有値の分析によってわかる。x を列ベクトル，λ をスカラーとして，$\Gamma x = \lambda x$ が成り立つとき，λ を Γ の固有値，x を固有ベクトルという。行列 Γ とは，ベクトル $(\hat{K}_t, \hat{C}_t)$ を回転・伸縮して別のベクトル $(\hat{K}_{t+1}, \hat{C}_{t+1})$ に変換する写像である。固有ベクトルとはこの変換によって方向が変化しないベクトルのことで，Γ には 2 つある。固有値が 1 より大きい場合，つまり $\lambda > 1$ の場合は[14]その固有ベクトルは伸長し，$\lambda < 1$ の場合は縮小する。

図 1.4 が $\hat{K}$ と $\hat{C}$ の均衡動学を描く位相図である。ΔX は変数 X の時間差分を表す。2 つの点線 $\Delta\hat{K} = 0$ と $\Delta\hat{C} = 0$ は，連立方程式 (1.13) の 1 行目と 2 行目がそれぞれ $\hat{K}_{t+1} = \hat{K}_t$，$\hat{C}_{t+1} = \hat{C}_t$ となるようなベクトル $(\hat{K}, \hat{C})$ を示す。動学はこの 2 つのベクトルによって 4 つの領域に分けられ，$\Delta\hat{K} = 0$ の下側では $\hat{K}$ が増加，上側では減少，$\Delta\hat{C} = 0$ の左側では $\hat{C}$ が増加，右側では減少となっている。

---

14)　正確には，複素数でもありうる固有値が複素平面上の単位円の外側にある場合。

図 1.4　対数線形近似された均衡動学の位相図

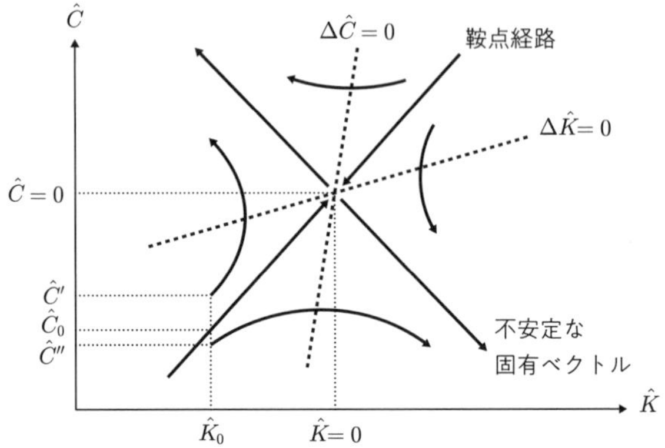

定常状態 $(\bar{K}, \bar{C})$ に向かって収束している直線が安定的な固有ベクトル，定常状態から発散している直線が不安定な固有ベクトルである。

　もし固有値が 2 つとも 1 より大きかったら，2 変数 $(\hat{K}_t, \hat{C}_t)$ は全方位に発散的である。また 2 つとも 1 より小さかったら全方位から定常状態に向けて収束的である。図 1.4 のように，固有値の 1 つが 1 より大きく 1 つが 1 より小さい場合は，前者の固有ベクトルは収束的で後者の方向では発散的となる。このケースが鞍点と呼ばれる。馬の鞍のように，背骨方向では座りが安定し，横腹方向には不安定だからだろう。Γ の固有値を計算してみると，均衡動学 (1.13) の定常点は鞍点になることがわかる。鞍点の場合，安定的な固有ベクトル上では方向が不変のまま定常点への距離が縮まっていくが，他のすべてのベクトルは，いずれ不安定な固有ベクトルに引き付けられて，定常点から遠ざかっていく。

　初期値 $\hat{K}_0$ が与えられたとき，均衡経路は $(\hat{K}_0, \hat{C}_0)$ から $(0, 0)$ へたどる鞍点経路となる。ここで，外生的な初期値は $\hat{K}_0$ だけであり，$\hat{C}_0$ は内生的に均衡条件から決まることに気をつける。0 期の資本ストック $\hat{K}_0$ は -1 期末に決まっていて，0 期には選択できないのに対し，フロー変数である消費は当該期に家計が決めるからである。鞍点経路上で成立する将来価格経路を所与として，家計は $\hat{C}_0$ を選ぶ。

　図 1.4 中の $\hat{C}'$ や $\hat{C}''$ など他の選択肢から発する経路は，式 (1.13) は満足するものの，今まで明示的に取り上げなかった他の均衡条件に抵触する。$\hat{C}'$ から発する経路は，いずれ資本の非負条件を満たさなくなる。$\hat{C}''$ から発する経路では，消費減少と資本増加が続き，動学最適化の**横断性条件**と呼ばれる条件 $\lim_{t\to\infty} \beta^t \lambda_t a_{t+1} = 0$ が破られる。$\hat{C}''$ から発する経路の行先では，オイラー方程式 $C_{t+1}/C_t = (R_{t+1}\beta)^{1/\sigma}$ に従う家計は時間選好よりも低い金利 $R_{t+1} < 1/\beta$

のもとで貯蓄に励むことになるが，その結果，相当な現在価値を持つ資産残高を無限の先に蓄積してしまう。その分をどこかの時点で消費してしまった方が生涯効用が高まるため，そのような経路は最適でない。これが横断性条件の意味である。横断性条件は，オイラー方程式があくまで最適化の必要条件であり，それだけが家計行動の最適性を保証しているわけではないことの現れといえる。

■ **鞍点経路の解釈**　　動学 (1.13) を，初期値を $(\hat{K}_0, \hat{C}_0)$ とする普通の力学として解釈したら，鞍点経路はかなり不安定な経路だ。少しでも鞍点経路から外れてしまったら，過剰消費か過剰蓄積のどちらかへ落ち込んでしまう。しかし経済学では，定常点が鞍点だったからこそ均衡経路は一意に決定されると解釈する。そもそも $\hat{C}_0$ が内生変数だったことを思い出そう。もしも定常点 $(0, 0)$ が全方位から安定だったら，つまり図 1.4 の固有ベクトルが 2 つとも定常点へ向かっていたら，$\hat{K}_0$ を所与として定常点に向かう経路は無数に存在する。$\hat{C}'$ や $\hat{C}''$ に発する経路も定常点に収束し，それぞれ異なる均衡価格経路が対応している。家計は価格経路を所与として初期消費を決めるが，どの均衡価格経路が実現するかについて，家計は一致した期待を形成することができない。すなわち，無数の均衡経路が存在することになる。これは均衡経路の**非決定性**と呼ばれる。定常点が鞍点のときにのみ，定常状態へ収束する均衡経路の一意性を確保できるのである。

　力学に不安定固有値があるがために均衡経路が安定するというちょっとした逆説には，経済動学の特徴が刻まれている。その背景に，将来予測をする経済主体がある。ニュートン力学に従うビリヤード玉と異なり，経済理論の中で動く主体は知性を持つ人間である。前例のない事態に出くわしても適切に反応できることから見てとれるように，人間は過去にとらわれず，将来を合理的に予見して行動する。動学 (1.13) は，資本蓄積式によって過去が現在の条件を規定し，オイラー方程式によって未来予測が現在の行動を決定する様を表している。現在が未来を決定する場合，未来の安定性を保証するのは安定固有値である。未来が現在を決定する場合に現在の安定性をもたらすのは不安定固有値である。オイラー方程式が提示する将来価格と消費の経路が発散的だからこそ，定常状態に収束する経路を市場は一意に見出すことができる。そしてこの鞍点経路は，最適成長理論が示すように，社会的に最適な資源配分経路と一致している。定常状態の鞍点性は，マクロ経済の安定性にとって福音だったと解釈される。

　もちろんそれは解釈の 1 つにすぎない。人間は不合理で過去にとらわれることだってある。上記の標準的理解を共有したうえで，経済の不安定性をめぐって多彩な議論が繰り広げられてきた。激しい論争の的となったのは合理的期待形成仮説で

ある。本章のモデルでは家計と企業はプライス・テイカーだが，実際の経済で取引に利用できる先物価格は，一部の金融・商品市場を除きほとんどない。家計と企業は将来の賃金や金利を自分で予想するほかない。予想するためには本章のモデルを解く計算力が必要だし，そもそもモデルが正しくなければならない。そんな現実離れした理論があるか。方法論的な紛糾の挙句に合理的期待形成革命の成った 70 年代を，宇沢 (1986) は悪夢とさえ呼んだ。

　標準理解が完全に無益ということも，現実経済の近似としてまったくありえないということもないだろう。例えば，将来の物価観・景況感についての情報共有を，金融市場のみならず一般市民に向けてまで密にコミュニケートしていこうとする今の中央銀行の姿は，標準理解に見られるような望ましい経済のあり方に向かった政策努力の 1 つである。また，標準理解の高踏ぶりを埋める学術的努力は盛んだ。例えば，合理的に将来予測したり合理的に反応するわけでない経済主体を部分的に導入することはむしろ一般的である。手にした所得をそのまま全額消費してしまう "hand-to-mouth" 行動をとる家計や，足元の物価上昇率に自動的に連動 (indexation) して価格調整するセクターを導入する例がある。また，モデルのパラメータに不確実性があるときに，それを学習する意思決定主体を取り込んだ理論 (Evans and Honkapohja, 2009) や，合理的計算に認知的な費用がかかる場合 (Sims, 2003)，認知的バイアスのある場合 (Laibson, 1997) の研究も盛んだ。モデル自体に誤りがありうることを経済主体が理解したうえで行動するマクロ理論 (Hansen and Sargent, 2007) もある。あるいは，もっと積極的に標準理解の鞍点特性を活かした方向もある。例えば，資産の理論価格から指数関数的に乖離しては確率的に理論価格に戻る合理的バブルのモデルがある。本節で触れた非決定性を生み出すモデルは数多くあり，次章でも続けて議論する。本書からの応答は，その後で時間をかけて述べていきたい。

コラム　リカードの等価定理

　本章で解説した実物的景気循環論の 1 つの応用問題として，補論 1.4 節のモデルに政府部門を導入し，公債発行による政府支出の調達がどのように均衡に影響するかを考える。政府の実物負債，つまり名目負債を物価で割った額を b_t，元本プラス金利を R_t と書く。財政支出を G_t，税収を τ_t とすると，プライマリー・バランスは $\tau_t - G_t$ であり，政府負債は次式のように蓄積する。

$$b_{t+1} = R_t b_t + G_t - \tau_t$$

未来に向かって逐次代入すると次を得る。

$$\frac{b_{T+1}}{R_0 \cdots R_T} + \sum_{t=0}^{T} \frac{\tau_t - G_t}{R_0 \cdots R_t} = b_0 \tag{1.14}$$

金利支払いをすべて借入で未来永劫賄えるのであれば，政府はいくらでも借入できることになる。しかし貸し手はそれを許さないものとする。つまり，政府は**ポンジ・ゲーム**を禁止されていて，政府負債は金利以上のスピードで増大することができない，すなわち $\lim_{T \to \infty} b_{T+1}/(R_0 \cdots R_T) = 0$ とする。すると式 (1.14) 両辺の極限操作 $T \to \infty$ により，現在の負債残高 b_0 は将来のプライマリー黒字系列 $(\tau_t - G_t)_t$ の割引現在価値に等しいことがわかる。つまり，ポンジ・ゲームを禁止されている以上，将来のプライマリー黒字で金利支払いを賄うことができる以上の負債を現在負うことは不可能である。

　ここへ家計の予算制約式を組み合わせてみよう。補論 1.4 節の式 (1.5) を拡張して，家計は税 τ_t を負担し，生産資本 k_t と国債 b_t を資産 $a_t = k_t + b_t$ の一部として保有できるとする。つまり

$$a_{t+1} + C_t = (1 - H_t)w_t + R_t a_t - \tau_t.$$

家計の負債も金利以上の速さで増大することができないというポンジ・ゲーム禁止制約と，家計の動学最適化の横断性条件から，$\lim_{T \to \infty} a_{T+1}/(R_0 \cdots R_T) = 0$ となる。これを用いて生涯予算制約式にまとめると，

$$\sum_{t=0}^{\infty} \frac{C_t - (1 - H_t)w_t + \tau_t}{R_0 \cdots R_t} = a_0.$$

　ここで式 (1.14) より，家計の将来納税の割引現在価値は，将来政府支出の割引現在価値と現在負債残高の和に等しい。これを代入すると家計の生涯予算制約

式は次のように変形される。

$$\sum_{t=0}^{\infty} \frac{C_t - (1 - H_t)w_t}{R_0 \cdots R_t} = k_0 - \sum_{t=0}^{\infty} \frac{G_t}{R_0 \cdots R_t}$$

家計はこの制約のもと効用を最大化する。注目すべきは，税と国債が相殺されたため，政府支出 G_t 以外の政府変数が制約式に影響しないことである。他の均衡条件も b_t や τ_t の影響を受けず，ただ財市場需給一致条件に G_t が入るのみである。したがって，系列 G_t に変化がないかぎり，b_t や τ_t の変化は均衡に影響しない。つまり，財政支出の財源を当該期の税収に求めても，国債で調達することで先延ばしして将来の税収に求めても，マクロ変数には GDP をはじめいっさい変化がない。これを**リカードの等価定理**と呼ぶ。

「公債発行を増やして減税すれば景気が上向く」という主張がマクロ経済学の「常識」として流布している。この常識を否定するのが等価定理である。等価定理の論理は単純で，政府支出予定に変更がない以上，その財源をいま調達しようと将来調達しようと家計の生涯予算制約には影響しない，ということだ。

等価定理をモデルで示すには上のように多くの仮定がいる。例えば家計の消費計画が無限期間にわたるといったことだ。現実の家計はそのように行動しないので，例えば世代を超えた借金のツケ回しは現世代の消費を増やし，将来世代の消費を減らすだろう。しかし等価定理を支える仮定が現実に合わないからといって，その有用性が失われるわけではない。減税されて浮いた所得をそのまま全額消費するという "hand-to-mouth" 家計だって同程度に極端な想定だ。捨象が不可欠なマクロ経済学において「すべてのモデルは間違い」である。

問題はそれぞれの論理が問いの本質をどこまでついているかだ。テストケースとして日本の政府負債と家計金融資産の推移を図 1.5 に示す。この 25 年間に政府負債は 1000 兆円増え，家計金融資産は 800 兆円増えた。この 2 つのトレンドを整合的に語るナラティブは多数ありうる。例えばバランスシートから論じる向きがある。金融資産とは常に他の誰かの負債である。政府が起債したら誰かの金融資産が増えなければならない。したがって公債が増えたり銀行が信用創造することで家計金融資産が増えるのは自然であり，そのようにして経済は「回る」というものだ。一理あるが，家計には資産残高を圧縮したり外債を保有する選択肢もあるので，国債が増えたら必ず国内家計金融資産が増えるとはいえない。本来はもちろん，資産と負債，純資産，非金融資産などに分け入って分析しなければならない。

本章では資産価値の裏付けとなる実物経済に関心を集中させた。その分析と整

図 1.5　日本の家計金融資産と政府負債

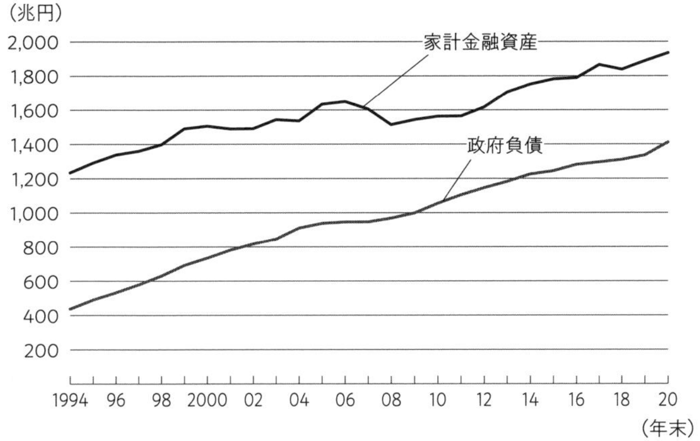

（兆円）

出所：「国民経済計算」

合的なナラティブに絞っても複数ありうる。例えば長寿化と高齢化を原因とする
家計貯蓄の増大が先にあり，それに伴う消費需要の低迷を公債で調達された政府
支出が埋め合わせるとともに，家計が求める安全資産の置き所を公債発行により
提供したと考えることはできる。あるいは逆に，野放図な債務累増が先にあり，
将来の租税負担を心配する家計が貯蓄を増やした，つまり等価定理の論理がある
程度成り立っているとも解釈できるだろう。これら仮説を検証するには，ミクロ
消費行動分析を積み上げ，異質的な家計の選好と制約にミクロ実証的な目処を立
てたうえで動学一般均衡モデルに組み込む必要がある。本章で捨象した確率的マ
クロショックの導入も重要である。家計の反応が均衡価格と所得を通じてマクロ
経済の全体に及ぼす一般均衡効果まで汲み取るのが完備した分析だといえるだろ
う[15]。

---

15)　日本の家計消費のミクロ実証研究として Watanabe et al. (2001), 阿部 (2011), Cashin
　　and Unayama (2016), Kubota et al. (2021), 宇南山 (2023), 日本の財政の代表的個人モ
　　デルによる定量的研究として Nutahara (2015), Hansen and İmrohoroğlu (2016), 年齢・
　　資産などの異質性を含めた研究として Kitao (2015), Nishiyama (2015), Nakajima and
　　Takahashi (2017) を挙げる。

第**2**章 ニューケインジアン・モデル

本章では，第1章で解説した実物的景気循環 (RBC) モデルに名目価格の粘着性を導入した，ニューケインジアン (NK) モデルを説明する。NK モデルは現代の中央銀行による金利政策の基礎となるマクロ経済モデルである。RBC モデルから引き継いだのは，家計と企業による合理的な将来期待形成が現在の意思決定と均衡経路に大きく影響するという仮説である。

2.1 節では最も単純な NK モデルをなるべく直観的に解説し，ケインジアンの代表的分析である *IS-LM* モデルを現代的にミクロ的基礎付けしたものであることを示す。2.2 節では NK モデルによる金利政策分析を紹介し，現代のルールベーストでフォワードルッキングな金利政策の基礎となっていることを説明する。数学補論を 2.3 節に置く。本章の分析は第 II 部 5 章の内生的物価振動分析の下敷きとなる。

2.1 NK モデルの基本的枠組み

20 世紀にマクロ経済学を学習した人は，華々しくも混乱した論争的な学問と記憶しているかもしれない。ケインジアンとマネタリストといった学派が，方法論から時事政策に至るまで，ときに強い言葉を交えて論戦を続けた。市場経済体制の運営をめぐって政策思想が広いスペクトラムに分布している事情は現代でも変わらない。日本においてもマクロ財政・金融政策の捉え方には幅があり，活発な議論が続いている。その論戦は素晴らしく，マクロ経済理論はそのような論争を生産的にするための土台であるべきだ。ところが，マクロ経済が多数の変数を含む複雑な系であることも手伝って，議論が噛み合わないケー

スも少なくない。

　ケインジアンとマネタリスト，あるいは新しい古典派といった学派を方法論的に綜合し，共通の理論の上で議論できるようにした立役者は，**ニューケインジアン** (NK) と呼ばれる 80 年代以降の学説展開である。ほかにも資産市場や労働市場分析の重要な革新があったが，NK は特にマクロ金融調節政策を動学一般均衡の上に実装することで大きく貢献した。本章ではその NK モデルを標準的な最も簡単な形で紹介する。

　NK モデルは動学一般均衡モデルの一種であり，前章の RBC モデルと同じ構造を持つ。異なるのは，変数として物価が本質的に導入されている点だ。RBC モデルはワルラス一般均衡モデルの伝統をひき，すべての価格は財価格をニュメレールとした相対価格で表示されている。貨幣数量説を採用して形式的に名目価格を導入することは可能だが，すべての名目値が物価に連動するだけで，資源配分と相対価格は何ら変わらない（**古典派の二分法**）。そのような体系に，意味ある形で名目価格を導入し，名目が実質に影響するような経路を実装したい。

　本章の標準的な NK モデルでは，2 つの新しい要素を用いて名目物価を体系に導入する。1 つは製品の名目価格を自ら設定する価格支配力を持った企業である。もう 1 つは製品価格の伸縮的な調節を妨げる価格粘着性である。この 2 つにより，名目物価水準は実質の纏う薄いヴェール以上の意味を持つことになる。

　ケインズ的な不況経済の表現には，独占的競争モデルの先駆的業績となった Negishi (1961) のような不完全競争の導入が必要である。また製品価格の硬直性をケインズ的モデルの柱に据えたのは屈折需要曲線を唱えた Negishi (1979) である。したがって NK モデルの組み合わせは根岸 (1980)『ケインズ経済学のミクロ理論』に似ている。異なる点は，NK モデルが完全に動学的な意思決定主体を導入することで，金融政策のフォワードルッキングな性格を明らかにしたことである。さっそくモデルを見てみよう。

■ **独占的競争と価格粘着性**　物価の変動（インフレーション）があるモデルを構築するため，完全競争の仮定を緩め，価格支配力のある企業を導入する。具体的には，財 j が線分 $[0,1]$ 上にインデックスされていて，それぞれが企業 j

によって独占的に供給されているとする。家計は各財を $c_{j,t}$ 需要し，それらを組み合わせた合成財 C_t を消費する。財 j の名目価格を $P_{j,t}$ とし，各財からなる消費バスケットの価格を合成消費財の価格 P_t とする。

2.3 節の補論で示すように合成財の定義を工夫することで，各財の需要関数が $c_{j,t} = \left(\frac{P_{j,t}}{P_t}\right)^{-\eta} C_t$ と導出できる。ここで η は需要の価格弾力性，つまり j 財の価格が上がったときにどれだけ需要が減るかを表している。ここでは $\eta > 1$ を仮定する。$P_{j,t}$ が上昇するとき，価格上昇分以上に需要量が減少するので，j 財の支出シェアが減る。このとき財は代替的であると呼ばれ，その度合いが代替弾力性 η で表される。

企業 j は財 j の生産について独占的だが，財 j は他財とある程度代替可能である。これを**独占的競争**状況という。この状況が起こるのは，家計の享受する消費バスケット C_t を構成する財 $c_{j,t}$ がそれぞれある程度差別化されているからである。差別化の程度が代替弾力性 η で表現されており，η が小さいほど財は非代替的で，差別化の程度は大きく，企業の価格支配力は大きい。差別化のもと，企業 j は財需要関数を所与として価格と生産数量を調節し利潤を最大化する。競争均衡との違いは企業が生産物の価格を所与としない点にある。代替弾力性 η が小さいほど，市場は非競争的で企業の独占利潤は大きい。

モデルに資本を導入することも可能だが，ここでは簡略に徹し，生産には労働のみ必要とする。企業 j の生産関数を $y_{j,t} = A_t l_{j,t}$，ただし産出を $y_{j,t}$，労働投入を $l_{j,t}$，企業に共通な生産性を A_t とする。

モデル化したいのは，企業が価格を伸縮的に調節できず，価格が一定の粘着性を持つ状況である。簡便な設定として，自社製品の価格を改定するタイミングは企業自ら選ぶことができず，確率的チャンスとして外生的に訪れるとする「カルボ型」価格改定モデルを用いる。具体的に，毎期 $1 - \mu$ の確率で価格改定の機会が訪れるとする。この場合 μ は**価格粘着性**の度合いを示す。改定の機会を得た企業 j は好きな価格 $P_{j,t}^*$ を付けられるが，それ以外の企業 j' は前期の価格に据置き $(P_{j',t} = P_{j',t-1})$ することを余儀なくされる。すると一般物価の動向は改定企業と据置き企業の平均価格で決まる。

$$P_t = \left((1 - \mu) \int_0^1 (P_{j,t}^*)^{1-\eta}\, dj + \mu \int_0^1 P_{j',t-1}^{1-\eta}\, dj'\right)^{\frac{1}{1-\eta}} \tag{2.1}$$

価格粘着性のもとでは，企業は将来長い期間にわたって価格改定の機会がない可能性がある。それを踏まえ，価格改定のチャンスを得た企業は，現在だけでなく将来にわたる利潤をも考慮して値付けする。よって物価水準 P_t は，過去の物価水準 P_{t-1} だけでなく，将来の物価動向をにらんだ価格改定企業の値付け $P_{j,t}^*$ に左右されることになる。

■ **金利政策ルール**　　最後に中央銀行を導入する。中央銀行は短期名目金利 i_t を自由に調節できるが，特定の政策ルールにコミットしており，このコミットメントを企業や家計も信用しているとする。政策ルールのもとで金利 i_t は足元のインフレ率 $\pi_t = \frac{P_t - P_{t-1}}{P_{t-1}}$ と **GDP ギャップ** x_t から決められるが，ルールと無関係な政策的ショック v_t もありうるとする。政策ルールの簡単なケースは，いわゆる**テイラー・ルール**

$$i_t = \bar{i} + \delta_\pi \pi_t + \delta_x x_t + v_t \tag{2.2}$$

である。GDP ギャップ x_t は，均衡で実現した Y_t と，価格粘着性がなければ実現したであろう GDP（**自然産出量**）との対数差として定義する。

テイラー・ルールは，アラン・グリーンスパン揮下の米国連邦準備制度理事会 (FRB) の政策金利の動きをよく模すとされる。70 年代から 80 年代にかけて，金融政策はサプライズによる裁量的政策から，明示的であれ暗黙的であれ予測しやすいルールベーストな政策に移行し，中央銀行がどのような政策ルールにいかにクレディブルにコミットするのかが関心事となった。その政策思想をニューケインジアンの金融政策モデルは反映し，金利調節理論を深める土俵となった。

テイラー・ルールは直観的に理解しやすい。政策係数 $\delta_x > 0$ は，負の GDP ギャップが起きたときに政策金利を引き下げて金融緩和することを意味する。同じく $\delta_\pi > 0$ は，インフレが昂進したときに政策金利を引き上げて金融を引き締めることを意味する。引き締めの強度は $\delta_\pi > 1$ とするのが望ましい。なぜなら，インフレ率上昇分よりも大きく名目金利を引き上げて初めて実質金利は上がり，政策は実体経済への引き締め効果を持つからだ。**テイラー原則**と呼ばれるこの条件の背景については補論で詳述するが，常識的にも納得のいくものである。

■ NK モデルの均衡　　以上の準備のもとで，最も簡単な NK モデルの均衡は次のように書ける。

> **ニューケインジアン (NK) モデル**
> 動学一般均衡は，資源配分と物価の経路および企業の価格付け行動のうち次を満たすものである。
> 1. 資源配分は，政策ルールと価格を所与としたときの家計期待効用を最大化している。
> 2. すべての企業 j にとって，j の価格付け行動は政策ルールと実質賃金，財需要関数を所与としたときの j の企業価値を最大化している。
> 3. すべての財 j 市場と労働市場，資産市場で需給が一致している。

均衡条件を整理していくと，数学補論で示すように，線形近似された (π_t, x_t, i_t) の均衡動学は金利政策ルール (2.2) と次の 2 式で決定される。

$$x_t = E_t[x_{t+1}] - \frac{1}{\sigma}(i_t - \bar{i} - E_t[\pi_{t+1}]) + \frac{\gamma+1}{\gamma+\sigma}E_t[\hat{A}_{t+1} - \hat{A}_t] \tag{2.3}$$

$$\pi_t = \beta E_t[\pi_{t+1}] + \kappa x_t \tag{2.4}$$

ただし式 (2.4) の x_t の係数は $\kappa := \frac{(1-\mu)(1-\mu\beta)}{\mu}(\gamma+\sigma)$ で与えられる。少し説明が必要なのは期待値を表す作用素 E である。E_t の下付き数字 t は，時点 t に家計が持っている情報に条件付けられた期待値であることを表す。例えば X を確率変数，$f_t(x)$ を t 時点の情報に条件付けられた X の密度関数とすると，X の条件付き期待値は $E_t[X] = \int x f_t(x) dx$ と表される。

上式において内生変数 (π_t, x_t, i_t) の動学を決定するパラメータは，政策パラメータ (δ_π, δ_x) 以外はすべて家計選好と生産技術を規定する基礎的条件であり，これらは中央銀行の政策によって変化しないディープ・パラメータであることに注目する。議論を先取りしていえば，ケインズ経済学のミクロ的基礎付けが志向したことがまさにこうしたことだったのである。

式 (2.3) では，実質金利 $i_t - E_t[\pi_{t+1}]$ が上がると現在 GDP が将来 GDP に比べて低下する。これは *IS-LM* 分析における *IS* 曲線と同じなので，**ニューケインジアン IS 曲線** (NKIS) と呼ばれる。この式は家計動学最適化の必要条件であるオイラー方程式 $U_c(C_t, H_t) = E_t[\beta R_{t+1} U_c(C_{t+1}, H_{t+1})]$ に由来する。消費の限界効用 U_C は逓減するから，R_{t+1} が上がると C_t の需要は C_{t+1} より

相対的に下がる。実質金利が上がると消費よりも貯蓄が有利になるので，現在消費が減り将来消費が上がるということだ。オイラー方程式に財市場の均衡条件 $C_t = Y_t$ を代入して式 (2.3) を得る。これはケインジアン分析で IS 曲線が投資需要関数と財市場均衡条件から得られたことと同型である。本章の NK モデルでは資本を捨象しているものの，現在財と将来財の相対価格が金利で表されるという経済原理によって，金利が上がると現在財への需要が下がることが表現できている。

式 (2.4) は，期待インフレ率を一定とすると，インフレ率と GDP ギャップが同じ方向に動くことを意味する。GDP ギャップは失業率と逆相関しており，**オークン法則**として知られる。雇用が増えるとき産出が増えるのは生産関数を考えれば自然である。オークン法則を前提とすれば，式 (2.4) はインフレ率と失業率の逆相関を意味するので，**フィリップス曲線**を表すといえる。そのため式 (2.4) は**ニューケインジアン・フィリップス曲線** (NKPC) と呼ばれる。マネタリストが主張したように，期待インフレ率 $E_t[\pi_{t+1}]$ が上昇するとフィリップス曲線が上方シフトすることも，式 (2.4) で表現できている。この式は基本的に式 (2.1) に由来しており，右辺の価格付け行動 $P_{i,t}^*$ がインフレ率を規定している。今期に価格を改定する企業は，まずは今期の需要要因，つまり GDP ギャップ x_t に反応する。それと同時に今期設定した価格を将来改定できない可能性があることから，将来の物価動向をも勘案する。そのため式 (2.4) の右辺に期待インフレ率 $E_t[\pi_{t+1}]$ が現れるのである。

将来インフレが昂進することが予期されているときには，価格改定企業はあらかじめ高めの名目価格を設定する。よってインフレ期待の高まりは現在のインフレ率を高める方向に働く。これはまさに，将来のインフレ期待に働きかけることによってリフレーションを実現しようとした，日銀黒田東彦総裁（当時）による 2013 年以来の金融緩和のロジックにほかならない。

フィリップス曲線の傾きは式 (2.4) の x_t の係数 $\kappa := \frac{(1-\mu)(1-\mu\beta)}{\mu}(\gamma + \sigma)$ で与えられた。特に，価格粘着性 μ が上昇すると傾き κ は小さくなり，フィリップス曲線が平らになることに注意する。初級マクロ経済学で学ぶように，価格が硬直的なときはフィリップス曲線と AS（総供給）曲線は平たく，需要ショックは物価に吸収されずに実質 GDP に影響する。NK モデルはそのように傾きの小さい総供給曲線を，企業の最適化行動から導き出した。

　これらの論点が，マネタリストの主張したフィリップス曲線の高さと傾きの内生性に対応していることに注目する。ナイーブな総需要管理政策では，フィリップス曲線の形状を所与のものとして，政策的に望ましい点をその曲線上から選ぼうとする。つまり高いインフレ率を選べば，低い失業率を得ることができる。しかし 70 年代のスタグフレーションの経験は，そのような政策論を無効にした。高インフレが続いても，いっこうに失業率は低くならない。その原因として指摘されたのが，金融政策がフィリップス曲線自体を動かしてしまっている可能性である。それを一般的な形で定式化したものを**ルーカス批判**と呼ぶ。フィリップス曲線やケインズ型消費関数などの，経験的に得られたマクロ変数間の相関関係は，政策を変更すると崩れてしまう可能性がある。政策効果を予測するためには，政策に対して変化しない選好・技術・初期賦存といった基礎的条件に遡ったモデルに立論する必要があると主張するものだ。マクロ経済学のミクロ的基礎付けへの要請はここに明快な表現を見た。その要請への最もシンプルな応答が NK モデルであった。

2.2　金利政策の基礎付け

■　**金利政策の目的**　　中央銀行は金利政策ルール (2.2) によって何を達成しようとするのだろうか。このモデル経済では，各中間財は最終財の生産に対称的に寄与しているので，効率的な資源配分のもとでは同一価格になるべきところだが，価格粘着性のために各財価格にばらつきが生じる。中間財生産企業の価格改定タイミングに制約があるために価格がずれるのである。このような価格のばらつきは，生産・消費の効率性からの乖離を示している (Aoki, 2001)。定常状態でも価格のばらつきは残るが，定常インフレ率が低いほどばらつきの程度は小さい。したがってインフレ率のターゲットは低い方が望ましい。一方で，低すぎると名目金利の非負制約に近づいて金利政策の余地を失うし，名目賃金下方硬直性のもとでは実質賃金の柔軟性も失われる。それら得失を勘案して 2% 程度のターゲットが国際的コンセンサスになっている。定常インフレ率については第 5 章で再論する。

　また，このモデルに描かれた経済では，企業が一定の価格支配力を持っているので，競争均衡におけるような最善解（ファーストベスト）を望むことはでき

ないが，それ以外の効率性条件は満たされる。独占的競争モデルで生じるような独占に由来する厚生損失は，Behrens et al. (2020) によれば GDP の 6～10% に相当すると見積もられている。しかし製品独占力に由来する定常的な厚生損失は競争政策の管轄であり，中央銀行の所管外である。

　中央銀行が担当するのは，短期的な経済の安定と効率性である。例えば FRB であれば，失業率と物価をともに安定させるというデュアル・マンデートが明示されている。オークン法則が示す失業率と GDP ギャップの逆相関を踏まえれば，デュアル・マンデートは GDP ギャップの変動と物価の分散の加重平均を最小化することと同じである。よりモデルに忠実に，家計効用関数を中央銀行の目的関数としても似たような結果を導くことができる。家計効用を決定する資源配分は家計が決めることであり，家計の意思決定に影響するのは市場が決定する価格体系である。中央銀行はこれらを直接には制御できないが，短期名目金利 i_t を操作することによって価格体系に作用することはできる。異なる金利政策は異なる均衡解を生むから，その中で家計効用関数に照らして最善のものを選ぶのが最適金利政策である。

　このモデルで名目金利政策が資源配分に影響を与えうるのは，物価が粘着的なためである。ある企業がまさに価格改定しようとするとき，他企業の一定割合 μ は価格改定する自由度を持っていない。企業は新価格を他企業の旧価格との比較で決めるので，旧価格水準に足を引っぱられることになる。これが物価調整を遅くする。その遅さがあってこそ，名目金利政策は実質金利（名目金利 – 期待インフレ率）を動かすことができる。さらには将来の金利政策経路にコミットすることによって，将来の均衡経路に働きかけ，それが現在の企業と家計の期待インフレ率に影響を及ぼす。このようにして操作された実質金利が，家計の決める動学的意思決定に影響して，現在の消費需要を喚起したり沈静化したりする。物価の粘着性はこのようにして実効的な金利調節政策の可能性を開くのである。

■ **動学的決定性**　　NK モデルでは 3 つの均衡条件式 (2.2, 2.3, 2.4) が 3 変数 (x_t, π_t, i_t) の均衡動学を決定する。均衡条件式を見ると，現在の状態だけで決まるのは金利 i のみで，GDP ギャップとインフレ率はそれらの将来期待値 $(E_t[x_{t+1}], E_t[\pi_{t+1}])$ の影響を受けて決まることがわかる。家計は将来の所得

動向を見て現在の消費水準を決め，企業は将来の物価動向を考えて現在の価格を設定するためである。前章の力学分析を再び応用すれば，2変数が将来から現在に向けて決まり，1変数が過去から現在に向けて決まるこの場合には，力学の安定固有値が1つと不安定固有値が2つの場合に定常状態が鞍点となる。

補論のように均衡条件式を調べて見ると，$\delta_\pi > 1$ のときに鞍点となることがわかる。この条件こそ前節で見たテイラー原則である。δ_π は金利政策式の中で，中央銀行の決める政策金利のインフレ率に対する反応度を表している。名目金利がインフレ幅以上に反応することが $\delta_\pi > 1$ の意味である。つまり，インフレが起きたとき，実質金利を上昇させるべく名目金利を十分引き上げるということだ。これは常識的な反応である。過度な物価上昇を抑えるためには中央銀行は経済を冷却する必要があり，そのためには実質金利が上がって現在の財需要を抑える必要があるので，名目金利はインフレ率以上に上げなければならない。

この均衡動学分析の興味深いところは，テイラー原則という常識的な政策反応ルールが，定常状態を鞍点にして均衡経路の一意的決定に寄与していることである。テイラー原則が成り立たない政策ルールを採用していると，定常状態は鞍点ではなく安定点になる。前章で見たように，定常状態が安定点の場合，初期状態から発して定常状態に収束する無数の均衡経路が存在するため，市場は均衡価格経路を一意に定めることができない。これは，無数の均衡価格経路を行き来する可能性を開き，大きな経済変動を引き起こす原因になる。テイラー原則は均衡経路の決定性を担保し，無用な経済変動を排除する助けになっている。2000 年代中盤の世界金融危機前夜，米国経済の「大いなる安定」と金融政策の「科学」がやや勇み足ぎみに唱えられたのは (Clarida et al., 1999)，このような新知見の発見を背景としていた。

■ **NK モデルの成功と限界**　NK モデルは，ケインズ的な数量調整経済の理論的表現のために必要であると従来から目されていた企業の価格支配力と物価硬直性を，RBC モデルに取り込むことで成立した。動学一般均衡の枠組みを用いた結果強調されることになったのは，金利政策を構想するうえで，家計と企業の将来期待形成を明示的に考察することの重要性である。

実際の物価動向に対して本章のモデルの持つ説明力には限界もある。特に日

本経済については，長引いたマイルドな物価下落やその後の長い物価安定は未だに理由のわからない点が多い。期待形成についても，企業はともかく家計が，モデルで想定するような将来インフレ期待を持つとは考えにくい。とはいえ，適応的期待形成を行う家計をモデルに導入することは難しくない。むしろ多くの NK モデルがそのような行動要素を組み込んで現実経済への説明力を高めている。また，家計はともかく金融市場の専門家たちは相当程度洗練された予測をしていると想定でき，したがって中央銀行の将来政策に関する繊細な軌道修正が，金利をはじめ金融市場で成立する価格体系に速やかに織り込まれていく過程は十分現実的である。貨幣的マクロモデルについては第 5 章で立ち戻ることにする。

2.3　数 学 補 論

　本節では NK モデルの均衡動学を導出する。導出は標準的なものであり，Walsh (2017, Chapter 8) や加藤 (2007) など上級教科書に見出すことができる。

■ **家計の最適化行動**　　独占的競争モデルでよく用いられる CES (constant elasticity of substitution) 型集計関数の性質は，初歩的だが重要なのでここで解説する。本モデルで最終消費財は中間財を CES 関数で集計したものとして $C_t = (\int_0^1 c_{j,t}^{\frac{\eta-1}{\eta}} dj)^{\frac{\eta}{\eta-1}}$ と定義される[1]。家計の効用最大化問題を次のように設定する。

$$\max_{(C_{t+\tau}, (c_{j,t+\tau})_j, H_{t+\tau}, B_{t+\tau})_{\tau=0}^\infty} E_t \left[\sum_{\tau=0}^\infty \beta^\tau U(C_{t+\tau}, H_{t+\tau}) \right]$$

subject to $\begin{cases} \int_0^1 P_{j,t} c_{j,t} dj + B_t = W_t(1 - H_t) + P_t \Pi_t + (1 + i_{t-1}) B_{t-1}, \\ C_t = (\int_0^1 c_{j,t}^{\frac{\eta-1}{\eta}} dj)^{\frac{\eta}{\eta-1}}, \end{cases}$ $\forall t$

予算制約式は名目値で表示されている。W_t は名目賃金，Π_t は企業から受け取る実質利潤の総額，B_t は家計が保有し i_t の名目金利を生む安全資産の名目残高を表す。なお，$\forall$ は for all と読む。

---

[1]　積分は財インデックス j に関してとられている。数学的には，$c_{j,t}$ は j に関して積分可能関数なのかとか，C_t の $c_{j,t}$ に関する偏微分において積分と微分が交換可能なのかといった詰めるべき問題がある。この積分の数学的内容には当面は立ち入らず，すべての財についての和を表しているという直観的理解で十分である。5.4 節で離散的な財 $j = 1, 2, \ldots, n$ が $n \to \infty$ のときに極限で積分表記できることについて議論する。

家計の将来消費 $C_{t+\tau}$ や余暇 $H_{t+\tau}$ は，不確実な経済環境に影響されるので，事前 (t) には確率変数であり，享受する効用 $U(C_{t+\tau}, H_{t+\tau})$ も確率的に変動する。その効用の t における条件付き期待値をとるのが作用素 E_t である。例えば条件付き期待値 $E_0[U(C_2, H_2)]$ は，0 期における条件付き確率分布で計算した 2 期目の効用の期待値を指す。1 期目になると 2 期目の状態についてより精細な情報が家計の手に入り，条件付き期待値が $E_1[U(C_2, H_2)]$ にアップデートされることになる。

まず，家計が C_t を消費するためにかかる費用 $\int_0^1 P_{j,t} c_{j,t} dj$ を最小化することを考える。上の最大化問題の C_t を消去してから $c_{j,t}$ と $c_{k,t}$ についての一階条件をとって辺々割ると，$\frac{P_{j,t}}{P_{k,t}} = \left(\frac{c_{j,t}}{c_{k,t}}\right)^{-1/\eta}$。これを両辺 $\eta - 1$ 乗し，k について積分してから全体を $\frac{\eta}{\eta-1}$ 乗すると，財 j への需要関数 $c_{j,t} = \left(\frac{P_{j,t}}{P_t}\right)^{-\eta} C_t$ を得る。ただし $P_t := \left(\int_0^1 P_{k,t}^{1-\eta} dk\right)^{1/(1-\eta)}$ と定義される。この需要関数を用いて C_t の費用を計算すると，$\int_0^1 P_{j,t} c_{j,t} dj = P_t C_t$ となることがわかる。つまり，上のように定義された P_t は家計にとって合成財 C_t の価格になるので，このモデルにおける**消費者物価指数**とみなすことができる。これを家計の予算制約式に代入すれば，効用最大化問題から $c_{j,t}$ を消去できて簡単になる。このようにして CES 型関数はミクロ的基礎のあるマクロモデルの集計問題において大活躍する。

消費と余暇に関する家計効用最大化の必要条件は次のように書ける。

$$\frac{W_t}{P_t} = \frac{U_H(C_t, H_t)}{U_C(C_t, H_t)}$$

$$1 = E_t\left[\frac{\beta U_C(C_{t+1}, H_{t+1})}{U_C(C_t, H_t)} \frac{P_t}{P_{t+1}}(1 + i_t)\right]$$

1 つ目は最適労働供給（古典派第 2 公準），2 つ目は最適消費・貯蓄のためのオイラー方程式である。

簡単化のため，B_t は家計の発行できる私的証券 (IOU) であるとする。IOU のネットサプライはゼロ（誰かが借りていたら誰かが貸していなければならない）なので，債券市場の需給一致条件は $B_t = 0$ である。

■ **企業の最適化行動**　企業 j は毎期 $\Pi_{j,t} := \frac{P_{j,t} y_{j,t} - W_t l_{j,t}}{P_t}$ の実質利潤を生み，企業価値を最大化するよう株主に求められている。企業価値とは将来利潤の期待割引現在価値であるが，マクロ経済において究極的な株主は家計なので，割引にあたっては家計の将来財割引率を用いる。第 6 章で詳述するように，t 時点の家計にとって将来財 $C_{t+\tau}$ の価値とは，財消費の異時点間限界代替率 $\frac{\beta^\tau U_C(C_{t+\tau}, H_{t+\tau})}{U_C(C_t, H_t)}$ にほかならない。これを**確率的割引要素**と呼び，$Q_{t,t+\tau}$ で表す。すると将来利潤の期

待割引現在価値は

$$E_t \left[\sum_{\tau=0}^{\infty} Q_{t,t+\tau} \Pi_{j,t+\tau} \right]$$

と書ける。企業 j は，名目賃金，物価，生産関数，財 j の需要関数を所与として，$P_{j,t}^*, y_{j,t}, l_{j,t}$ を調節することで企業価値を最大化する。条件付き期待値 E_t は，確率的割引要素 $Q_{t,t+\tau}$，利潤 $\Pi_{j,t+\tau}$，そして $1-\mu$ の確率で起こる価格改定イベントに関する期待値を表している。

■ **自然産出量 Y_t^n**　もし価格粘着性がなかったら実現したであろう GDP と利子率を，それぞれ自然産出量と**自然利子率**と呼ぶ。自然産出量は GDP ギャップの基準値になる。これらを求めるため，価格粘着性がなかった場合，つまり $\mu = 0$ の場合の企業最適化行動を解く。この場合，企業は毎期独占利潤を最大化すればよいので，最適価格は限界費用 $\varphi_t := \frac{W_t/P_t}{A_t}$ に定数マークアップ $\frac{\eta}{\eta-1}$ をかけた $\frac{P_{i,t}^*}{P_t} = \frac{\eta}{\eta-1} \varphi_t$ となる。最適価格やマークアップ，限界費用が企業間で変わらないことに注意しよう。これは生産関数や需要関数など企業にとっての与件が対称的なためである。

さらに価格粘着性がない場合の均衡を解く。企業の対称性から $P_{j,t}^* = P_t$，相対価格 $P_{j,t}^*/P_t$ は常に 1 に等しく，マークアップは限界費用の逆数に等しくなり $\frac{\eta}{\eta-1} = \frac{1}{\varphi_t}$，よって実質賃金は $w_t = \frac{\eta-1}{\eta} A_t$。同様に対称性から $y_{i,t} = Y_t$ と $l_{i,t} = L_t$ なので，生産関数に代入して $Y_t = A_t L_t$ を得る。財市場の需給一致条件 $y_{i,t} = c_{i,t}$ を集計することで $Y_t = C_t$。対数線形近似では $\hat{Y}_t = \hat{A}_t + \hat{L}_t$ および $\hat{Y}_t = \hat{C}_t$ となる。

効用関数を前章補論と同じく $U(C,H) = \frac{C^{1-\sigma}-1}{1-\sigma} - \chi \frac{(1-H)^{1+\gamma}}{1+\gamma}$ と特定化する。家計の最適労働供給と実質賃金から $\chi L_t^\gamma = C_t^{-\sigma} A_t \frac{\eta-1}{\eta}$，その対数線形近似は $\gamma \hat{L}_t = \hat{A}_t - \sigma \hat{C}_t$。これを生産関数と財市場需給一致条件と合わせると $\mu = 0$ のもとでの自然産出量は $\hat{Y}_t^n = \frac{\gamma+1}{\gamma+\sigma} \hat{A}_t$ となり，生産性の関数として解けた。

■ **粘着的な場合の価格付け**　次に，価格粘着性がある経済 $\mu > 0$ での企業価値最大化問題を解く。t 期に価格改定機会を得た企業 j の最適な値付け $P_{j,t}^*$ を考える。この値付け $P_{j,t}^*$ は，毎期 μ の確率で将来にわたって残存し続けるので，それが影響する項を将来利潤の期待割引現在価値の式の中から抽出すると，

$$E_t \left[\sum_{\tau=0}^{\infty} \mu^{\tau} Q_{t,t+\tau} \left(\frac{P_{j,t}}{P_{t+\tau}} y_{j,t+\tau} - \varphi_{t+\tau} y_{j,t+\tau} \right) \right]$$

となる。これを将来の需要 $y_{j,t+\tau} = \left(\frac{P_{j,t}}{P_{t+\tau}} \right)^{-\eta} Y_{t+\tau}$ を制約条件として $P_{j,t}$ について最大化する。一階条件は

$$E_t \left[\sum_{\tau=0}^{\infty} \mu^{\tau} Q_{t,t+\tau} \left((1-\eta) \frac{P_{j,t}^{-\eta}}{P_{t+\tau}^{1-\eta}} + \eta \varphi_{t+\tau} \frac{P_{j,t}^{-\eta-1}}{P_{t+\tau}^{-\eta}} \right) Y_{t+\tau} \right] = 0.$$

$P_{j,t}$ は t 期に確定する変数だから期待値の外に出すと

$$(1-\eta) P_{j,t}^{-\eta} E_t \left[\sum_{\tau=0}^{\infty} \mu^{\tau} Q_{t,t+\tau} \frac{Y_{t+\tau}}{P_{t+\tau}^{1-\eta}} \right]$$

$$+ \eta P_{j,t}^{-\eta-1} E_t \left[\sum_{\tau=0}^{\infty} \mu^{\tau} Q_{t,t+\tau} \varphi_{t+\tau} \frac{Y_{t+\tau}}{P_{t+\tau}^{-\eta}} \right] = 0.$$

上式で $P_{j,t}$ 以外は j に依存しないので，解 $P_{j,t}^*$ は j に依存しない。つまり企業の最適改定価格は企業の対称性によって同じになる。それを P_t^* と表して上式を整理する。確率的割引要素 $Q_{t,t+\tau}$ を財市場均衡 $Y_t = C_t$ において評価すれば $Q_{t,t+\tau} = \beta^{\tau} \left(\frac{Y_{t+\tau}}{Y_t} \right)^{-\sigma}$。これを用いると，

$$\frac{P_t^*}{P_t} = \frac{\eta}{\eta-1} \frac{E_t \left[\sum_{\tau=0}^{\infty} (\mu\beta)^{\tau} Y_{t+\tau}^{1-\sigma} \varphi_{t+\tau} \left(\frac{P_{t+\tau}}{P_t} \right)^{\eta} \right]}{E_t \left[\sum_{\tau=0}^{\infty} (\mu\beta)^{\tau} Y_{t+\tau}^{1-\sigma} \left(\frac{P_{t+\tau}}{P_t} \right)^{\eta-1} \right]}.$$

　この式の対数線形近似を求めておく。価格改定企業の最適相対価格を $p_t^* := \frac{P_t^*}{P_t}$ と書く。ゼロインフレ率の定常均衡では，$\bar{p}^* = 1$, $\overline{P_{t+\tau}/P_t} = 1$, $\bar{\varphi} = \frac{\eta-1}{\eta}$ が成り立つ。定常均衡値 $(\bar{p}^*, \overline{P_{t+\tau}/P_t}, \bar{\varphi}, \bar{Y})$ の周りで $p_t^* E_t \left[\sum_{\tau=0}^{\infty} (\mu\beta)^{\tau} Y_{t+\tau}^{1-\sigma} (P_{t+\tau}/P_t)^{\eta-1} \right]$ を対数線形近似すると

$$\sum_{\tau=0}^{\infty} (\mu\beta)^{\tau} \bar{Y}^{1-\sigma} + \hat{p}_t^* E_t \sum_{\tau=0}^{\infty} (\mu\beta)^{\tau} \bar{Y}^{1-\sigma} + E_t \left[\sum_{\tau=0}^{\infty} (\mu\beta)^{\tau} (1-\sigma) \bar{Y}^{1-\sigma} \hat{Y}_{t+\tau} \right]$$

$$+ E_t \left[\sum_{\tau=0}^{\infty} (\mu\beta)^{\tau} \bar{Y}^{1-\sigma} (\eta-1)(\hat{P}_{t+\tau} - \hat{P}_t) \right]$$

$$= \frac{\bar{Y}^{1-\sigma}}{1-\mu\beta}(1+\hat{p}_t^*) + \bar{Y}^{1-\sigma} \sum_{\tau=0}^{\infty} (\mu\beta)^{\tau} \left((1-\sigma) E_t[\hat{Y}_{t+\tau}] + (\eta-1) E_t[\hat{P}_{t+\tau} - \hat{P}_t] \right).$$

同様に $E_t[\sum_{\tau=0}^{\infty} (\mu\beta)^{\tau} Y_{t+\tau}^{1-\sigma} \varphi_{t+\tau} (P_{t+\tau}/P_t)^{\eta}]$ を定常均衡値の周りで対数線形近

似すると

$$\frac{\bar{Y}^{1-\sigma}}{1-\mu\beta}\bar{\varphi}+\bar{\varphi}\bar{Y}^{1-\sigma}\sum_{\tau=0}^{\infty}(\mu\beta)^{\tau}\left((1-\sigma)E_t[\hat{Y}_{t+\tau}]+E_t[\hat{\varphi}_{t+\tau}]+\eta E_t[\hat{P}_{t+\tau}-\hat{P}_t]\right).$$

これらを用いると最適価格式はすっきりして

$$\frac{\hat{p}_t^*}{1-\mu\beta} = \sum_{\tau=0}^{\infty}(\mu\beta)^{\tau}\left(E_t[\hat{P}_{t+\tau}-\hat{P}_t]+E_t[\hat{\varphi}_{t+\tau}]\right)$$

$$= \sum_{\tau=0}^{\infty}(\mu\beta)^{\tau}E_t[\hat{P}_{t+\tau}+\hat{\varphi}_{t+\tau}]-\frac{\hat{P}_t}{1-\mu\beta}.$$

ここから次の再帰的表現を得る。

$$\hat{p}_t^*+\hat{P}_t = (1-\mu\beta)\sum_{\tau=0}^{\infty}(\mu\beta)^{\tau}E_t[\hat{P}_{t+\tau}+\hat{\varphi}_{t+\tau}]$$

$$= (1-\mu\beta)(\hat{P}_t+\hat{\varphi}_t)+\mu\beta E_t[\hat{p}_{t+1}^*+\hat{P}_{t+1}]$$

表記の濫用によりインフレ率を対数線形近似 $\pi_{t+1}=\hat{P}_{t+1}-\hat{P}_t$ で表せば,

$$\hat{p}_t^* = (1-\mu\beta)\hat{\varphi}_t+\mu\beta E_t[\hat{p}_{t+1}^*+\pi_{t+1}]. \tag{2.5}$$

つまり今期の最適値付けは，今期のコスト状況 $\hat{\varphi}_t$ と，将来のコスト状況を反映する来期の最適値付け $\hat{p}_{t+1}^*$，および来期のインフレ率 π_{t+1} の予想から決まる。

■ **NK フィリップス曲線 (2.4) の導出**　式 (2.1) を変形して物価は $P_t^{1-\eta}=\mu P_{t-1}^{1-\eta}+(1-\mu)(P_t^*)^{1-\eta}$, あるいは

$$1 = \mu\left(\frac{P_{t-1}}{P_t}\right)^{1-\eta}+(1-\mu)(p_t^*)^{1-\eta}$$

と表せる。定常状態 $(\overline{P_{t-1}/P_t}=1,\ \bar{p}_t^*=1)$ 周りで対数線形近似すると $0=\mu(1-\eta)(\hat{P}_{t-1}-\hat{P}_t)+(1-\mu)(1-\eta)\hat{p}_t^*$。すなわち

$$\pi_t = \frac{1-\mu}{\mu}\hat{p}_t^*,$$

つまりインフレ率は価格改定企業の多さとその値上げ幅によって決まる。これを式 (2.5) に代入して整理すれば下記を得る。

$$\pi_t = \frac{(1-\mu)(1-\mu\beta)}{\mu}\hat{\varphi}_t+\beta E_t[\pi_{t+1}]$$

さらに $\varphi_t = \frac{W_t/P_t}{A_t}$ より $\hat{\varphi}_t = \hat{W}_t-\hat{P}_t-\hat{A}_t$。家計の最適労働供給 $\chi L_t^{\gamma}=$

$C_t^{-\sigma} W_t/P_t$，財市場均衡 $Y_t = C_t$ から，$\hat{W}_t - \hat{P}_t = \gamma \hat{L}_t + \sigma \hat{Y}_t$。組み合わせると，$\hat{\varphi}_t = (\gamma + \sigma)\hat{Y}_t - (\gamma + 1)\hat{A}_t$。自然産出量 $\hat{Y}_t^n = \frac{\gamma+1}{\gamma+\sigma}\hat{A}_t$ を用いると $\hat{\varphi}_t = (\gamma + \sigma)(\hat{Y}_t - \hat{Y}_t^n)$ を得る。ここで自然産出量からの乖離 $\hat{Y}_t - \hat{Y}_t^n$ は GDP ギャップ x_t にほかならない。これらを上式に代入すれば，下記の NKPC(2.4) を得る。

$$\pi_t = \frac{(1-\mu)(1-\mu\beta)}{\mu}(\gamma + \sigma)x_t + \beta E_t[\pi_{t+1}]$$

この式によれば，フィリップス曲線の傾きが平らなのは，γ が小さいとき（労働供給の賃金弾力性が大），σ が小さいとき（異時点間の代替弾力性が大），μ が大きいとき（価格粘着性が大）である。

■ **ニューケインジアン IS 曲線 (2.3) の導出**　$1/\sigma$ が異時点間代替弾力性を表すことは，消費のオイラー方程式から見てとれる。

$$1 = \beta E_t\left[\left(\frac{C_{t+1}}{C_t}\right)^{-\sigma}\frac{1+i_t}{P_{t+1}/P_t}\right]$$

上式で実質金利 $(1+i_t)E_t\left[\frac{P_t}{P_{t+1}}\right]$ が上がると今期消費は次期期待消費に対して減少し，その弾性値が $1/\sigma$ となることがわかる。σ は効用関数の中で C についての曲率を決めるパラメータなので，σ が大きいほど曲率が大きく，限界効用が C の水準に敏感に反応する。σ の大きい消費者ほど，C の変動による効用損失を大きく感じることになる。よって実質金利が変化しても，σ の大きな家計は消費を大きく変動させない。異時点間代替弾力性 $1/\sigma$ の小さな家計は，金利への反応が鈍いということだ。

消費のオイラー方程式に財市場均衡条件 $Y_t = C_t$ を代入して対数線形化すると

$$\hat{Y}_t = E_t[\hat{Y}_{t+1}] - \frac{1}{\sigma}(i_t - \bar{i} - E_t[\pi_{t+1}]).$$

さらに，両辺から自然産出量 $\hat{Y}_t^n = \frac{\gamma+1}{\gamma+\sigma}\hat{A}_t$ を差し引いて整理すれば (2.3) を得る。

■ **安定性分析**　定常点近傍の動学的性質は連立方程式の固有値を調べることで明らかになる。簡単のため $\delta_x = 0$ として，腕試しに計算してみよう。政策ルール (2.2) を (2.3) に代入して金利を消去してから (2.4) との連立方程式を行列表示する。(2.3) 中の予期された生産性ショックを ϵ_t と書いておくと

$$\begin{bmatrix} 1 & \frac{1}{\sigma} \\ 0 & \beta \end{bmatrix} \begin{bmatrix} E_t[x_{t+1}] \\ E_t[\pi_{t+1}] \end{bmatrix} = \begin{bmatrix} 1 & \frac{\delta_\pi}{\sigma} \\ -\kappa & 1 \end{bmatrix} \begin{bmatrix} x_t \\ \pi_t \end{bmatrix} + \begin{bmatrix} \frac{1}{\sigma} v_t - \frac{\gamma+1}{\gamma+\sigma} \epsilon_t \\ 0 \end{bmatrix}.$$

Blanchard-Khan 条件として知られる定理によれば，均衡経路が一意に定まる決定性 (determinacy) を持つのは，将来期待値の関わる変数の数と不安定固有値の数が動学方程式の中で一致するときである。上の連立方程式には $E_t[x_{t+1}]$ と $E_t[\pi_{t+1}]$ があるので 2 個となる。

定常点の安定性を決定する行列は

$$\begin{bmatrix} 1 & \frac{1}{\sigma} \\ 0 & \beta \end{bmatrix}^{-1} \begin{bmatrix} 1 & \frac{\delta_\pi}{\sigma} \\ -\kappa & 1 \end{bmatrix} = \frac{1}{\beta} \begin{bmatrix} \beta + \frac{\kappa}{\sigma} & \frac{\beta\delta_\pi - 1}{\sigma} \\ -\kappa & 1 \end{bmatrix}$$

となる。この行列の固有値 λ を定める固有方程式

$$\left(1 + \frac{\kappa}{\beta\sigma} - \lambda\right)\left(\frac{1}{\beta} - \lambda\right) + \frac{\kappa}{\beta}\left(\frac{\beta\delta_\pi - 1}{\beta\sigma}\right) = 0$$

を開くと $\lambda^2 - \left(1 + \frac{\kappa}{\beta\sigma} + \frac{1}{\beta}\right)\lambda + \frac{1}{\beta} + \frac{\kappa\delta_\pi}{\beta\sigma} = 0$。よって 2 つの根は

$$\lambda = \frac{1}{2}\left(1 + \frac{\kappa}{\beta\sigma} + \frac{1}{\beta} \pm \sqrt{\left(1 + \frac{\kappa}{\beta\sigma} + \frac{1}{\beta}\right)^2 - 4\left(\frac{1}{\beta} + \frac{\kappa\delta_\pi}{\beta\sigma}\right)}\right).$$

小さい方の固有値を λ_1 と書く。上式に $\delta_\pi = 1$ を代入してみると $\lambda_1 = 1$ となることに気づく。実際，$\lambda_1 > 1$ と $\delta_\pi > 1$ が等価であることがわかる。このとき固有値は 2 つとも 1 より大きい。したがってこのモデルで $\delta_x = 0$ のもとでは，テイラー原則 $\delta_\pi > 1$ が満たされるとき，そしてそのときに限り，均衡経路の決定性がもたらされることがわかった。実質金利を引き上げる程度まで名目金利を引き上げなければ金融政策は実体経済に対する安定化効果を持たないというその経済学的含意は，腑に落ちるものである。

コラム　ゼロ金利制約

　本章の分析は中央銀行が名目金利を自由に操作できることを前提としている。しかし名目金利をマイナスにすることは，中央銀行にとって不可能ではないものの容易でない。名目金利が下限に到達することによって中央銀行の金融緩和政策が無効になる状況はケインズが指摘した「流動性の罠」であり，Krugman (1998) などによって日本の 90 年代以降の状況に当てはまるものと指摘された。ゼロ金利下における金融政策を問うた Jung et al. (2005) などの研究は，米国経済までもがゼロ金利制約に服した 2008 年の世界金融危機後に膨大な蓄積を見ることになる。

　テイラー原則によれば，インフレ振幅を上回る大きさで政策金利を上下することによって初めて，中央銀行はインフレ率を制御できる。しかし政策金利に下限が存在するなら，低金利局面ではそのような調節が不可能になる。この点を指摘して，低金利状況では本章で論じたような NK モデルの局所動学分析とは異なる均衡が存在することを示したのが Benhabib et al. (2001) である。インフレ率 π に反応する名目金利政策ルールを $i(\pi)$，実質金利を r と書く。企業や家計の行動に影響するのは予期された実質金利であり，実現した実質金利と異なるものだが，定常状態において両者は一致している。また，定常実質金利 $\bar{r}$ は経済の基礎的条件によって金利政策とは独立に決まる。すると定常インフレ率 π^* はフィッシャー方程式 $i(\pi^*) = \bar{r} + \pi^*$ を満たしていなければならない。

　ここで，金利政策はターゲットとなる定常インフレ率 π^* 近傍においてテイラー原則を満たしているとする。つまり名目金利はインフレ率の変化を上回って反応しなければならないので，政策ルールは π^* 近傍で $i'(\pi) > 1$ を満たす。すると，π^* 近傍で π^* よりも低いインフレ領域では，フィッシャー方程式の左辺 $i(\pi)$ は右辺 $\bar{r} + \pi^*$ を下回らなければならない。

　ここでさらに，政策金利には下限があるとする。π が下がるにつれて $i(\pi)$ は下がるので，いずれ下限に接近し，$i(\pi)$ は水平に近づいていくほかない。そのため $i(\pi)$ はもう一度フィッシャー方程式の右辺と出合わなければならない。つまり，中央銀行がターゲットとする定常インフレ率を大きく下回る水準に，もう 1 つの定常均衡が存在しなければならなくなる。図 2.1 がこの事情を示している。Benhabib et al. (2001) はこの洞察をさらに進め，中央銀行がターゲットとするインフレ定常均衡の近傍から，デフレ定常均衡へと遷移する均衡経路が無数に存在しうることを示した。

　この論考はその後多くの研究を刺激した。低位定常均衡は，20 年以上にわた

図 2.1　インフレ均衡とデフレ均衡

政策金利 $i(\pi)$ に下限があるとき，フィッシャー方
程式 $i = r + \pi$ を満たす定常均衡は 2 つある。

出所：Benhabib et al. (2001)

る日本の低金利・低インフレ状況を説明するだろうか。低金利・低インフレが 1
つの定常状態として可能であったというのはありそうなことだ。一方でこの間，
アジア通貨危機，世界金融危機，東日本大震災など「運の悪い」マクロショック
が日本経済に続いたという見方もある。確かに 2022 年ウクライナ戦争のような
世界的インフレショックがあれば状況は異なったかもしれない。ゼロ金利制約と
非伝統的金融政策の研究は膨大で要約できるものではないが，今も続く研究の成
果として Nakata (2017), Hayashi and Koeda (2019), Iiboshi et al. (2022), 渡
辺 (2022) を挙げたい。

第**3**章

マクロ経済の
異質的個人モデル

　本章では，90年代以降大きく進展した異質的個人モデルを解説する。近年，家計と企業の詳細なミクロデータが活用可能になり，家計・企業の状態に関する平均値だけでなく分布情報を取り入れたマクロ経済分析が現実のものとなった。同時に計算機の急速な発展により，元来の一般均衡理論が想定していたような，個別に異なる家計と企業の意思決定を包摂する均衡分析が数値的に可能になった。異質的個人モデルはこのような実証的要請と実行可能性に応える理論モデルである。

　本章のもう1つの狙いは，**冪乗則**（パワーロー）を導入することである。家計と企業の状態の大きなばらつきを捉える規則性として冪乗則は長く知られてきた。本書第Ⅱ部では，クロスセクション異質性とはまったく異なる現象であるミクロ行動の同期現象にも，冪乗則が成り立つことを数理的な主題としていく。その意味で本章における冪乗則の紹介は第Ⅱ部の分析の導入になっている。

　まず3.1節では企業規模の冪乗則を解説する。次に3.2節で家計所得の冪乗則を解説し，典型的な異質的家計モデルであるアイヤガリ・モデルを応用してクロスセクションの冪乗則の生成を説明する。さらに3.3節ではマクロショックを含む異質的個人モデルを紹介し，マクロ経済分析にとって本質的な困難であり第5章でも再論される，「次元の呪い」を説明する。3.4節を数学補論とする。

3.1　企業規模の冪乗則

複雑な経済を全体的に理解するためには，大胆な抽象化を避けて通れない。

その意味でマクロ経済理論とは捨象の技芸である。代表的家計・企業の設定も
その 1 つであり，有用である局面は多い。一方で大胆すぎることも事実であ
り，家計分配問題に切り込みにくいという本質的な限界もある[1]。本章では代
表的個人の仮定を越えたマクロ経済モデルを見ていく。まず本節では企業規模
の大きなばらつきに注目する。

　現実の企業規模の定常分布には顕著な特徴がある。図 3.1 は日米企業の従
業員規模分布を示している。横軸に従業員数，縦軸には従業員数で見た企業順
位をとる。両軸とも常用対数で表示しているので，1 目盛が 1 桁に対応する。
点線は規模と順位の反比例関係を表しており，傾き -1 がデータと大まかにフ
ィットしていることわかる。この反比例の関係は冪乗則の特殊例であり，発見
者にちなんで**ジップ則**と呼ばれる。図 3.1 のように順位と規模の逆相関を見
る図をランク–サイズ・プロットと呼ぶ。順位とは，ある規模以上の企業数の
ことなので，ランク–サイズ・プロットは規模分布の 1 つの表現方法である。

　ジップ則の意味は，従業員数が 1 桁上がると，その数以上の雇用を抱える
企業の数が 1 桁下がるということだ。図 3.1 の日本の標本では 100 人以上を
雇用する企業が 3 万 1776 社あるが，1000 人以上では 3116 社，1 万人以上で
は 371 社となる。100 人以上を雇う企業のうちの 1 割はその 10 倍以上を雇
い，1000 人以上を雇う企業の 1 割はさらに 10 倍以上を雇うというように，企
業規模分布は入れ子構造になっている。10 人単位で分布を描いても 100 人単
位で分布を描いても同じ形なので，このような分布は測定単位に依存しない**ス
ケールフリー**性を持つとも呼ばれる。

　企業規模分布がジップ則に従うといろいろ面白い性質を持つ。例えば，100
人から 1000 人規模の企業で働く人の数と，1000 人から 1 万人規模の企業で
働く人の数が等しい[2]。1000 人規模の企業数は 100 人規模の企業数の 1 割し
かないのに，それぞれが 10 倍雇用するので，総数でいえば同じくらいの労働
者がいることになるわけだ。そして同じことが 1 万人超の大企業についても
いえる。大企業は数としては少ないが，経済全体の資源に占める割合は中規模

---

1)　切り込めるものも多い。労働・資本所得分配率や，教育・技能差による賃金格差を表すスキ
　ル・プレミアム，各種税の帰着，インフレによる資産再分配などの例がある。代表的個人モデル
　で扱えないのは，保険をかけられない個人的所得リスクに由来する分配問題である。
2)　次のように示せる。ジップ則の密度分布は x^{-2} の定数倍と書き，$\int_{100}^{1000} x \cdot x^{-2} dx = \log(1000/100) = \log(10000/1000) = \int_{1000}^{10000} x \cdot x^{-2} dx$ である。

図 3.1 企業従業員数分布（従業員数 10 人以上の企業）

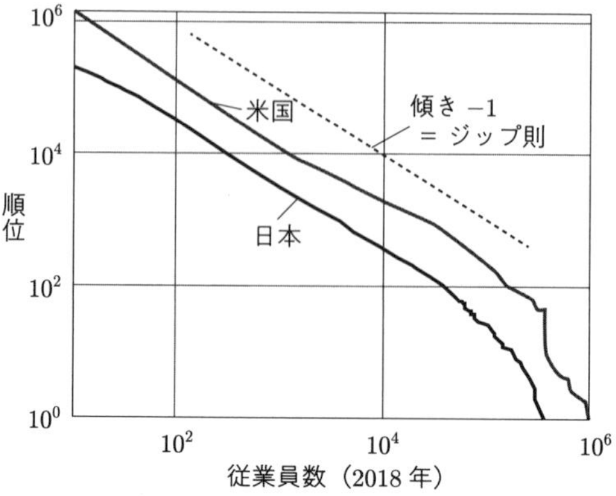

出所：Orbis

企業や小企業に匹敵するということだ[3]。ジップ則は都市人口についても成り立つことが知られている。マクロ経済において少数の大企業や大都市の影響が大きいことは肌感覚としてわかる。その感覚を統計的に裏付けてくれるのがジップ則である。

　ジップ則のもう 1 つの特徴が，母平均を持たないという性質だ。図 3.1 の縦軸を全企業数で割ると，雇用者数を x 以上持つ企業の相対頻度 $\Pr(X > x)$ となる。ジップ則ではこれが x^{-1} に比例しており，密度関数 $\Pr(X = x)$ は x^{-2} に比例している。この密度分布の平均を計算しようとすると，$\int_1^\infty x \cdot x^{-2} dx = \log(x)|_1^\infty$ と，無限大になってしまう。

　平均が発散するとは奇異に感じられるかもしれない。企業別雇用者数の標本平均はどんなサンプルでも有限になるのだから。母平均の発散が実践的に意味しているのは，ジップ則に従うデータを相手にしているときには，平均値という統計量があまり意味を持たなくなるということだ。例えば，10 社からなるサンプルと 100 社あるサンプルを考えると，後者の中には前者の平均の 10 倍以上の規模を持つ企業が 1 社くらい含まれている可能性が高く，その 1 社が後者の平均値を大きく引き上げる。次に 1000 社あるサンプルを考えると，さらに 10 倍の規模を持つ大企業が含まれる可能性が高い。このようにして，サンプルサイズを大きくするほど標本平均は上昇し，もしも母集団がジップ則に

---

3)　川口 (2017) によれば，従業員規模 1〜29 人の企業で働く雇用者は 30％，30〜499 人が39％，500 人以上が 32％（2015 年労働力調査）であり，おおよそ 3 分の 1 ずつになる。

従っていたなら標本平均はサンプルサイズにつれて発散する。平均値が最大値に引きずられすぎてしまい，統計的代表性を持たなくなってしまう。この理由から，実務的には平均値より中央値が好まれることになる。

　経済には，家族のような小企業から 10 万人超を抱える巨大企業まで存在する。同じ企業といっても，これらは経営環境から経済に及ぼす影響までまったく異なる，まさに異質的な企業である。しかも，巨大企業が外れ値としていくつかあって残りは同質的，というわけでもない。10 人企業と 10 万人企業の間のすべての桁に企業は隙間なく存在している。それら多様な中間サイズの企業のあり方が，ジップ則という単一分布で近似できる。スケールをまったく異にする組織群を，同一のメカニズムが駆動しているのかもしれない，という予想がここに生まれる。

■ **企業生産性に異質性のある動学一般均衡モデル**　　実際，ジップ則を内生する動学一般均衡モデルを構築するのは難しくない。以下で素描してみよう。まず代表的企業の仮定を外して，個別の企業 j は固有の生産性 $z_{j,t}$ を時点 t に持つとする。一般に生産性とは投入当たりの産出を意味する。例えば労働生産性は，産出を労働投入量で割って得られる。マクロ経済では，労働とともに資本の投入も勘案するので，労働と資本の組み合わせ当たりの産出を生産性と呼ぶ。これはよく全要素生産性と呼ばれる。

　企業生産性はランダムに成長している。企業の成長率分布は，大まかにいって企業規模に依存しない。このことを発見者にちなんで**ジブラ則**と呼ぶ。生産性成長の決定要因は，企業のイノベーション努力やコスト環境の変化などさまざま考えられるが，ここではその中身には立ち入らず，簡単に次のように定式化する。

　企業生産性 $z_{j,t}$ の成長率 $g_{j,t}$ は企業間と時点間で独立な確率変数である。さらに，生産性には下限 $\underline{z}$ があり，下限に到達した企業は市場から退出し，代わりに新企業が下限の生産性を持って参入するものとする。時点 t における企業生産性のクロスセクションを F_t という分布関数で書く。個別の企業の生産性は年々外生的に移り変わるが，経済全体で見ると，企業生産性分布が一定となっているということはありうる。そのような分布を定常分布と呼び，F で表す。

　個別の企業生産性が移り変わっていくこのような経済でも，動学一般均衡の定義は前と変わらない。生産性の異なる企業ごとに，財供給，労働需要，資本需要が異なり，経済全体の生産性は分布 F_t で表されている。この経済の長期的なふるまいを分析するために，定常均衡の概念が有用である。定常均衡では，個別の生産性ショックに起因する生産性分布 F_t の変動が長期的に収束し，定常分布 F に落ち着いたときの均衡を描写する。生産性分布が定常になると，個別企業は引き続き拡大・縮小を繰り返すが，企業全体での総労働需要・総資本需要・財供給は不変になる。そのため，マクロでの数量（GDP・総雇用・総資本）と価格体系（実質賃金・実質金利）も一定となる。

[定義] 企業生産性に異質性のあるモデルの定常均衡

動学一般定常均衡は，GDP，総労働，総資本，実質賃金，実質金利，生産性分布と各独占的企業の行動様式（財供給関数，労働需要関数，資本需要関数）の組み合わせのうち，次を満たすものである。

1. 資源配分は，価格を所与としたときの家計効用を最大化している。
2. 財供給関数，労働需要関数，資本需要関数は，財需要関数を所与としたときの企業利潤を最大化している。
3. GDP は財供給の企業総和，総労働は労働需要の企業総和，総資本は資本需要の企業総和にそれぞれ等しい。
4. 企業生産性分布が定常である。

生産性分布と財供給関数から，企業収益や企業雇用数の定常分布も決定されることになる。RBC モデルでの均衡定義からの主な変更点は，4 番目の定常条件である。

■ ジップ則の生成　このモデルで企業の生産関数が規模の収穫一定のとき，企業規模の定常分布がジップ則に従うことを示そう。生産関数はコブ＝ダグラス型 $y_{j,t} = z_{j,t} k_{j,t}^{\alpha} l_{j,t}^{1-\alpha}$，独占企業が直面する需要関数を $y_{j,t} = p_{j,t}^{-\eta} Y$ として企業 j の利潤最大化問題を解くと，売上 $p_{j,t} y_{j,t}$，資本 $k_{j,t}$，雇用 $l_{j,t}$ が $z_{j,t}^{\eta-1}$ に比例することがわかる（数学補論参照）。

　ジブラ則にならい，生産性成長率は事前の生産性水準に依存しない同一分布に従うと考える。簡単に，生産性成長率 $\log(z_{j,t+1}/z_{j,t})$ は $p < 0.5$ の確率で

正の値 $\epsilon > 0$ をとり，$1 - p$ の確率で負の値 $-\epsilon$ をとると考えよう。さらに下限 $\underline{z} = 1$ を置くと，生産性の階段を表す $h_{j,t} := \frac{\log z_{j,t}}{\epsilon}$ は非負の整数 $0, 1, \ldots$ で上昇と下降を繰り返すことになる。下限 $h_{j,t} = 0$ では下降する代わりに 0 にとどまるとしておく。すると補論で示すように，$h_{j,t}$ の定常分布は幾何分布 $\Pr(H \geq h) \propto \left(\frac{p}{1-p}\right)^h$ になる（記号 $\propto$ は比例関係を表す）。ここで $z = e^{\epsilon h}$ は h の指数関数だったことを用いると，z の定常分布は $\Pr(Z \geq z) \propto z^{-\alpha_z}$（冪指数 $\alpha_z > 0$ は定数）と，冪関数になる。

雇用 l は $z^{\eta-1}$ に比例したので，l の定常分布は冪指数 $\alpha_z/(\eta - 1)$ の冪分布になる。この冪指数が 1 のときに雇用者数がジップ則に従い，それは補論に示すように $p = \frac{1}{1+e^{(\eta-1)\epsilon}}$ のときである。この p のもとでは l の平均成長率 $pe^{(\eta-1)\epsilon} + (1 - p)e^{-(\eta-1)\epsilon} - 1$ がゼロになることに注目する。企業の雇用 $l_{j,t}$ がほとんどランダム・ウォークに従うとき[4]，雇用分布のジップ則が生まれ，平均企業規模は非常に大きくなるのである。

企業の平均成長率が正であるような一般的ケースでも，企業規模下限が平均と同じ成長率で成長するという条件のもとでは，企業規模を平均規模で除した相対規模がジップ則に従うことを示せる。なぜなら相対規模の平均成長率は必ずゼロになるからだ。このようにして，企業成長率の特性が企業規模に依存しないジブラ則が成立している経済では，一般的な条件のもとでジップ則が生成する。企業や都市のジップ則が実証的に広く観察される理由は，このようにして理解されたのである (Gabaix, 1999; Luttmer, 2007; Aoki and Nirei, 2017)。

成長するにつれて規模が倍々に増えるランダム成長過程からは，規模の非常に大きい企業が一定数生まれるので，右に歪んだ分布が生じる。実際，純粋なランダム成長過程 $x_t = \Pi_{s=0}^{t}(1 + \epsilon_s)$ を考える[5]と，x_t は対数正規分布に漸近する。対数正規分布は右に歪んだ企業規模分布をよく捉えるので，実務的にもよく用いられる。しかし，対数正規過程 x_t は平均で割っても定常分布に収束せず，その分散は時間に比例して増大するという性質を持つ。現実の企業規模分布や，次に見る家計資産・所得分布は，年々の平均で基準化すればほぼ定常

---

4) 下限から上離れした l の平均成長率が完全にランダム・ウォークになると，定常分布が存在しない。その領域での l の平均成長率が負の場合に，下限の反射壁とのバランスによって l の定常分布が生まれる。よって平均成長率がわずかに負のときに l はジップ則に近づく。

5) ϵ_t は平均 0 の独立確率変数，Π は積を表す記号。対数正規過程とも。

分布の周りで揺らいでおり，対数正規過程のように対数分散が発散すること
はない。このことはジブラに対してカレツキ (Kalecki, 1945) が早々に指摘した
難点である。ところが，下限や確率的消滅といった追加的要素を導入すれば，
ランダム成長過程は定常過程に変換することができ，定常分布は冪分布にな
る[6]。冪分布は対数正規分布と同様の右への歪みを持ちながら，対数正規過程
では表現できない定常性を持っていることになる。

　ある変数 z が冪分布に従うとは，$\log z$ が指数分布に従うことと同じなので，
冪分布は指数分布と同じくらい身近なものである。下限や死滅がある乗算過程
は冪分布を定常分布に持つが，下限や死滅がある加算過程（例えば成功するま
でベルヌーイ試行を続けること）は，定常分布として指数分布（離散では幾何分布）
を生む。このことは，下限や死滅のない加算過程が中心極限定理から正規分布
を生むのと同様の，ショックの詳細によらない一般的な漸近的性質である。正
規分布の対数バージョンが対数正規分布であったように，指数分布の対数バー
ジョンが冪分布なのである。

3.2　家計資産・所得の冪乗則

　家計資産と家計所得の分布にも，企業サイズと同様の特徴が見出せる。図
3.2 が日米の家計所得分布であり，横軸に課税所得，縦軸にその所得以上の
納税者の相対頻度をそれぞれ対数軸で表す。縦軸の 1 パーセント点より下，
すなわち富裕層 1% 部分に対応する右裾分布が直線になることが，特に日本
のデータから明瞭である。直線の傾きを $-\alpha$，所得を $x > 0$ と書くと，大き
い x について $\log \Pr(X > x) = c_o - \alpha \log x$ と表せる。辺々の指数をとれば
$\Pr(X > x) \propto x^{-\alpha}$，つまり上から累積した確率分布が冪関数になっているこ
とと同じである。このような確率分布を，**裾指数 α の冪分布**（**冪乗則**，power
law）と呼ぶ。前節で見た企業規模のジップ則は，冪乗則の裾指数 $\alpha = 1$ なる
特殊ケースであった。

■ **パレート分布**　　図 3.2 の両対数プロットの傾きで見ると，家計所得分布

---

6)　Simon (1955), Ijiri and Simon (1967) を嚆矢とする。

図 3.2　日米の家計所得分布

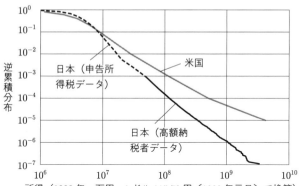

所得（1999 年，万円，1 ドル 115.70 円〔1999 年元日〕で換算）

分布は逆累積分布を両対数表示しており，横軸の水準より大きい課
税所得を得る家計の割合を縦軸に示す。日本の長い右裾分布は，い
わゆる長者番付データ（上位 10^{-7} で打ち切り）を示す。

出所：Fujiwara et al. (2003); Nirei and Souma (2007)

の裾指数は日本では 2 だが米国では約 1.5 である。裾指数が小さい方が分布の
傾きが緩やかで，不平等度が高い。家計所得の裾指数は国や時代によって変化
するが，右裾の所得の 2〜3 桁にわたる広大な領域が冪分布で近似できるとい
うこと自体は，国と時代を超えて普遍的に観察される現象である。この事実を
発見したのは，パレート効率性で名高い経済学者のパレートであり，そのこと
から冪乗則は特に所得の文脈では**パレート分布**と呼ばれ，裾指数は**パレート
指数**と呼ばれることも多い。パレート分布は富めるものへの集中を意味するの
で，パレート自身の政治経済学体系の中で重要であった「2 割の者が 8 割の資
源を制する」といった主張（いわゆる**パレート法則**）とも整合的だった。

　ジップ則と同様，パレート分布もスケールフリーであり，分布の形は単位に
よらない。いま仮に年収 3000 万円以上の家計だけを集めたとしよう。パレー
ト指数がおよそ 2 である日本では，そのうちの 10^{-2}（つまり 1％）の家計は，
3000 万円の 10 倍である 3 億円以上の年収がある。もし 3 億円以上の家計を
集めたとすると，そのうちの 1％ の家計には 30 億円以上の年収がある。集団
内の相対分布を見るだけでは 3000 万以上の集団か 3 億以上の集団かを区別す
ることができない。そんな入れ子構造が富裕層の分布にある。

　所得のパレート分布は 19 世紀から知られており，それを生成するメカニズ

ムとしてランダム成長モデルがあることも長く知られていた。しかし，家計の
99% は対数正規分布で十分近似できることや，富裕層 1% 所得の詳細が実証
的にわからなかったことから，マクロ経済モデルへの取り込みは遅れていた。
近年，研究者がミクロ課税データにアクセスできるようになったことも手伝
い，所得のパレート分布はマクロ経済モデルに急速に取り込まれることになっ
た。異質的個人のマクロ経済学は，理論モデルだけでなく実証データへのアク
セスも伴って発展している。99% 対 1% といった大まかな区分も，単に便宜
的な政治スローガンではなく，富裕層とそれ以外に質的な違いがあることが研
究の中で発見されて生まれてきたのである。

■ 資産蓄積の乗算的ショックと加算的ショック　　それではなぜ，99% と 1%
の分布は異なり，1% はパレート分布に従い，国と時代によって異なるパレー
ト指数を持つのだろうか。ここで提示するのは簡単なランダム成長モデルであ
る。後に家計資産のランダム成長を動学一般均衡に組み込んだモデルを提示す
るが，話の要点はソロー成長モデルのように単純なモデルで説明できる (Nirei
and Aoki, 2016)。

　いま，家計所得には労働所得にかかるショックと資産所得にかかるショック
の 2 種類があるとする。資産所得のショックについては，この家計が事業を
行っていると考えてもよいし，リスク性金融資産を保有していると考えても
よい。さらに，この家計は手持ちの資産と所得を合算したもののうち一定割合
ς を貯蓄し，一定割合 $1-\varsigma$ を消費するものと仮定する。この仮定はルーカス
批判に抵触するものだが，後のフルモデルで対応する。すると家計の資産蓄積
は，今期資産にランダム・リターンを掛け合わせたものに，労働所得を加えて
一定率を貯蓄したものになる。

$$a_{i,t+1} = \varsigma R_{i,t+1} a_{i,t} + \varsigma e_{i,t}$$

ここで $R_{i,t+1}$ が資産リターン・ショックを，$e_{i,t}$ が労働所得ショックを表して
いる。

　このように**乗算的**ショックと正の**加算的**ショックを合わせ持つ確率過程を
ケステン過程と呼ぶ。ケステン過程の定常分布は，それが存在するなら右裾が
冪乗則に従い，裾指数 α が $E[(\varsigma R_{i,t+1})^{\alpha}] = 1$ で決定されることが知られてい

る。ケステン過程は，前節で見た乗算過程に下限があるケースに当てはまり，乗算過程の自然な帰結として裾の冪分布が現れることになる。定常分布での平均値をバーで表すと，$1 - \varsigma E[R_i] = \varsigma \bar{e}/\bar{a}$ が成立しているはずである。したがって，1に近い裾指数 α が現れるのは，加算的ショックの大きさが平均資産に比べて非常に小さい場合になる。これも，企業規模のジップ則で見たことと同じである。

　本節のモデルで所得がパレート分布に従い，その裾指数がジップ則とは異なり2近辺の値をとる理由の1つに，全所得のうちで労働所得の占める割合が大きいという事実がある。企業規模がジップ則に従う理由は，前節に示したように，ランダム成長過程の定常性を担保する企業規模の下限が，平均に比べて非常に小さく，平均企業規模が発散しないぎりぎりの値になっているためだった。それに対して本節のモデルでは家計資産がランダム成長過程に従うが，資産の成長要因として乗算的にかかる資産リターン・ショックと，加算的に加わる労働所得ショックの2種類が存在した。加算的な労働ショックが資産蓄積過程の下限の役割を果たして，定常的なパレート分布が生まれるのである。

　もしも労働所得が平均資産に比べて非常に小さかったら，資産の定常分布は裾指数1に近いジップ則のようなパレート分布に従っただろう。そうならなかったのは，労働所得が無視できないほど大きいためである。実際，多くの資本主義経済で労働所得は総所得の2/3をも占める。そして労働所得ショックは乗算的に蓄積しない。それは，労働という生産要素が本源的に時間という**フロー**の資源だからである。一方，資本の本質は蓄積可能な**ストック**の生産要素という点にある。ストック生産要素たる資本の乗算的成長に対して，フローの労働所得が無視しえない下限を形成し，それが資本主義経済におけるパレート指数に下限を画している（図3.3参照）。家計所得格差のそのような描像を本節のモデルは与えている。

　この考え方を敷衍すれば，富裕層の所得源が土地や物的資本から**人的資本**へと移行する現代では，労働所得もが人的資本成長率という乗算的ショックに強く影響される。その結果，資産蓄積下限としての加算的ショックの役割は減少し，より多くの家計が乗算過程に支配される裾領域に移行すると予想できるかもしれない。実際，図3.2において日本の所得分布は中産階級部分の指数的減衰（加算過程から生じる）から富裕層の冪的減衰（乗算過程から生じる）への移

図 3.3　家計資産のパレート分布の生成

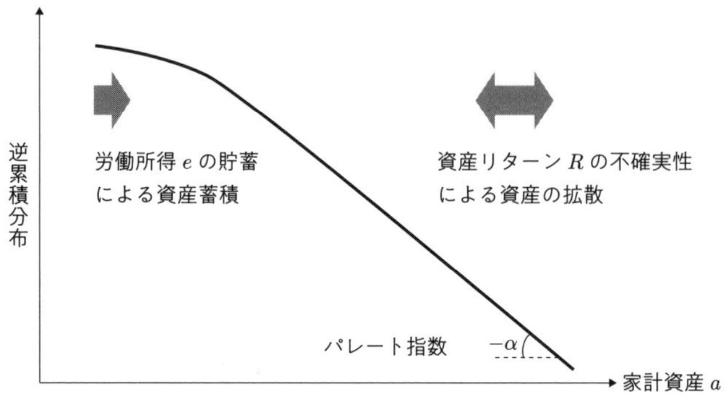

出所：Nirei and Aoki (2016)

行が明瞭だが，米国の所得分布ではその差は不明確である。企業特殊的ではないポータブルな人的資本を倍々と成長させながら，高度に流動的な労働市場を三段跳びする米国のビジネスエリートを合わせ想像すると，乗算過程と冪分布領域がアッパーミドルにまで食い込む米国の分布図は示唆的でないだろうか。

　上の議論では，家計の貯蓄・消費行動を天下り的に与えて家計資産の定常分布を導出した。以下ではケステン過程のような資産蓄積行動を内生的に生み出すマクロ経済モデルを考える。このモデルによって家計の行動様式をディープ・パラメータから説明することができれば，政策効果を考えるうえでのルーカス批判を回避することができる。それにもまして，マクロ経済モデルに立脚して考えることで，資本リターン $R_{i,t}$ や労働所得 $e_{i,t}$ が生産・分配・財需要を通じて連関していることを明示的に考慮に入れることができる。一家計の資産蓄積式を単体で分析するのではなく，その方程式に含まれる変数群が経済という全体の中で内生的に決定されているのを意識する。それこそ一般均衡で経済を考えることの眼目である。

■ **不完備市場と事後的な家計異質性**　　代表的家計の仮定を外し，所得格差のある経済を考える。モデルを極力単純にするため，家計は事前には同質的であり，効用関数や外生的な確率的所得過程は同一であるとする[7]。就業機会や資

---

7)　本書で異質的経済主体と訳している原語は heterogeneous agents だが，モデルでは事前に同質的 (ex ante homogeneous) な家計や企業を仮定することも多い。そのため異質というよ

産リターンがランダムなため，家計の所得は運に左右される。そしてこれら失業リスクや事業リスクをカバーする保険は存在しないと仮定する。そのような保険が存在するならば，事前に同質的な家計は保険を購入することで互いに独立なリスクをシェアできるはずだ。しかし現実には，個人の所得リスクを保障する保険を民間企業が提供することは**情報の非対称性**により難しい。つまりこの経済では市場の完備性が損なわれているのである。この**不完備市場**に由来して，個人の所得は個別リスクにさらされており，その結果事後的な異質性が資産保有に生じることになる（保険については第6章6.3節で再論する）。

　現代のマクロ経済学では，不完全競争や外部性とならんで，不完備市場に由来するマクロ的厚生損失に多大な関心が払われている。不完備性の多くは金融・保険市場で起こる。その原因は，家計や企業の状態を完全に観察することができないという情報の非対称性であり，この問題は強権的政府をもってしても解決が困難な本質的なものである。一例を挙げれば，中小企業保護の名目で多大な財政資源が不況時の企業支援に費やされているが，どのくらいの割合の企業が真に支援を必要としていたのかを検証するのは大変難しい。解消しえない情報の非対称性があるときは，ミクロではなくマクロ的政策によって不況の悪影響を緩和する方が効率的である[8]。さらに，ヘッジできない個別家計所得リスクがマクロ経済変動と相関していることこそが，景気変動の主要な社会的損失であり，景気変動を政府が介入して対処すべき経済問題にする理由なのである (Mukoyama and Şahin, 2006)。

■ **家計所得のパレート分布を内生する変形アイヤガリ・モデル**　　不完備市場モデルを定式化してみよう。家計 i の t 時点での就業状態を $s_{i,t}$ と書き，$s_{i,t} = 1$ は就業，$s_{i,t} = 0$ は失業状態を表すとする。状態 $s_{i,t}$ は確率的に遷移し，家計間で独立である。ここまでが，家計異質性のある動学一般均衡研究の嚆矢である**アイヤガリ・モデル** (Aiyagari, 1994)[9] の設定であるが，本章では少しひねって資本リターン・ショックも導入するために，家計は自分の事業も持って

り非均一という訳の方が適切な場合もある。しかし本章で扱うような冪乗則が現れるケースでは，大企業と小企業，富裕層と平均的家計の間に，まさに異質的と呼ぶべき差異がある。

8)　そのように構想された最適税制の研究に Gottardi et al. (2015) がある。

9)　同様のモデルを研究していたビューリーとハゲットの名を冠することもある。

いると考える．大半の家計にとっては小さな副業程度のものだが，一部の家計は企業家として成功して所得のほとんどを事業から得るような経済を表現する．家計は事業資産 $a_{i,t}$ を蓄積することができるが，事業生産性 $z_{i,t}$ がランダムなため事業のリターン $R_{i,t}$ もランダムであるとする．事業生産性とリターン $R_{i,t}$ は家計・時点間で独立な確率変数であるとする．

　家計は，$s_{i,t}$ と $R_{i,t}$ のリスクを十分踏まえたうえで，今期の消費水準と来期の事業資本を選択する．すると来期の最適な事業資本規模 $a_{i,t+1}$ は，今期の状態 $(a_{i,t}, s_{i,t}, z_{i,t})$ と価格の関数になる．このように最適化された家計行動を，家計の**政策関数**と呼ぼう[10]．就業状態と事業生産性 $(s_{i,t}, z_{i,t})$ が外生的な確率過程に従うので，政策関数と組み合わせれば家計資産 $a_{i,t}$ の確率過程が決まる．

　前節では，個別企業の生産性が揺らぎ続けるときでも，経済全体の企業生産性分布が変動しなくなる定常均衡を定義できることを見た．同じことが家計異質性についてもいえる．家計の状態は家計ごとに異なるので，来期の資産もまた家計ごとに異なる．しかし，家計の効用関数や直面しているリスクの分布は同一なので，政策関数は家計間で一致する．異なるのは状態だけであって，同じ状態にある家計は同じように行動するはずだからだ．したがって，家計状態の確率過程は家計間で同一になり，$(a_{i,t}, s_{i,t})$ の確率過程の定常分布 $G(a, s)$ を定義することができる．

　定常均衡ではマクロ変数が一定なので，賃金も一定になる．定常性のもとで，時点 t の家計の予算制約式は次のように書ける．

$$a_{i,t+1} = R_{i,t+1} a_{i,t} + w s_{i,t} - c_{i,t}$$

また，事業資本は正の値 $a_{i,t+1} > 0$ しかとれないことを仮定する．最適消費 $c_{i,t}$ は家計の状態 $(a_{i,t}, s_{i,t}, z_{i,t})$ に依存するので，確率的に推移する．よって家計は将来の消費の不確実性を加味して，期待効用を最大化する．

　定常均衡は次のように定義できる．

---

10)　動的計画法の policy function の訳は方策関数ともいうが，政策関数が一般的である．政府・中央銀行の政策との混同を避けられたい．

> **[定義] 不完備市場経済の定常競争均衡**
> 動学一般定常競争均衡は，GDP，総労働，総資本，実質賃金，家計の資産・就業状態分布と，家計の行動様式（家計としての消費需要関数，事業主としての労働需要関数と資本需要関数）の組み合わせのうち，次を満たすものである。
> 1. 財供給関数，消費需要関数，資本需要関数は，価格を所与としたときの予算制約付き家計期待効用最大化問題の解である。
> 2. GDP は財供給の総和，総労働は就業状態の家計総和にそれぞれ等しい。
> 3. 家計資産・就業状態分布が定常である。

　アイヤガリ・モデルでも本節の変形版でも，家計の借入枠が十分にないという設定のもとでは，消費は資産の非線形関数になる。その結果，定常均衡の解析が困難になるため，解析のほとんどはコンピュータを用いた数値計算によってなされる。数値的に定常均衡の要素価格を計算し，家計の政策関数を計算することで，家計資産の定常分布を得る。

　分析の結果，資産分布が右裾においてパレート分布に従うことがわかった。その理由は前段の図 3.3 と同じく，家計の事業資産が乗算的に成長するからである。所得分布も，その右裾は主として事業成功者の資産所得が主要な決定要因となるため，パレート分布に従う。前段と異なるのは，変形アイヤガリ・モデルは一般均衡モデルなので，資本リターン R や労働所得 e がマクロ経済環境から内生的に決まることである。そのため，例えば税制変化や成長鈍化などが所得分布に与える複合的な影響を総合して分析することができる。

　このモデルによって，現実に近い 1.5〜2.5 のパレート指数を再現できる。分析の詳細は補論で紹介することにして，主要な結論を挙げておこう。このモデルにおいて定常パレート指数を押し下げて所得の集中を高める要因は，長寿化，借入制約の緩和，高い経済成長率などがあるが，なかでも事業リスクの高まりと，後述する所得税率低下のインパクトが定量的に大きい。起業家の台頭が 1980 年代以降の所得格差拡大の一因と見られることから，事業リスクの影響は理解しやすい。国際化，情報化と金融自由化の波が，既存業態を刷新する機会を創出し，不確実性を捉えて好機に変えた企業家に大きな収益をもたらしたと解釈できる。

　同様の手法を用いて，Aoki and Nirei (2017) では米国の家計所得格差拡大

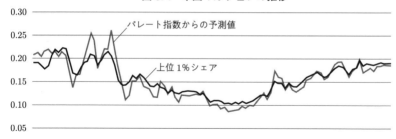

図 3.4 米国 1% シェアの推移

注：1% シェアのパレート指数からの予測値は，分布全体が指数 α のパレート分布に従うときに上位 1% シェアが $0.01^{(\alpha-1)/\alpha}$ に等しくなる性質を利用した。パレート指数 α は所得上位 1% 点と 0.1% 点から推定。例えば米国 2021 年の場合，$1/\log_{10}(2088k/482k) = 1.57$。

出所：Nirei and Aoki (2016) に基づき World Inequality Database より筆者計算

を分析し，税率の変更がその大きな部分を説明するという結論を得た。図 3.4 に示すように，米国では 1970 年代以降，富裕層への所得の集中傾向が強まり，トップ 1% の所得シェアは 10% 程度から 20% 近くへと増大した。この間，右裾のパレート指数も継続的に低下した。もし所得分布全体が指数 α のパレート分布に従うとすると，トップ 1% シェアは $0.01^{\frac{\alpha-1}{\alpha}}$ に等しくなる[11]。パレート分布の当てはまりはトップ 1% より下ではあまりよくないにもかかわらず，図 3.4 に見るようにパレート指数の動きはトップシェアの動きとよく連動している。シェアは 1% と 99% の 2 つのグループの差を示すのに対し，パレート指数は 1% 内の不平等度を表すので，両者は本来異なる指標である。それにもかかわらず両者が連動していることは，富裕層シェアと富裕層内の不平等度の決定要因が相関していることを示唆している。本節のモデルではその相関を表現できているといえる。

3.3 マクロ・ミクロショックと次元の呪い

前節では，ミクロショックを保険でヘッジできない不完備市場で生じる事後

---

11) 一般に，もし所得 x が $(\underline{x}, \infty)$ において指数 $\alpha > 1$ のパレート分布に従うと，トップ p パーセント点での所得を x_p と書くとき，$p = \frac{\Pr(X > x_p)}{\Pr(X > \underline{x})} = \left(\frac{x_p}{\underline{x}}\right)^{-\alpha}$。よってトップ $p\%$ が占める所得のシェアは $\frac{\int_{x_p}^{\infty} x \cdot x^{-\alpha-1} dx}{\int_{\underline{x}}^{\infty} x \cdot x^{-\alpha-1} dx} = \left(\frac{x_p}{\underline{x}}\right)^{-\alpha+1} = p^{\frac{\alpha-1}{\alpha}}$。

的な家計・企業異質性を分析した。このモデルに，RBC モデルにあるような
マクロショックを導入することができれば，景気循環理論にミクロ異質性を組
み入れた充実したモデルになる。実際，NK モデルにこのようなミクロショッ
クと異質性を取り入れたモデルの研究が昨今花盛りである。Heterogeneous-
Agent NK の頭文字をとった HANK モデルが愛称だ。

　異質性のあるモデルにマクロショックを導入すると，数値的分析は 1 つの
困難にぶつかる。異質性のあるモデルでは家計や企業がミクロ状態変数上に
分布している。その分布が将来価格に影響するので，経済を表現する状態変数
の中に，分布関数が 1 要素として加わることになる。前節で紹介した定常均
衡モデルでは，分布が定常なために価格も集計変数も定数となるので，このこ
とは問題にならなかった。しかしマクロショックを導入すると，ミクロ状態分
布は時間を通じて遷移し続け，定常分布に収束することがない。その結果，家
計や企業の最適行動は，ミクロ状態や価格のほかに現在のミクロ状態分布に
も依存せざるをえない。しかし，連続変数の分布関数は無限次元を持つ。なぜ
なら分布関数を記述するには平均（1 次モーメント），分散（2 次モーメント），歪
度（3 次モーメント），尖度（4 次モーメント）……と，無限列が必要だからだ[12]。
一方で，計算機は無限を取り扱うことができない。状態の次元が高まるにつれ
計算負荷は指数関数的に増大する。これが数値計算における**次元の呪い**問題で
ある。分布関数を状態変数に含むと次元の呪いが顕在化するので，均衡経路を
数値的に分析するためには大胆な近似が避けられない。

　この問題に取り組んで範例となったのが Krusell and Smith (1998) (KS) モ
デルである。彼らは，代表的企業が資本と労働を用いて生産するアイヤガリ・
モデルに，RBC モデルのようなマクロレベルの全要素生産性ショックを加え
た。ミクロ家計の状態変数は資産 a と就業状態 s，マクロ経済の状態変数は家
計状態分布 $\Gamma(a, s)$ とマクロ生産性 A になる。このモデルに定常状態は存在し
ないが，動学方程式が状態変数のみに依存し時刻には依存しないような均衡動
学を考えることができる。これを**再帰的均衡**と呼ぶ。以下では，変数 x にダ
ッシュを付けた x' で次期の値を表す。また，**価値関数**と**政策関数**とは家計行
動を動的計画問題の解として表したものである（補論を参照）。価格とミクロ行

12）　確率変数 X と定数 a が与えられたとき，$(X - a)^k$ の期待値を k 次モーメント（積率）と
　　呼ぶ。

動が状態変数のみに依存する（時刻に依存しない；time-invariant）再帰的均衡が次のように定義される。

[定義] マクロショックのある不完備市場経済の再帰的競争均衡（KSモデル）

再帰的競争均衡は，価格関数 $r(a, s, A, \Gamma), w(a, s, A, \Gamma)$，家計の価値関数 $v(a, s, A, \Gamma)$ と政策関数 $a' = g(a, s, A, \Gamma)$，および家計状態分布の動学的写像 $\Gamma' = H(\Gamma, A, A')$ のうち，次を満たすものである。

1. 価格関数を所与として，価値関数と政策関数が家計の期待効用最大化問題の解である。
2. 価格関数において，生産要素価格が限界生産性に等しい。
3. 資本と労働のマクロ集計量は，ミクロ家計の資産と労働供給を分布 Γ で集計したものに等しい。
4. 政策関数と，s と A の外生的マルコフ過程が，分布の動学的写像 H を決定している。

第1の条件は家計の最適化である。第2の条件は代表的企業の利潤最大化条件を書いたものである。競争均衡なので，家計と企業はともにプライス・テイカーである。第3の条件は，代表的企業の要素需要が家計の要素供給の総和に等しい，つまり要素市場の需給一致条件を表す。第4の条件がアイヤガリ・モデルと異なる点である。マクロ変数 A が外生的なマルコフ過程に従って振動し続けるため，状態分布 Γ は定常分布に収束しない。しかし (s, A) はマルコフ過程であるため，今期の分布 Γ から来期の分布 Γ' への動学は時間に依存しない写像 H として書ける（マルコフ過程について補論参照）。これら動学方程式が均衡を形作る。

均衡動学の解析的特徴づけは困難だが，数値的計算も容易でない。それは Γ に由来する次元の呪いによる。この問題に対処するため，KS は分布 Γ をモーメントの有限列 m で近似することを提案する。具体的には次のようにする。まずモデルの設定として，s は就業と失業の2状態をとり，A は (A_1, A_2) の2状態をとる。さらに，マクロの失業率が状態 A では必ず u_A の値をとるよう，(s, A) の外生的マルコフ遷移確率を調整する。すると s の周辺分布は A を所与とすれば定常であり，分布動学のうち s に関わるモーメントはペア (A, A') ごとに既知である。そこで残る未知の動学は，a の分布の動学である。例え

ば，a の周辺分布を 1 次モーメント $\bar{a}$ だけで近似することを考えよう。さらに写像 H を，RBC モデルと同じように対数線形近似しよう。すると分布の動学 H は

$$\log \bar{a}' = b_A + c_A \log \bar{a} \quad \text{for } A \in \{A_1, A_2\}$$

となる行列

$$\begin{bmatrix} b_{A_1} & c_{A_1} \\ b_{A_2} & c_{A_2} \end{bmatrix}$$

で近似される。Krusell and Smith (1998) はこのように近似的に計算された均衡動学が，Γ の高次モーメントまで含めて近似した均衡動学と数値的にほとんど変わらないことを示した。つまり，資産分布を明示的に導入しても，代表的個人モデルのように平均だけ考慮したモデルと結果があまり変わらない。この発見は，それではいかなる場合にミクロ異質性がマクロ挙動に影響するのか，という新たな問いへとつながり，マクロ経済学に多産な成果をもたらした。

　上記の近似的解法は，分析者にとっての純粋にテクニカルな問題と捉えることもできる。しかし別の捉え方をすれば，経済主体が将来価格について合理的に期待形成しようとするとき計算論的な難題に直面するために，経済主体は近似的に将来価格を計算する，とモデル分析者が仮定していると解釈することもできる。つまり，モデル内の経済主体に**限定合理性**を付しているとも考えられる。実際それが KS の提示した解釈であった。

　彼らの解法は本書第 II 部で提示する経済モデルを考えるためのヒントになる。第 II 部では，弱い非線形行動が結合した系において，非常に複雑な振動を含むマクロ動学が現れることを見る。仮にその動学がカオスであれば，分析者もモデル内主体も，完全に将来予見することは不可能だ。一定の限定合理性を持つ経済主体をモデル内に仮定するのはこのような環境では不可避であり，近年のマクロ経済モデルでは，どのような限定合理性を付すのがよいモデル化をもたらすのかに関心が移っている。異質的経済主体を取り込むことは，経済学の第一原理である個人合理性をプラグマティックに問い直すことにつながったといえるだろう。

3.4 数 学 補 論

■ **ジップ則の生成**　3.1 節のモデルを考える。定常均衡において w_t, R_t, Y_t は t に関して一定である。生産関数 $y_{j,t} = z_{j,t} k_{j,t}^{\alpha} l_{j,t}^{1-\alpha}$ を持つ企業 j は，需要関数 $y_{j,t} = p_{j,t}^{-\eta} Y$ を所与として利潤 $p_{j,t} y_{j,t} - w l_{j,t} - (R - 1 + \delta) k_{j,t}$ を最大化する。以下，簡単のため添字 j, t を省略する。

収益は $py = y^{(\eta-1)/\eta} Y^{1/\eta}$ と書ける。利潤を l について最大化すると，一階条件から労働分配率 $\frac{wl}{py}$ が $c_L := (1-\alpha) \frac{\eta-1}{\eta}$ で一定となる。この式から労働需要 l を得て生産関数に代入すると，財供給関数 $y = (z^{1/\alpha} k)^{\rho} A_0(Y, w)$，ただし $\rho := \frac{\alpha}{1 - (1-\alpha)(\eta-1)/\eta}$，$A_0(Y, w) := (c_L Y^{1/\eta}/w)^{\rho(1-\alpha)/\alpha}$ となる。利潤は $(1 - c_L) y^{(\eta-1)/\eta} Y^{1/\eta} - (R - 1 + \delta) k$ と書けるので，上の y を代入してから k について一階条件をとると，$k = z^{\eta-1} A(Y, w, R)$ となる。ただし $A(Y, w, R) := Y \left(\frac{c_L}{w}\right)^{(1-\alpha)(\eta-1)} \left(\frac{(1-c_L)\rho(\eta-1)/\eta}{R-1+\delta}\right)^{\eta - (1-\alpha)(\eta-1)}$。これを財供給関数や労働需要関数に代入すると，売上 $p_{j,t} y_{j,t}$，資本 $k_{j,t}$，雇用 $l_{j,t}$ が $z_{j,t}^{\eta-1}$ に比例する結果を得る。

次に，$h_{j,t} := \frac{\log z_{j,t}}{\epsilon}$ の定常分布が幾何分布になることを示す。h は非負の整数値 $0, 1, \ldots$ をとり，確率 p で上昇，$1 - p$ で下降し，下限 0 で反射される。定常分布 $f(h)$ は，すべての状態 h について，h への毎期の流入が h からの流出に等しいという**詳細釣合条件**を満たす。$h = 1, 2, \ldots$ について書けば，$pf(h-1) + (1-p)f(h+1) = f(h)$ というように，h への流入量（左辺）が流出量（右辺）に等しい。この差分方程式は一般解 $f(h) = C_1 q_1^h + C_2 q_2^h$ を持つ。(q_1, q_2) は特性方程式 $p + (1-p)q^2 = q$ の根だから $q_1 = \frac{p}{1-p}$，$q_2 = 1$。分布の性質 $\sum_{h=0}^{\infty} f(h) = 1$ より q_2^h の係数が $C_2 = 0$ でなければならない。よって解は $f(h) = C_1 q_1^{h_1}$。さらに $\left(\frac{p}{1-p}\right)^h + \left(\frac{p}{1-p}\right)^{h+1} + \cdots = \left(\frac{p}{1-p}\right)^h \frac{1-p}{2p-1}$ である。

最後に $z_{j,t}$ と $l_{j,t}$ の定常分布が冪分布になることを示す。$\epsilon h = \log z$ から，z の定常分布は

$$\Pr(Z \geq z) \propto \left(\frac{p}{1-p}\right)^{\frac{1}{\epsilon} \log z} = z^{-\frac{1}{\epsilon} \log \frac{1-p}{p}}$$

と，z の冪関数となる。雇用は $l = A_1 z^{\eta-1}$ と書けたから（A_1 は定数），その定常分布は $\Pr(L \geq l) = \Pr(A_1 Z^{\eta-1} \geq l) = \Pr(Z \geq (l/A_1)^{\frac{1}{\eta-1}}) \propto l^{-\frac{1}{(\eta-1)\epsilon} \log \frac{1-p}{p}}$ と，冪分布になる。雇用 l がジップ則に従うのは，冪指数 $\frac{1}{(\eta-1)\epsilon} \log \frac{1-p}{p}$ が 1 のとき，

つまり $p = \frac{1}{1+e^{(\eta-1)\epsilon}}$ のときである。

■ **動的計画法**　安全金利 r と実質賃金 w が時間を通じて一定である定常均衡を考える。保険でヘッジすることのできない雇用リスクを持つ家計の最適化問題を次のように書く。

$$\max_{(c_t, a_{t+1})_{t=0}^{\infty}} E_0 \left[\sum_{t=0}^{\infty} \beta^t u(c_t) \right]$$

$$\text{subject to} \begin{cases} c_t + a_{t+1} = (1+r)a_t + ws_t, \\ a_{t+1} > \underline{a}, \end{cases} \forall t$$

ここで $\underline{a}$ は借入制約を表す外生パラメータである。家計が選ぶことのできる制御変数は，家計消費 c_t と資産残高 a_{t+1} であり，初期資産 a_0 は所与である。雇用状態 s_t は，就業 ($s_t = 1$) か失業 ($s_t = 0$) の値をとる外生的確率変数であり，前期の状態 $s_{t-1} = i$ から今期の状態 $s_t = j$ に遷移する確率が π_{ij} で与えられているとする。確率なので $i = 0, 1$ について $\sum_{j=0,1} \pi_{ij} = 1$ が満たされている。消費 c_t は t 期での雇用と資産に依存するので，経路に依存した消費「計画」であり，事前 ($t = 0$) には確率変数である。この確率変数に対して 0 期の状態に条件づけられた期待値 $E_0[\cdot]$ がとられている。

　この最適化問題を解く手法として動的計画法を導入する。最適化問題の解 $(c_t^*)_{t=0}^{\infty}$ によって実現する生涯効用を，所与の初期資産 $a_0 = a$ と初期雇用状態 $s_0 = s$ の関数と見て，$v(a, s) := E_0[\sum_{t=0}^{\infty} \beta^t u(c_t^*)]$ を定義する。すると $t = 1$ から始まる将来系列 $(c_t^*)_{t=1}^{\infty}$ は，状態 $s_1 = s'$ と $a_1 = a' = (1+r)a + ws - c_0^*$ を所与とした生涯効用最大化問題の解でもあるはずなので，$v(a, s) = u(c_0^*) + \beta E[v(a', s') \mid a, s]$。ここで $E[\cdot \mid a, s]$ は (a, s) に条件付けられた条件付き期待値を表す。この式は，最大化された生涯効用を，今期の効用と残りの期の生涯効用に分割している。

　関数 v は価値関数 (value function) と呼ばれる。数学者ベルマンの唱道した最適性原理は，広いクラスの問題に対して，価値関数が次の関数方程式の解と一致することを示す。

$$v(a, s) = \max_{c, a'} u(c) + \beta E[v(a', s') \mid a, s]$$

$$\text{subject to} \begin{cases} a' + c = (1+r)a + ws, \\ a' > \underline{a} \end{cases}$$

この関数方程式はベルマン方程式と呼ばれる。右辺の最大化問題における最適制御解 (c, a') は,与えられた状態 (a, s) ごとに解くことができるので,状態の関数 $a' = g(a, s)$ (および $c = (1 + r)a + ws - g(a, s)$) として書ける。これを政策関数 (policy function) と呼ぶ。ベルマン方程式において求めるべき未知数は,価値関数 $v(a, s)$ と政策関数 $g(a, s)$ である。普通の方程式であれば未知数は実数や複素数だが,ここでは関数が未知であるところが,関数方程式たる所以である。

ベルマン方程式を,関数の集合からそれ自身への写像 T と見ると,解となる関数 $v(x)$ は写像の不動点 $v(x) = (Tv)(x)$ である。実数方程式 f の不動点とは $x = f(x)$ となるような実数 x のことだが,ここでは写像 T によって自分に返される関数 v が不動点(集合の中の不動な要素)と呼ばれている。その不動点が一意に存在する条件を与えるのが縮小写像定理である。縮小写像の十分条件としてよく用いられるのが Blackwell 条件であり,(i)T が有界関数の集合からそれ自身への写像である,(ii)$f(x) \leq g(x)$ なら $(Tf)(x) \leq (Tg)(x)$,(iii) ある $\beta \in (0, 1)$ に対して $(T(f + a))(x) \leq (Tf)(x) + \beta a$ がすべての有界関数 f と定数 $a \geq 0$ について成り立つ,として与えられる。経済モデルの最適化問題は多くの場合この条件を満たすので重宝する。

縮小写像は,2 つの関数にそれぞれ写像を施してできた 2 関数の間の距離が,元の距離より縮まることを意味する。このことから,適当に選んだ関数 v_0 に写像 T を繰り返し適用すると,$T \cdots Tv_0$ が不動点 v に近づいていくことがわかる。さらに都合のよいことに,縮小写像定理は不動点の一意存在を保証してくれる。したがって任意の関数 v_0 から始めても唯一の解 v にたどり着くことができる。このようにして動的計画法の解を求める手法を価値関数反復法と呼ぶ。縮小写像定理は,不動点の存在を保証してくれるのみならず,不動点の求め方も教えてくれる,構成的な存在定理である。

繰り返し作業ほどコンピュータの得意なものはない。実際,盤面の形勢を測る価値関数をうまく計算することで,AI のアルファ碁は人間を打ち負かしたのである。動的計画法の数理についてこれ以上立ち入らないが,問題の表現が明快であることと数値的解法が広く利用可能であることから,現代のマクロ経済学で多用されている。例えば上の家計最適化問題は,価値関数反復法によってコンピュータで簡単に解ける。そのアルゴリズムを次に示す。

1. 許容計算誤差 $\epsilon > 0$ を設定する。
2. 任意の関数 v_0 を選ぶ(例えば定数 0)。
3. v_0 をベルマン方程式の右辺に代入して,状態 (a, s) ごとに右辺の最大化問題を解き,最大値を $v_1(a, s)$ と記録する。

4. v_1 と v_0 の適切な距離を測り，ϵ より小さければ計算終了。大きければ v_1 を v_0 として繰り返す。

このアルゴリズムの MATLAB 上での実装例を下に示す。このコードは計算効率性や精度にまったく無頓着に書かれているが，それでも実際に価値関数が解けてグラフに描けるのは新鮮である。マクロ経済の数値計算分析に興味を持った読者は北尾ほか (2024) を手に取られたい。

```matlab
% Value Function Iteration
% log utility function u(c) = log(c + 0.01)
% Cobb-Douglas production function with labor=1
% Bellman equation:  v(k) = max_{k'} u(f(k)-k') + beta * v(k')

% Parameter values
beta = 0.9;        % Discount factor
alpha = 0.3;       % f(k) = k^{alpha}
epsilon = 1.e-7; % tolerance
max_it = 1.e+10; % max number of iterations
n = 1000;          % number of grids for k
min_k = 0.01;
max_k = 5;
k = logspace(log10(min_k), log10(max_k), n);

% Iteration on value function
iter=0;
gap =epsilon+1;
v0 = zeros(1,n); % initial value function v0
while gap > epsilon && iter<max_it
    iter = iter+1;
    for i=1:n     % grid point for k
        for j=1:n % grid point for k'
            c = k(i)^alpha -k(j);
            if c < 0
                temp_v(j) = -inf; % punish non-feasible choice
            else
                temp_v(j) = log(c+0.01) + beta*v0(j);
            end
        end
```

```
        [v1(i), decision(i)] = max(temp_v);
    end
    gap = max(abs(v1-v0));
    v0=v1;
end
plot(k, v1, '-');
```

■ **マルコフ過程**　　現代マクロ経済学に取り組むうえで，動的計画法に加えてマルコフ過程が飲み込めれば数学的準備として十分である。マルコフ過程とは，来期の状態 s_{t+1} の確率が今期の状態 s_t にのみ依存する確率過程のことである。特に状態 s_t が有限であるときはマルコフ連鎖と呼ばれる。例えば，3.2 節のモデルの雇用状態 s_t は，状態空間 $\{0,1\}$ と遷移確率 π_{ij} で決定される 2 状態マルコフ連鎖である。遷移確率 π_{ij} を要素に配列した行列 Π を遷移行列と呼ぶ。

　無数の家計の雇用状態が同じマルコフ連鎖に従う独立な確率過程であるとする。失業率を u_t とすると，家計の雇用状態分布はベクトル $(u_t, 1 - u_t)$ と書け，雇用状態分布の動学は

$$(u_{t+1}, 1 - u_{t+1}) = (u_t, 1 - u_t)\Pi$$

のように遷移行列 Π で決定される。実際，右辺の内積を開いてみれば，$u_{t+1} = u_t\pi_{00} + (1 - u_t)\pi_{10}$ であり，今期の失業者のうち失業にとどまったもの $u_t\pi_{00}$ と，今期の就業者のうち失業したもの $(1 - u_t)\pi_{10}$ の和が来期の失業者を決めている。

　任意の t についてこの動学が成り立つので，初期分布から発して t 期の分布は

$$(u_t, 1 - u_t) = (u_0, 1 - u_0)\Pi^t$$

により求まる。Π がエルゴード性など一定の性質を満たせばこの動学によって分布は定常分布に収束する。定常失業率を u と書くと，定常分布は $(u, 1 - u) = (u, 1 - u)\Pi$ を満たす。解いてみれば，$u = 1/(\pi_{01}/\pi_{10} + 1)$ である。つまり，定常失業率は失業者の入職率 π_{01} と就業者の離職率 π_{10} の比で決定される。

　同じ分析を応用して，家計の定常資産分布を求めてみよう。簡単化のため，資産 a_t のとる値を有限集合 $\mathcal{A} = \{a_1, a_s, \ldots, a_l\}$ とする。状態空間を何らかの形で離散化するのは数値的計算のために必要であり，グリッドの数 l を十分大きくすれば，a_t が実数をとる場合のよい近似になる。この近似のもとで政策関数 $g(a, s)$ は $\mathcal{A} \times \{0,1\}$ から $\mathcal{A}$ への写像となる。政策関数を行列表示するため，指示関数

(indicator function) を次のように定義する。

$$
\mathbb{1}(a', a, s) = \begin{cases} 1 & \text{if } a' = g(a, s) \\ 0 & \text{otherwise} \end{cases}
$$

政策関数 $g(a, s)$ と外生ショックの遷移行列 Π を用いて状態変数 (a, s) の遷移確率を決定する。状態の同時確率分布を $\Gamma_t(a_i, s_h) = \Pr(a_t = a_i, s_t = s_h)$ と書くと，$\Gamma_{t+1}(a_i, s_h)$

$$
\begin{aligned}
&= \sum_{j=1}^{l} \sum_{k=1}^{2} \Pr\left(a_{t+1} = a_i \, \middle| \, \begin{matrix} a_t = a_j, \\ s_t = s_k \end{matrix} \right) \Pr(s_{t+1} = s_h \mid s_t = s_k) \Pr(a_t = a_j, s_t = s_k) \\
&= \sum_{j=1}^{l} \sum_{k=1}^{2} \mathbb{1}(a_i, a_j, s_k) \Pi(k, h) \Gamma_t(a_j, s_k)
\end{aligned}
$$

この式が分布 Γ_t の動学を示している。ここから前と同様にして定常分布を求めることができる。

■ **アイヤガリ・モデル**　　アイヤガリ・モデルにおいて生産部門では，収穫一定の生産関数 $Y_t = F(K_t, N_t)$ を持つ代表的企業が，資本と労働を競争的要素市場で調達し，各期毎に静学的に利潤最大化する。さらに，家計は資産 a として資本を所有し，資本減耗率は δ とする。この設定のもとで上に導入した動的計画法とマルコフ過程を組み合わせて次のように定式化する。

不完備市場経済の定常競争均衡（アイヤガリ・モデル）

動学一般定常競争均衡は，GDP Y，総資本 K，総労働 N，実質賃金 w，資本レンタル料 r，価値関数 $v(a, s)$，政策関数 $(c(a, s), a'(a, s))$，資産・就業分布 $\Gamma(a, s)$ のうち次を満たすものである。

1. $v(a, s)$ と $c = c(a, s), a' = a'(a, s)$ が次の動的計画法問題を解く：

$$
v(a, s) = \max_{c, a'} u(c) + \beta E[v(a', s') \mid a, s]
$$

$$
\text{subject to} \begin{cases} a' + c = (1 + r - \delta)a + ws, \\ a' > \underline{a} \end{cases}
$$

2. 要素価格は競争的である：$r = F_1(K, N), \ w = F_2(K, N)$

> 3. 財，資本，労働市場で需給一致する：$Y = \int\int c(a,s) + (a'(a,s) - (1 - \delta)a)\,\Gamma(a,s)dads$, $K = \int\int a\,\Gamma(a,s)dads$, $N = \int\int s\,\Gamma(a,s)dads$
>
> 4. $\Gamma(a,s)$ が，政策関数 $a'(a,s)$ と外生マルコフ過程 $s_{i,t}$ から決定されるマルコフ過程の定常分布である。

　条件 1 は家計の効用最大化行動を表す。条件 2 は企業の利潤最大化行動を書くところだが，競争的要素市場における静学的利潤最大化という単純な問題なので，要素価格が限界生産性に等しいという最大化条件をもうそのまま書いてしまう。生産関数が収穫一定なので，企業収入は資本と労働に完全分配され，均衡では利潤は残らないことに注意する。また条件 3 のうち財の需給一致は，家計予算制約と企業収入の分配から導かれるため，均衡決定のうえでは余分な条件になる（ワルラス法則）。

　動的計画法とマルコフ過程の定常分布が上述のように数値的に計算できれば，残りの計算は簡単である。まず就業状態の定常分布は外生的なマルコフ過程だけで決まり，それを用いて定常総労働が求まる。そのもとで総資本 K をある値に仮置きすれば，限界生産性から要素価格 (r,w) が決まる。次に要素価格のもとで家計の動的計画法が解け，政策関数が求まる。政策関数と外生的マルコフ過程を組み合わせて家計資産のマルコフ過程が決まり，家計資産の定常分布が求まる。定常資産分布を集計して求めた総資本が，仮置きした K と一致していれば計算が終わる。

　定常資本 K を二分法 (bisection) で求めるアルゴリズムは次のようになる。あらかじめ十分広い領域 $[\underline{K}, \overline{K}]$ をとり，$K_0 = (\underline{K} + \overline{K})/2$ として最初の K_0 を決める。次に上の手続きで，政策関数を集計して K_1 を得る。$K_1 > K_0$ だったら，定常利子率が高すぎて貯蓄を招きすぎたということなので，資本を引き上げるべく $\underline{K}$ を K_0 にセットし，$K_0 = (\underline{K} + \overline{K})/2$ とリセットする。$K_1 < K_0$ だったら $\overline{K}$ を引き下げる。このようにして K の収束を得る解法が二分法である。

■ 家計が事業を持つモデル

3.2 節では，アイヤガリ・モデルに家計の事業を加えることで，家計資産・所得のパレート分布を導いた。手で解くことのできる簡単なモデルを本節で提示しておく。

　家計 i の事業の生産関数を $y_{i,t} = a_{i,t}^{\alpha}(z_{i,t}l_{i,t})^{1-\alpha}$ とする。$a_{i,t}$ は事業資本を表し，生産性 $z_{i,t}$ は独立同一分布に従う確率変数である。$l_{i,t}$ は i が雇う労働投入であり，実質賃金を w_t とする。最適労働投入は $w_t = (1-\alpha)y_{i,t}/l_{i,t}$ を満たすので，財供給関数は $y_{i,t} = ((1-\alpha)z_{i,t}/w_t)^{(1-\alpha)/\alpha}\,a_{i,t}$ となる。

　事業資本 $a_{i,t}$ は譲渡できず，資本市場は存在しないとする。操業にかかる資本

減耗率を δ とすれば，事業資本のリターンは $r(z_{i,t}) := \alpha((1-\alpha)z_{i,t}/w_t)^{(1-\alpha)/\alpha} + 1 - \delta$ と書ける。さらに，家計は安全資産 $b_{i,t}$ を安全金利 R で貸借できるとする。

ここでは就業リスクを捨象し，労働時間は $e_{i,t} = 1$ で一定とする。個人は毎期 ζ の確率で死亡し，次の世代が家計 i を引き継ぐとする。政府が年金プログラムを運営しており，家計保有資産に対して年率 p の年金が支払われ，死亡の際には全資産が政府に接収されるものとする (Blanchard-Yaari の perpetual youth model)。年金プログラムの収支バランスより $p = \zeta/(1-\zeta)$ が成り立っている。

家計は生涯労働所得の期待現在価値まで借入できるものとする。定常均衡ではこの額は $\overline{H} = \overline{w}/(1 - (1-\zeta)/\overline{R})$ になる（変数にバーを付けて定常値を表すとする）。H は家計労働力を資産評価したものなので，人的資産と呼べる。人的資産いっぱい借入してしまうと，期待労働所得のすべてが利払いに充てられる状況になる。貸し手は通常それ以上貸し出さないので，H は **自然借入制約点** であると呼ばれる。

GDP を $Y_t := \int_0^1 y_{i,t}\, di$，総資本を $K_t := \int_0^1 a_{i,t}\, di$ と書く。労働需要式から $w_t/Y_t = 1 - \alpha$。$Z := (E[z_{i,t}^{(1-\alpha)/\alpha}])^\alpha$ と定義すると，財供給関数を家計について集計することで $Y_t = ZK_t^\alpha$ となる。事業リターンに代入すると，定常状態では $r(z_{i,t}) = \alpha\left(\frac{z_{i,t}}{Z}\right)^{(1-\alpha)/\alpha} \overline{K}^{\alpha-1} + 1 - \delta$ なので，事業リターンが独立同一分布に従う確率変数であることが確かめられる。

家計効用は消費について CRRA（相対的リスク回避度一定）型であるとする。家計の利用可能な総資源 W を，借入可能性まで含めて次のように定義すると，家計状態を記述するのに十分となる。来期の変数をダッシュで表すと，家計の来期の総資源 W' は

$$W' := (1+p)(r(z')a' + Rb') + H. \tag{3.1}$$

W の家計間分布を Γ で表す。

以上の設定のもとで定常均衡を定義する。

パレート分布を内生するモデル

動学一般定常競争均衡は，GDP $\overline{Y}$，総資本 $\overline{K}$，実質賃金 $\overline{w}$，安全金利 $\overline{R}$，事業リターン $r(z)$，価値関数 $v(W)$，政策関数 $(c(W), a'(W), b'(W))$，資産分布 $\Gamma(W)$ のうち次を満たすものである。

1. 価値関数 $v(W)$ と政策関数 $c(W), a'(W), b'(W)$ が次の問題を解く。

$$v(W) = \max_{c,a',b',W'} \frac{c^{1-\sigma}-1}{1-\sigma} + \beta(1-\zeta)E[v(W')]$$

$$\text{subject to} \begin{cases} c + a' + b' + H = W, \\ b' > -H \end{cases}$$

2. $Y = \int c(W)\, d\Gamma(W),\ \ K = \int a(W)\, d\Gamma(W),\ \ 0 = \int b(W)\, d\Gamma(W)$

3. Γ が，政策関数と確率変数 $z_{i,t}$ と資産 W' の決定式 (3.1) から定義される マルコフ過程の定常分布である。

CRRA 型効用関数のもとで，家計最大化問題の解は線形の政策関数になること，つまりある定数 (s,θ) があって $c = (1-s)W$, $a' = \theta sW$, $b' = (1-\theta)sW - \frac{1-\zeta}{R}H$ となることが知られている[13]。これを確かめてみよう。

家計の予算制約式にかかるラグランジュ乗数を λ と書くと，ベルマン方程式右辺の最大化の一階条件は $c^{-\sigma} = \lambda$, $\beta E[r(z')v'(W')] = \lambda$, $\beta RE[v'(W')] = \lambda$。また価値関数が微分可能であるとすれば，辺々 W で微分すると包絡線条件より $v'(W) = \lambda$。まとめると，オイラー方程式 $c^{-\sigma} = \beta RE[(c')^{-\sigma}]$ と最適ポートフォリオ条件 $E[r(z')(c')^{-\sigma}] = RE[(c')^{-\sigma}]$ となる。上の政策関数を資産定義式に代入してみると，$W' = (r(z')\theta + R(1-\theta))sW$ となり，資産成長率 $g' := W'/W = (r(z')\theta + R(1-\theta))s$ が独立同一確率変数である。これらから，2 定数 (s,θ) を決定する次の 2 式を得る。

$$1 = \beta RE\left[(g')^{-\sigma}\right]$$

$$RE[(g')^{-\sigma}] = E[r(z')(g')^{-\sigma}]$$

定常均衡では家計資産は次のように成長する。

$$W_{i,t+1} = \begin{cases} g_{i,t+1}W_{i,t} & \text{with prob. } 1-\zeta \\ H & \text{with prob. } \zeta \end{cases}$$

これはリセットのあるランダム成長過程である。資産 W の定常分布は冪乗則に従う右裾を持ち，その指数 α は $1 = (1-\zeta)E[g_{i,t+1}^{\alpha}]$ で決定されることになる[14]。

---

13) Campbell and Viceira (2002) などを参照。

14) 一般的なモデルを用いた定常分布の完全な特徴づけは Toda (2014) に詳しい。

コラム　日本における所得集中化

　日本における所得上位 1% 層への集中化傾向は，米国に比べればだいぶ穏やかである。ピケティやサエズが中心になってまとめている World Inequality Database (WID) によれば，米国上位 1% シェアは 70 年代の 10% から近年は 20% 近くにまで上昇しているが，日本ではそのように顕著な伸びは見られず，13% 弱にとどまっている。上位 10% シェアに目を転じると日本の上昇は米国と同等となり，70 年代の 35% 前後から 2020 年の 44% と報告されている（WID，2023 年 4 月）。しかしこの点は WID データにおける所得推計に難がある可能性がある。実際，日本のデータを精緻に検討した Moriguchi and Saez (2008) から計算した日本の 2005 年時点の 10% シェア値は 39.6% と，WID よりかなり小さい。WID に含まれた国の中で日本は統計の質が最も低いグループに分類されており，他国との国際比較を適切にできない状況にある。

　家計所得は冪乗則に従うことから，一部の富裕な家計に集中する傾向を普遍的に持ち，家計調査などランダムに抽出されたサーベイデータからは抜け落ちてしまう外れ値が全体の無視できない割合を占める。そのため所得分配の真の姿をつかむには，税務統計のような行政データを用いて悉皆的に把握することが重要になる。近年各国において行政データを活用した研究の発展が目覚ましい[15]。

　図 3.5 には，国税庁がとりまとめる民間給与実態統計調査と申告所得税標本調査に基づく日本の近年の所得分布を示す。上位 1% 部分のパレート分布や 99% 部分の指数関数的減衰という統計的規則性を明確に認めることができ，パレート指数の興味深い変動も観察できる。ただしこの分布図には満足できない点も多い。まず，民間給与データと申告データは母集団が異なり，所得に対応する変数も異なる（前者では給与収入，後者では課税所得）ことから，両統計の接合点はある程度恣意的に決めるほかない。また，譲渡所得をはじめ他の所得も含めた総合的な所得の分布にはなっていない。実際，資本所得のパレート分布の指数は 1 にきわめて近いという政府報告もある[16]。

　現状の客観的な把握は政策立案の基礎である。日本においては政府内で統計を扱う力量の不足が指摘され，個人データ漏洩への警戒感が根強いこともあって行政データの研究活用は停滞していた。しかし根拠に基づく政策立案 (EBPM) の

---

15)　行政データは悉皆的である一方，個人情報保護の観点から観測変数の種類をやみくもに増やせない制約があり，その点でサーベイデータは重要である。日本の包括的な所得分布についてサーベイデータを用いた近年の実証研究として Lise et al. (2014) や Kitao and Yamada (2019) がある。

16)　第 17 回税制調査会，財務省説明資料（2022 年 10 月 4 日）。

図 3.5　日本の所得分布

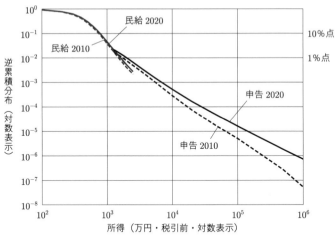

出所：「民間給与実態統計調査」および「申告所得税標本調査」（国税庁）より筆者作成

浸透に伴い少しずつ改善の努力が続いている。政府の統計力向上と社会の理解を望みたい[17]。

---

17)　WID と整合的な DINA（Distributional National Accounts）に則った最新の推計によれば，日本の所得上位 1% と 10% シェアはそれぞれ，2014 年に 8.9% と 35.2%，2019 年に 8.4% と 33.8% である（財務総合政策研究所報告資料，2023 年 9 月 11 日）。

第 II 部
ミクロからマクロ振動へ

　第 II 部では内生的な景気変動論を新しく提案する。その土台となるのは第 I 部で解説した標準的なマクロ経済理論である。標準的なマクロ経済学では外生的マクロショックが景気変動の原因とされたが，現実には明確な外生ショックなしに起こるマクロ変動も多い。そこでここでは，外生的マクロショックを前提することをやめ，ショックは企業や家計などミクロレベルで互いに独立に起こるものとする。このような設定のもとで第 II 部では，企業や家計の市場における相互作用によって，ミクロショックがマクロ変動に転化されうることを示す。

　マクロ変動がミクロの行動の連動によって引き起こされる可能性を，3つの局面，すなわち総投資（第4章）・物価（第5章）・資産価格（第6，7章）において探究していく。そして，投資・物価・資産価格がマクロ経済の内生的変動の震源となる原因として，企業投資・価格設定・投資家行動に共通する，ある経済学的条件があることを見出す。

　ミクロ行動の連動がマクロ変動を起こす鍵となる数理は冪乗則である。第3章で導入したクロスセクションの冪乗則と異なり，第 II 部でハイライトするのは，時系列の振動分布を特徴づける，ミクロ行動の確率的同期の冪乗則である。第 II 部冒頭4.1節でその点を説明し，4.2節以降に具体的なモデルを示して冪乗則的な振動分布が均衡動学に現れることを示す。

　第 II 部の分析手法は第 I 部より概して専門的だが，第6章は標準的な金融モデルの解説であり，5.3節は連続時間異質的個人モデルの導入として読める。また4.2節と第5章は，固定調整費が至るところでミクロ行動を制約する摩擦的経済（いわゆる (S,s) 経済）モデルの解説になっている。

第4章 ミクロ起源の総投資振動

ミクロをマクロにつなげる鍵となるのは冪乗則である。第3章で紹介した企業規模や家計資産の冪乗則をマクロ変動の原因とする主張はグラニュラー仮説として知られる。しかし本書第II部の企図はグラニュラー仮説ではない。いくつかある冪乗則生成メカニズムのうち，第II部が注目するのはミクロ相互作用による**自己組織臨界現象**である。その理由は，グラニュラー仮説と異なり，自己組織化による確率的同期現象こそ，実証データによる原因識別が困難なマクロ変動を生み出すからである。

本章では，RBCモデル（第1章）に少しの変更を加えることで，外生的マクロショックなしに景気変動を説明できることを示す。まず4.1節では，ミクロとマクロ振動を結ぶ鍵が冪乗則にあることを示す例としてグラニュラー仮説と自己組織臨界モデルを説明し，後者こそが本書の問いの答えにつながると主張する。そして4.2節において，本章の中心的な話題である総投資の自律的振動を，RBCモデルにおける自己組織臨界現象として実装する。4.3節はモデルの実証的可能性を論じる。4.4節ではその他の内生的景気循環理論を比較検討する。数学補論を4.5節に置く。

4.1 冪乗則と同期現象

■ **グラニュラー仮説**　冪乗則はマクロ的インプリケーションを持つミクロ的規則性である。冪分布が現れているとき，ミクロの変動は無視しえない影響をマクロに及ぼす。景気変動論の文脈においてこのことを端的に表現したのがGabaix (2011) による**グラニュラー仮説**である。

　グラニュラーとは「粒状」を意味する。前章までに見たモデルではいずれも個別企業は質点として扱われていた。そのため，個別企業に起こるショックがマクロに持つインパクトはモデルの最初からゼロとされていた。しかし，現実の経済では企業数は有限であり，個別企業はわずかとはいえ一定のシェアをマクロ経済に占めている。そしてジップ則に見たように，いくつかの企業はその手触りがマクロに感じられるほど大きい。粒状とはその手触りのことだ。

　多くの場合，企業を質点として捉えて有限企業数を無限に置き換えることは，便利な近似になる。その背景に，**大数の法則**と**中心極限定理**という頑健な数理がある。大数の法則は，独立な確率変数の標本平均が，サンプルサイズを限りなく大きくすると母平均に収束することを主張する。中心極限定理は，標本平均と母平均の差が，サンプルサイズに逆比例する分散を持つ正規分布に収束するという命題である。したがって企業数が 100 万 $= 10^6$ もあれば，標準偏差（分散の平方根）は $1/10^3$ $=1000$ 分の 1 のオーダーに収まる。中心極限定理が成り立つかぎり，ミクロの揺らぎはマクロに影響せず，有限企業数を無限に置き換える近似は許容される。ところが冪乗則はその前提を掘り崩す。この点を Gabaix (2011) にならって見てみよう。

　GDP Y_t が，n 個の企業 i の生産額 $y_{i,t}$ の集計 $Y_t = \sum_{i=1}^n y_{i,t}$ であるとする。個別企業の成長率はジブラ則にならって，標準偏差 σ の独立同一分布に従う確率変数とする。$\epsilon_{i,t+1}$ を分散 1 の確率変数とすれば $\frac{y_{i,t+1}-y_{i,t}}{y_{i,t}} = \sigma\epsilon_{i,t+1}$ と書ける。すると GDP の成長率は $\frac{Y_{t+1}-Y_t}{Y_t} = \sum_{i=1}^n \frac{y_{i,t}\sigma\epsilon_{i,t+1}}{Y_t}$ なので，その標準偏差が次のように書ける。

$$\sigma_{\mathrm{GDP}} = \sqrt{\sum_{i=1}^n \left(\frac{y_{i,t}}{Y_t}\right)^2} \cdot \sigma$$

ここで σ にかかる係数は，産業の独占度合いを示す指標として競争政策の文脈などでよく用いられるハーフィンダール＝ハーシュマン (HH) 指数になっている。つまり，GDP 成長率の標準偏差は，ミクロ企業成長率の標準偏差に HH 指数を掛けたものとして表される。

　企業規模 y_i の分布の母分散が有限なら，HH 指数は大数の法則により $1/\sqrt{n}$ に比例する数に近づくことが示せる[1]。よって，ミクロ企業の成長率が仮に標準偏差 10% のショックを被っていても，企業を集計するとプラスとマイ

ナスが打ち消しあって，マクロの成長率の標準偏差は 0.01% のオーダーにし
かならない。企業が典型的な大きさと典型的な偏差を持って分布しているかぎ
り，有限企業数を無限企業数で近似することによる誤差は無視できるのであ
る。

　しかしジップ則はそのような近似を許さない。企業規模の右裾は冪乗則に
従い，かつその裾指数が 1 に近いので，分布の分散（2 次モーメント）が発散し
ているからだ。分散が発散している確率変数の標本平均の漸近的性質は，**一般
化された中心極限定理**として確立されている。それを用いると，裾指数 α が 1
と 2 の間の場合，HH 指数は $1/n^{1-1/\alpha}$ に比例することが示される[2]。これは
小さくなる速さが $1/\sqrt{n}$ より遅い。さらに $\alpha = 1$（ジップ則）の場合，小さく
なる速さは $1/\log n$ まで遅くなる。

　図 4.1 は，冪指数 α が小さくなるほどマクロ振動の減衰が遅くなることを
示している。y_i が有限の分散を持つとき，つまり冪指数が 2 より大きいとき
は，GDP 成長率の標準偏差は $1/\sqrt{n}$ に比例し，企業数 n が大きくなるにつれ
て急速に 0 に収束した。しかし冪指数が 2 より小さいとき，例えば 1.5 のと
きは，図のグレーの線のように 0 への収束は遅くなる。そして y_i の冪指数が
1 のとき，つまりジップ則の場合はさらに遅く，企業数 n が 100 万であれば
$1/\log n$ は 0.07 だ。標準偏差 10% 程度のミクロショックが，集計しても打ち
消し合わずにマクロで感じられる手応え (0.7%) を持つ。これがマクロ振動の
起源としてのグラニュラー仮説である。

　グラニュラー仮説が示したのは，ジップ則のような冪乗則のもとでは，ミク
ロのショックが無視できないマクロ変動を起こしうることだ。きわめて大きな
規模の企業が一定数存在するために，それら大企業に起きたミクロショックが

---

1)　HH 指数を h と書くと，$nh^2 = \frac{\sum_{i=1}^{n} y_{i,t}^2/n}{(\sum_{i=1}^{n} y_{i,t}/n)^2}$。$n \to \infty$ のとき右辺の分子分母にそれぞれ大
　　数の法則を適用できて，$\frac{E[y^2]}{(E[y])^2}$ に収束する。

2)　詳しくは Gabaix (2011) に譲り本書では立ち入らないが，まとめれば次のとおり。一般化
　　された中心極限定理によれば，裾指数 $0 < \alpha < 2$ の分布に従う確率変数 x_i の標本和 $\sum_{i=1}^{n} x_i$
　　を $n^{1/\alpha}$ で割って正規化したものが，$n \to \infty$ のとき裾指数 α のレヴィ分布に従う。$\alpha \geq 2$ の
　　場合は狭義の中心極限定理が成り立つ。レヴィ分布は $0 < \alpha < 2$ のとき裾指数 α の冪乗則に
　　従い，$\alpha = 2$ の特殊ケースとして正規分布を含む。y_i が裾指数 α の冪乗則に従うとき，y_i^2 は
　　$\alpha/2$ の冪乗則に従う。よって上の定理により $\sum_{i=1}^{n} y_i^2/n^{2/\alpha}$ が裾指数 $\alpha/2$ のレヴィ分布に従
　　う。したがって HH 指数の定義から，$n^{2-2/\alpha}h^2 = \frac{\sum_{i=1}^{n} y_{i,t}^2/n}{(\sum_{i=1}^{n} y_{i,t}/n)^2}$。よって h は $1/n^{1-1/\alpha}$ に
　　比例する。

図 4.1　冪分布とマクロ振動

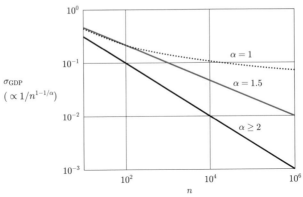

α は企業規模分布の冪指数。n 個の企業の集計値の成長率は確率変
動し、その標準偏差は n の増大につれて減衰するが、減衰の速さは
α が小さいとき遅い。

マクロにも感じられる。例えばウォルマートやアマゾンのような大企業は、米
国 GDP の 2% にも及ぶ売上高を誇る。もしこれら大企業の経営者が失態を演
じて生産性を 10% も毀損したら、マクロ統計に感じられるほどのインパクト
を持つ。Gabaix (2011) の推計によれば、米国の大企業 100 社に起こった変動
が、年々の GDP 変動の 3 分の 1 を説明するという。経済学は、長らく忘れて
いた冪乗則の持つインパクトに気がついた。

　グラニュラー仮説は、RBC モデルにおける全要素生産性ショックをミクロ
的に裏付けるものである。生産技術は現実には企業に体化されているので、マ
クロ生産関数とはあくまで抽象の産物である。したがってマクロ生産技術シ
ョックをこれと名指すことはできないのだが、企業別・産業別の生産技術ショ
ックであれば具体的に観察することができる。グラニュラー仮説によれば、企
業規模分布がトップ・ヘヴィであるために、大企業に起きた生産性ショック
が十分マクロ的インパクトを持つ。またこの仮説を産業連関に応用した分析
(Acemoglu et al., 2012) によれば、産業連関ネットワークのリンクの太さや重
層構造からも、一部基幹産業に起きたミクロショックがマクロレベルのショッ
クに転化する可能性があるという。これらは重要な指摘であり、全要素生産性
ショックを粒状の大規模ミクロショックに還元する試みはこれからも続くだろ
う。

　しかしグラニュラー仮説では物足りない。われわれのもともとの問いは，マクロ振動の背景にある全要素生産性ショックを新聞紙上に見出すことができないのはなぜか，というものだった。グラニュラー仮説からの返答は，もう少しよく探せば部分的には見出すことができるというものだ。巨大な企業や産業に起こったショックはマクロショックとみなせる，というのがその意味するところだからだ。確かに，今後データが拡充し，今までは見過ごされてきた中・大規模のミクロショックの集積として，マクロショックの精細な分解が可能になる領域は広がるだろう。しかし本書の問いは異なる。経済学で想定する市場経済の中に，選好・技術・資源賦存という基礎的条件の変化を原因としない変動の余地はないのだろうか。そして現実経済はそのような変動を示していないのだろうか。グラニュラーでは原因が見えているのである。

■　**自己組織臨界現象**　　原因の見えないマクロ経済変動を考えるうえで大きなヒントになったのが Bak et al. (1988) の砂山モデルである[3]。

　図 4.2 のように，地面の一点を目がけてパラパラと砂を落としていくことを考える。その点を頂点として徐々に砂山が大きくなる。最初は平らな山が，真ん中に砂が積み重なることで勾配を高めていく。勾配が急になりすぎると，砂山は雪崩を起こして少し平らになる。このように勾配が急になったり緩やかになったりしながら山は成長を続けることになる。

　山が大きくなり続ける一方で，勾配は，砂の粘着性と重力のバランスが保たれる一定の角度を持つ。この角度のもとでは，一粒の砂を落とすと大小さまざまな雪崩が起こりうる。その雪崩の大きさの分布が，実は冪乗則に従うことを実験や理論モデルから導き出すことができる。

　もし勾配がこの角度より平らだと，雪崩は小さなものしか起こらないため，中心に砂が積もっていき，角度は徐々に大きくなっていく。もし勾配が急だと，小さなきっかけで大きな雪崩が頻発し，中心の砂は流れ落ちて角度は徐々に小さくなる。つまりこの砂山モデルでは，定常的な角度は勾配の臨界点となっており，その状態では雪崩サイズが冪乗則に従う。臨界点以下の角度のときは臨界点に向かって角度が上がり，臨界点以上の角度のときは角度が下がる。

---

3)　解説書として香取 (1997) や，ブキャナン (2009) がある。

図 4.2　Bak et al. (1988) の砂山モデル

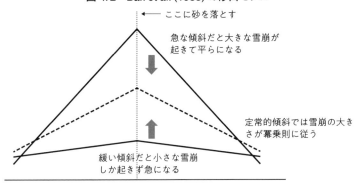

つまり砂山モデルは，勾配が自ずから臨界角度へと収束する大域的な力学を内包している。このようなメカニズムを**自己組織臨界現象**と呼ぶ。

　臨界点とは安定な相が切り替わる点である。砂山モデルでいえば，勾配が臨界点より緩やかな場合は，雪崩の大きさの裾分布は指数関数的に減衰する。雪崩サイズのモーメントがすべて有限になるので，斜面の一番裾まで届くような大きな雪崩にはほぼならない。一方で勾配が臨界点より急な場合は，ほぼ確実に山裾まで崩すような大雪崩が起こる。ちょうど臨界点上で，雪崩は小規模なものから裾に届くほど大きなものまですべてのサイズをとりうる。

　臨界点で振動分布が冪乗則に従い，マクロ的な変動を引き起こすことは自然科学でよく知られていたが，そのような臨界現象は，実験室でパラメータを臨界点にファイン・チューニングしないかぎり観測できないと考えられていた。しかし Bak らの自己組織臨界モデルはその通念を破った。ある一点に砂が継続的に降ってくるというありきたりな状況が，臨界的な傾斜を自ら作り出し，雪崩の時系列振動の冪乗則を創発しているからである。

　本書第 II 部では，自己組織化が冪乗則を生み出すメカニズムをマクロ経済の中に探していく。自己組織臨界モデルを経済現象に応用したのは Bak et al. (1993) と Scheinkman and Woodford (1994) が初めてである。彼らはサプライチェーンで結ばれた企業間で在庫投資行動の雪崩が自己組織化される可能性を示した。

　図 4.3 では，最上列を最終財企業とし，それらの仕入先が第 2 段，さらに

図 4.3　サプライチェーン上の在庫雪崩モデルの概念図

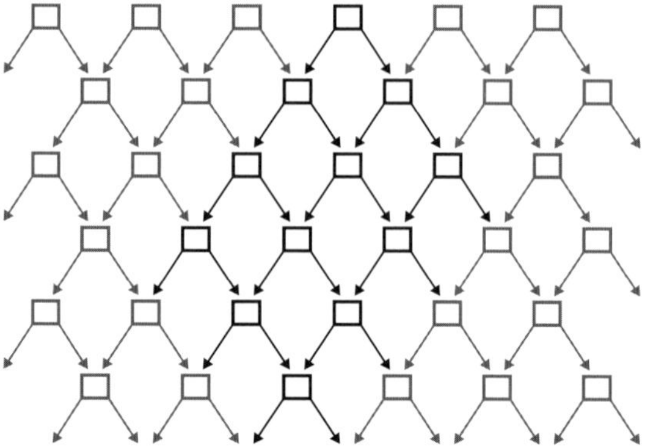

上列の企業が生産すると，下列の企業に中間財需要が入る。
受注に対して在庫で対応できないときに生産が起こり，下列
の企業に需要が伝播する。需要伝播がどこまで続くかは，企
業在庫の分布状況によって決定される。

出所：Bak et al. (1993)

川上の企業が第 3 段に並んでいる。企業が生産するときには 2 単位生産し，
そのために下段の 2 企業から 1 単位ずつの仕入れが必要だとする。さらに，
企業は自分の製品 1 単位を在庫として持っておくことができるとする。した
がって企業が注文を受けたときに，在庫を売って対応できるなら生産しない
が，手持ちの在庫がない場合は 2 単位分を生産し，1 単位を売って残り 1 単位
を在庫投資に充てるとする。

　図 4.3 上で，最終財企業の 1 つに注文が入り，在庫がなかったために生産
したとしよう。するとその企業の在庫状態は 0 から 1 に変わり，直下のサプ
ライヤー企業 2 つに 1 つずつ注文が入る。その 2 企業が在庫を持ち合わせて
いなかったとすると，両企業とも生産をして在庫が 1 に変わり，それぞれの
直下の 2 企業に注文が入る。注文の連鎖は在庫を持たない企業のところで進
み，持っている企業のところで止まる。したがって在庫投資の連鎖の規模は，
企業在庫の分布状況によって決定されることになる。

　ここで，平均在庫量が砂山モデルの傾斜に対応する。多くの企業が在庫を持
っているときは，サプライヤーへの需要の連鎖はすぐに止まる。在庫投資雪崩
の範囲は小さく，その範囲内で在庫率は下がる。一方，ほとんどの企業が在庫
を持っていない場合は，需要の連鎖が止まるきっかけがないため大きな雪崩が

起こり，平均在庫率は上昇する。つまり，平均在庫率は低い値から始めると上昇し，高い値からでは下降するので，定常値に向かって大域的に収束する。定常では 2 つに 1 つの企業が在庫を持つことになる。

　その定常在庫率が臨界点になっている。定常在庫率のもとで起こる在庫投資雪崩の大きさが冪乗則に従うことが示せる。図 4.3 では雪崩の大きさは雪崩の左端と右端がサプライチェーンの下段で再び出合うまでの領域によって定まる。領域の内部にあるサプライヤーは，2 つの顧客企業から注文を受けるので必ず生産することになるが，端点にあるサプライヤーは在庫を持っていれば生産せずに済ますことができる。定常在庫率のもとでその確率は 0.5 である。よって，左端と右端は確率 0.5 で左右に移動する，ランダム・ウォークになる。雪崩サイズは 2 つのランダム・ウォークに囲まれた領域で決まることになり，その大きさが冪乗則に従うことが知られている。その数理については第 II 部を通じて解説していく。

　在庫投資の自己組織臨界モデルは，ミクロの企業間取引がマクロ的変動の震源地となりうることを示した。しかしこのモデルには，製品価格による需給調節をはじめ経済学が重視する市場変数が含まれていなかったので，経済的直観に乏しい物理モデルの単なる「ラベルの貼り替え」とみなされてしまった。実際，どのような経済的条件のもとで定常在庫率が臨界点になるのか，という問いが残されたのである。本書第 II 部は Nirei (2006) 以降に引き継がれたその研究をたどっていく。

4.2　投資同期における大数法則の破れ

　本書第 I 部では代表的な景気循環モデルを紹介し，そこではマクロショックがマクロ変動の原因となっていることを見た。ここからは，同じ動学一般均衡を用いて，ミクロのショックからマクロ変動が起こることを示したい。その鍵となるのは前章で示した冪乗則である。冪乗則はモーメントの発散を含意するので，何かの平均値，すなわちマクロ変数が確率的に揺らぐ可能性を意味している。

　冪乗則がマクロ振動の原因となるモデルとして前節に見たグラニュラー仮説がある。しかしグラニュラー仮説は，巨大企業にショックが起こるとマクロが

変動するという主張である。これではマクロショックを大企業ショックと言い換えたにすぎず，「RBC モデルでマクロ変動を駆動しているはずのショックを新聞紙上にすら見つけることができない」という本書の問いには答えてくれない。本節では，冪乗則を生み出すまったく異なるメカニズムである自己組織臨界モデルを援用してマクロ変動を生成する。そこでは，多数の企業のミクロレベルの投資が確率的に同期し，同期する企業数が冪乗則に従う。別の言い方をすれば，鍵となる冪乗則がグラニュラー仮説では企業サイズのクロスセクション分布だったのだが，自己組織モデルでは企業行動の同期数の振動分布になる。

　本節では Nirei (2015) に基づき，RBC モデルと同じフレームワークを用いながら，マクロ的外生ショックのないまったく異なるメカニズムによって，景気循環を再現する。このモデルでは生産性ショックがミクロの企業レベルで独立に起こる。企業数は十分多く，ショックは十分小さいので，普通にショックを集計したら大数の法則によってマクロ変動は微小である。しかし，企業間の行動が相関しているために，大きなマクロ変動に転化することを示す。

　モデルのもう 1 つの仮定は，企業の投資行動に**非可分性**があることだ。例えば，工場は 2 つ 3 つと増やすことはできるが，2.5 個作るわけにはいかない。このような資本の非可分性は，現実的であるとともに，企業生産の調節幅に下限を与え，かつ企業の行動様式に非線形性をもたらす。これらが十分大きなマクロ振動に転化させる条件になる。

　この節のモデルを RBC モデルの変形として次のように定義する。

総投資振動モデル

動学一般均衡は，実質賃金，確率的割引要素，各財価格と，各財の消費と産出，労働投入，資本の時系列のうち次を満たすものである。

1. 資源配分は，価格を所与としたときの予算制約のもとで家計期待効用を最大化している。
2. 資源配分と自製品価格は，自製品以外の価格と資本非可分性制約を所与としたときの企業価値を最大化している。
3. 労働市場と各財の市場では需給が一致している。

モデルの定式化は補論に回し，ここでは分析の要点を続けよう。

図 4.4　資本水準 k に対する企業価値増分 π と，無行動領域 $[\underline{k}, \lambda\underline{k}]$

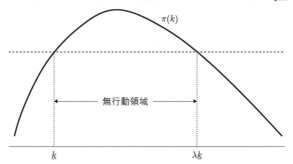

■ **投資スパイクと無行動領域**　　財 i を生産する独占的企業 i が生産性 $z_{i,t}$ の
もとで資本 $k_{i,t}$ を選択したときの企業価値の増分を $\pi(k_{i,t}, z_{i,t})$ と書くと，固
定した $z_{i,t}$ のもとで π は図 4.4 のような凹関数になる。

　資本は減耗率 δ で経年劣化するので，投資がなければ資本は年々減少する。
それを補うために粗投資を行うが，このモデルでは投資の非可分性があるため
連続的に資本を調節することができないと考えている。具体的には，資本を定
率 λ 倍にするような投資だけが可能であると仮定する。つまり，資本水準が
$k_{i,t}$ だった企業にとって $t+1$ 期の資本水準 $k_{i,t+1}$ は，$(1-\delta)k_{i,t}$ か $\lambda(1-\delta)k_{i,t}$
であるとする。

　このような投資行動は塊 (lumpy) 投資や**投資スパイク**などと呼ばれる。現実
の企業の投資時系列はしばしばスパイクを示し，企業資本は非連続的に調整
されていることがわかる。図 4.5 は企業の投資・資本比率のヒストグラムを
示しており，20% 以上もの投資率が行われることが稀ではないことがわかる。
しかもこの図に示されているのは全サンプルの中で最も資本の大きい四分位グ
ループに属する企業の投資率なので，小企業が急成長するときに見られるよう
な極端に大きな投資率は入っていない。図 4.5 に見られるように，投資スパ
イクは企業レベルでは日常的な出来事であるようだ[4]。

　投資スパイクが起こる理由は複数考えられる。本章のモデルでは，生産技術
自体の物理的な制約から資本量は λ 倍でしか調節できないと考えている。よ
り一般的な考え方は，資本水準を変更するのに固定費用がかかるため，小規模

---

4)　投資スパイク (lumpy investment) についての代表的な実証研究として Cooper et al.
(1999) があり，投資率 20% という閾値がそこで提示されている。

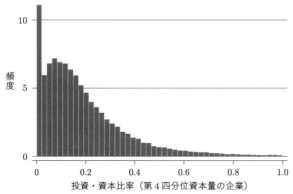

図 4.5　企業の投資・資本比率のヒストグラム

注：イタリア製造業企業約 3 万社のうち，資本規模が第 4 四分位群の企業の
　　年次パネルデータ（1982～96 年）から作成
出所：Guiso et al. (2017)

な資本調整が起こりにくく，調整されるときにまとめて大きく調整するのが最
適になる，というものだ。この場合適切なモデル化は，固定費用をパラメータ
として外生的に置いたうえで，固定費用を支払って行う投資の量とタイミング
を企業が最適に選択する，というものになる。そのような固定費用モデルはパ
ラメータ λ が内生的に決定され，状況に応じて変動するような場合に有用だ。
本章ではモデルを簡単に収めるため "lumpiness" パラメータ λ は外生にして
おくが，固定費モデルによる内生化は可能であり，その例を第 5 章で紹介す
る。

　投資に非可分性があるとき，最適投資量は通常の一階条件からは求まらな
い。もしも連続調節が可能であったならば望ましい資本レベルは図 4.4 の頂
点になるが，頂点から少しずれていても，資本を λ 倍するよりは現状にとど
まった方が利潤が大きい。したがって，資本を積極的に調整しないことが最
適になるような資本水準が領域として存在する。それを**無行動領域** (inaction
region) と呼び，図 4.4 では $[\underline{k}, \lambda\underline{k}]$ がそれにあたる。無行動領域内では，企業
は投資ゼロを選択し，資本は自然減耗率に沿って減少していく。つまり企業の
状態は慣性に支配されて遷移することになる。

　無行動領域の下限 $\underline{k}$ は，投資スパイクを起こす閾値であり，方程式
$\pi(\underline{k}, z_{i,t}) = \pi(\lambda\underline{k}, z_{i,t})$ の解として $z_{i,t}$ ごとに求めることができる。図 4.4 か

らわかるように，資本が $\underline{k}$ より小さい場合に限り，λ倍した方が利潤が高まる。$\underline{k}$ では，投資を今期行うのと次期行うのとがちょうど無差別になっている。

補論で見るようにこのモデルで最適な閾値を解くと

$$\underline{k}_{i,t} = b(z_{i,t}, w_t, R_t)K_t^\theta \tag{4.1}$$

となる。ここで K_t は集計資本量，b は生産性と要素価格の関数，そして θ は外生パラメータから決まる定数で，本章の鍵となる戦略的補完性の強さを表すことになる[5]。

■ **投資の戦略的補完性**　　上の式で $\theta > 0$ であることから，ミクロ資本の閾値 $\underline{k}_{i,t}$ と集計（マクロ）資本量 K_t が**戦略的補完**の関係にあることがわかる。戦略的補完性とは，片方が増えたときに，もう片方も増やすことが最適行動になっていることを指す。ミクロの資本が増えると，マクロ資本量 K_t が増大する。一方マクロ資本量が増えると，閾値 $\underline{k}$ が上昇するため，ミクロ資本量 $k_{i,t}$ を増やすことが最適行動になる蓋然性が増す。このことから，企業の投資行動はマクロ資本量を通じて互いに戦略的補完の関係にあるということができる。

戦略的補完性は第 II 部の鍵となる概念である。自分の行動が相手の同様の行動を促し，さらに相手の行動が自分の同様の行動を促すような誘引構造が戦略的補完性であり，非協力状況における同調行動を引き起こす。この補完性は財の補完性とは異なる概念であることに留意する。ミクロ経済学において，ある財の価格の低下が他の財の需要を高めるときにその 2 財は補完財であると呼ぶが，この章で問題にしているのは異なるプレイヤーの行動（あるいは戦略）の補完性である。

このモデルで投資が戦略的補完となるのはなぜだろうか。ある企業の投資によってマクロ資本量が増えると，労働の限界生産性が上昇して実質賃金が上がり労働所得が増える。それが総需要 Y_t を押し上げ，他のすべての財 $y_{i,t}$ の需要関数を右シフトさせる。これにより，すべての企業にとって最適資本量が上

---

5)　補論で示すように，$\theta = \frac{\alpha}{1-\gamma}\frac{1/\eta}{1-(\alpha+\gamma)(\eta-1)/\eta}$ および $K_t = \left(\sum_{i=1}^n z_{i,t}^{\rho/\alpha} k_{i,t}^\rho / n\right)^{1/\rho}$，ただし $\rho := \frac{\eta-1}{\eta}\frac{\alpha}{1-c_L}$，$c_L := \frac{\eta-1}{\eta}\gamma$ である。

がって，投資の閾値 $\underline{k}$ が上昇する。このように，ある企業の投資が総所得増大を通じて他の企業の投資を促す効果は，**需要外部性**と呼ばれる。独占的企業は利潤最大化のために，供給を絞ることによって価格を競争均衡価格よりつり上げている。そのため本モデルのようにすべての企業が一定の価格支配力を持っている経済では，競争均衡よりも総生産と総雇用が少なくなる。このような独占的競争経済においては，投資スパイクのような一時的な財需要増加があると，企業間の競争が刺激されて需要外部性による乗数効果が起こり，雇用が一時的に増大する[6]。

　需要外部性は通常の外部性概念と若干異なる。経済学で外部性という場合，経済主体間の取引が第三者の効用に直接影響することを指す。例えば公害は負の外部性の典型であり，環境に負荷をかけるような財生産によってその財の生産と消費に関わらない第三者の効用を押し下げる。それに対し需要外部性はあくまで市場での取引を通じた効果として起こる。そのため**金銭的外部性**と呼ばれることもある。あるいは需要外部性とは，総所得変動を通じて起こるある市場から他の市場への間接効果のことなので，**一般均衡効果**の一種と考えてもよい。

■ **無行動領域上の定常資本分布**　　分析を続けよう。企業 i の投資パターンを図 4.6（上）に例示する。点線はこの企業の閾値 $\underline{k}_{i,t}$ を表し，総資本 K_t に依存する。実線はこの企業の資本水準 $k_{i,t}$ を表す。企業の資本水準が無行動領域にある間は，企業は投資せず，資本は定率で減耗する。資本が十分下がって閾値に触れると投資が起こり，資本がジャンプにより増大する。i 以外の企業が投資すると，総資本が増えて閾値が少し上昇するので，企業 i も投資するタイミングに近づくことになる。

　同じことを図 4.6（下）では，現在の資本水準と閾値との対数距離を λ で基準化した変数 $s_{i,t}$ で表した。資本の相対的位置を表す $s_{i,t}$ は 1 から 0 への移動を繰り返すので，長さ 1 の円周上を右回りに動くと見ることができる。他の企業が投資したり，自分に正の生産性ショックが起きると，$s_{i,t}$ は右回りにジャンプし，何も起きないときは一定の速さで右回りに移動する。これを円周上

---

6)　Blanchard and Kiyotaki (1987) が代表的である。

図4.6　$k_{i,t}$ と $s_{i,t} := \dfrac{\log k_{i,t} - \log \underline{k}_{i,t}}{\log \lambda}$

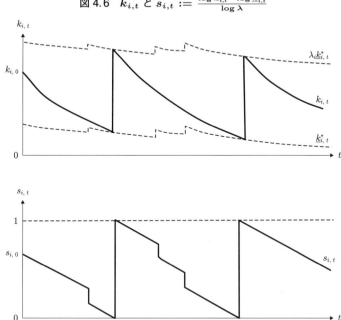

の確率過程と見ると，資本の相対的位置の定常分布は円周上の一様分布になる (Caballero and Engel, 1991)。つまり，十分遠い未来の $s_{i,t}$ は，円周上の任意の位置に等確率で存在するということだ。

■ **投資の架空プレイ過程**　ここで次のような思考実験を考える。n 個の企業それぞれの資本が独立な確率変数として定常分布に従っていたとする。1期間にそれら資本は自然減耗によって減少する。いくつかの企業は閾値を超えて資本が減少するので，投資をする。図4.6（上）で見たように，投資は総資本を増大させて他企業の閾値を上昇させ，現在の資本量と閾値との距離 s を縮める。このとき，資本量が十分閾値に近かった企業，すなわち s が0に近かった企業は，このインパクトによって閾値を超え，投資が起こる。この2番目の投資が1番目同様に総資本を増大させるので，他の企業の閾値が上昇する。資本量が閾値に十分近い企業がほかにもあれば，3番目の投資が起こる。このプロセスは閾値に近い企業の数だけ起こり，これ以上投資する企業がなくなっ

たところでその期の総投資量が確定する。このような，各プレイヤーが最適反応を逐次的に繰り返す動学を**架空プレイ** (fictitious play) と呼ぶ。

　この思考実験では前期の資本に確率が付されているので，今期に実現する総投資と総資本量も確率変数である。では実現する総資本は，定常値と比べてどれほどの確率的変動を示すだろうか。通常の分析では，このように構成された集計資本量の確率的変動は，n が十分大きければ十分小さくなると考えられていた。これが大数の法則に基づく直観であり，各企業の投資が独立確率変数であれば間違いなく正しい。しかし，ここで検討しているモデルでは企業の投資は戦略的補完の関係にあるので，互いに相関しており，大数の法則が成り立つとは限らない。戦略的補完性が集計資本の確率的変動をどの程度増大させるかを検討したい。そのため，本書第 II 部を通じて，各時点の均衡を計算するアルゴリズムとして架空プレイを大いに利用していく。

　総資本が K のとき，それに対応する最適な閾値 $\underline{k}$ に応じて企業が投資する結果，実現する総資本を K' と書き，**集計反応関数** $K' = \Gamma(K)$ を定義する。簡単のため生産性は企業間で一定とする。架空プレイの第 1 ステップとして，定常分布から引かれる n 個の資本の集計値の期待値を $\bar{K}$ とする。$\bar{K}$ を所与としたうえで企業が投資した結果実現する総資本を $K_1 = \Gamma(\bar{K})$ と計算する。K_1 と期待値 $\bar{K}$ が一致していればそこが均衡の実現値であり，プロセスは終了する。一致していなければ第 2 ステップに移り，K_1 のもとで企業が投資することにより実現する総資本を $K_2 = \Gamma(K_1)$ と計算する。このように架空プレイを継続し，プロセスが終了したところでその期に投資する企業と実現集計資本量が決まる。図 4.7 は架空プレイによって決まる総資本量 (K^{**}) を例示している。

■ **架空プレイと均衡選択**　　テクニカルな議論になるが，架空プレイ（あるいは模索過程；タトヌマン）と均衡は理論的に峻別すべき概念である。すべての企業の戦略が，他の企業の戦略を所与としたときの最適戦略になっている状態が（ナッシュ）均衡であるので，総資本の均衡条件はそれが集計反応関数 Γ の不動点になっていることである。図 4.7 でいえば，K^* や K^{**} がこの期の資本の均衡条件を満たしている。このように，本モデルでは均衡条件を満たす経路が複数ありえる。そのうちの 1 つを選択するルールとして，本章では $\bar{K}$ から

図 4.7　架空プレイ

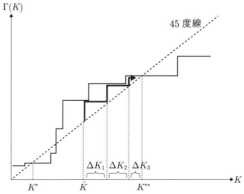

集計反応関数 $\Gamma(K)$ は，K が起きたと仮定したとき
の企業の反応を集計して得られる総資本を表す。Γ を
繰り返し適用して架空プレイの過程 $\Delta K_1 = \Gamma(\bar{K}) -$
$\bar{K}, \Delta K_2 = \Gamma(K_1) - K_1,\cdots$ を得る。

出発した架空プレイの収束点とする。図 4.7 であれば K^{**} である。

　このような均衡選択ルールを採用するメリットは 2 つある。1 つはこの架空
プレイが現実的であることだ。各企業がこの架空プレイ上の意思決定のために
必要とする情報は，集計資本と要素価格だけであり，他企業の資本ベクトルの
詳細を知る必要がない。経済モデルはときに簡単化のため完全情報を仮定する
が，しばしばこの仮定は強すぎる。各企業の資本がどれほど閾値に近接してい
るかを経済内のすべての企業について理解している経済主体は存在しない。こ
のような現実の情報不完全性に鑑みれば，各企業が直面する集計量（例えば需
要関数と価格）に反応するだけで到達できる市場均衡は，実際に実現する可能
性が高い (Cooper, 1994)。

　もう 1 つのメリットはこの架空プレイによって，次期の実現資本が初期ず
れ $\Gamma(\bar{K}) - \bar{K}$ の方向に探索した均衡のうちで最も $\bar{K}$ に近い点となることであ
る (Vives, 1990)。図 4.7 の集計反応関数 Γ を上下に延長していけば，定常点
から遠く離れたところにいくらでも不動点が存在しうることがわかる。その
中から，ある意味において最も定常点に近い均衡を選択することにより，さま
ざまにありうる複数均衡経路の振幅の下限を求めることができる。本章の目的
は，通常の RBC モデルに投資の非可分性を導入するだけで十分大きな景気変

動を再現できるということを示すことにある。そのため，モデルの均衡経路のうち最も振幅の小さいものに関心を集中するのは，このモデルにとって最も不利な均衡選択でも景気変動の相当部分を説明すると主張するための，論述上の戦略的設定である[7]。

■ **総資本変動の確率分布**　　企業がどれだけ追随投資するかは，企業の期初の資本が無行動領域の中でどのように分布していたかに依存する。したがって，架空プレイで決定される総投資は，期初の資本ベクトルに依存した確率変数になる。また架空プレイを調べてみると，その過程で一度投資することを決めた企業は，プレイ終了時まで投資するのが必ず合理的になるということがわかる。これは，閾値 $\underline{k}$ は総資本 K の増加関数であるため，$K_1 > \bar{K}$ であれば，第 1 ステップで投資した企業は第 2 ステップ以降でも必ず投資するし，$K_1 < \bar{K}$ であれば第 1 ステップで投資しなかった企業は第 2 ステップ以降でも必ず投資しないためである。この性質を使うと，架空プレイのステップごとに決まる投資企業数を，期初資本分布によって決まる確率過程と捉え直すことができる。するとある期の総投資は，この確率過程の最初から停止時点までの総和と考えることができる。

導出の詳細は補論に譲り，また架空プレイの確率分析については次章で再論することにして，このようにして計算された集計資本の確率分布を検討する。集計資本の定常値からの乖離率は，n の極限では，投資企業割合 M/n に固定投資率 λ を乗じたものと一致することが示せる。したがって投資企業数 M の確率分布がわかればよい。この分布は明示的に解けることがわかり，特に M の確率分布 $\Pr(|M| = m)$ の右裾部分（m の大きい領域）が

$$e^{-\tilde{\theta}m} m^{-1.5} \tag{4.2}$$

に比例することが示せる。ここで $\tilde{\theta} := \theta - 1 - \log\theta$ であり，$\theta < 1$ のとき

---

7)　図 4.7 では，最小振動をもたらす均衡点は K^{**} ではなく K^* である。このように，均衡振動の真の下限を求めるためには，初期ずれの逆側への架空プレイも行って小さい方を選ぶ必要がある。このようにして求めた最小振動も冪乗則に従うのだが，分析が煩雑であるため本書では割愛する。また，均衡選択ルールを架空プレイに依存させるのではなく，定常点に最も近い均衡を選択するとしたうえで，その均衡点を計算する手続きとして架空プレイを位置づける方が，直観は犠牲になるが論述として素直である。実際，原論文（Nirei, 2015）ではそのようにした。

図 4.8　指数関数的に切断された冪分布

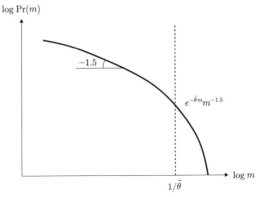

$\tilde{\theta} = \theta - 1 - \log\theta$ は θ が 1 に近づくとき 0 に近づくの
で，分布は切断のない冪分布に近づく。

$\tilde{\theta}$ は θ について単調減少である。θ は式 (4.1) において戦略的補完性の強さを
示すパラメータだった。集計反応関数 $\Gamma(K)$ の大域的な傾きを決定するのが θ
なので，θ が 1 に向かって大きくなるほど，他企業の投資が自分の投資閾値を
高める度合いが大きい。

　投資企業数の裾分布のこの関数型 (4.2) に意味がある。関数の形状を図 4.8
に示した。最初の部分 $e^{-\tilde{\theta}m}$ は，確率が m に対して指数関数的に減衰するこ
とを示し，次の部分 $m^{-1.5}$ は冪関数的に減衰することを示す。指数関数は冪
関数よりも減衰が速い。したがって m の最も大きい部分では指数関数的減衰
が確率分布を支配する。指数関数は減衰が速いため，すべてのモーメントが有
限となる。したがって，投資企業数を全企業数で割った値 M/n の分散は，n
に反比例して急速にゼロに近づく。この場合，ミクロレベルの補完性によって
もたらされた総投資の事前期待値からの揺らぎは，n が十分大きければ無視で
きるほど小さい。

■ **総資本変動における大数の法則の破れ**　ここで，指数的減衰が支配的とな
る m の領域を決定する $\tilde{\theta}$ に注目する。$\tilde{\theta}$ は戦略的補完性 θ に依存するパラメ
ータで，θ が 1 に近づくとき $\tilde{\theta}$ が 0 に近づくことがわかる。つまり θ が 1 に近
づくと，指数関数的切断点 $1/\tilde{\theta}$ は遠ざかっていく。$\theta = 1$ になると $\tilde{\theta} = 0$ とな

って指数部分は消え，裾分布の関数型は $m^{-1.5}$ になる。これは冪乗則を意味する。冪乗則のもとで，モーメントの有限性は保証されない。つまりマクロレベルの確率的振動が起こる可能性が生じることになる。

　実際に $\theta = 1$ の場合のマクロ振動を吟味してみよう。M の大きさは架空プレイの初期値（図 4.7 の $\Gamma(\bar{K}) - \bar{K}$）にも依存する。つまり，自然減耗の直接の影響によって投資した企業数の，期初に期待された値からのずれである。これを m_1 と書くと，$m_1/\sqrt{n}$ は n が大きくなるにつれて正規分布に漸近することが中心極限定理から示せる。M の条件付き確率分布は，裾部分で $\Pr(M = m \mid m_1) \sim (m_1/\sqrt{2\pi})m^{-1.5}$ となる。つまり，初期のずれ $(m_1/\sqrt{2\pi})$1 個が引き起こす総投資が冪乗則 $m^{-1.5}$ に従っている。初期のずれ 1 個当たりの投資企業数の全企業数に対する割合の（条件付き）2 次モーメントは，近似的に $\int^n (m/n)^2 m^{-1.5} dm = 1/(1.5\sqrt{n})$。一方，初期ずれの絶対値 $|m_1|$ の平均値は $\sqrt{n}$ に比例する。この両者で $\sqrt{n}$ が相殺するので，M/N の（条件なし）2 次モーメントは非零の正値に収束する。つまり，投資スパイクを起こす企業の割合の分散は，企業数 n が無限大のときでも非零であり，マクロ的振動を引き起こすことがわかった。

■ 飛び石状の均衡　図 4.9 を使って通常の均衡における資本調節と対比する。右図では通常の 2 期間モデルを考え，家計は今期と来期の消費量 $(\bar{C}_0, \bar{C}_1)$ を選択する。来期の消費を調節するため今期所得のいくぶんかを貯蓄に回し，資本市場において貯蓄は投資 $\bar{X}$ に変換されて来期資本の一部となる。生産技術が収穫一定の場合は今期財と来期財の変形曲線は右図のように直線になり，その傾きが資本リターン R となる。収穫一定と代替弾力性一定のもとで，個別独占企業の最適生産水準は総生産水準に比例するため，供給側総体としては均衡生産水準を決定することができない。しかし家計は望ましい貯蓄額 $\bar{X}$ を決定できる。そのため家計の無差別曲線が変形曲線に接する点で均衡が決定される。ここに個別企業の生産性ショックを加えても，大数の法則によりマクロレベルの平均生産性への影響は微小であり，変形曲線のシフトはわずかで，均衡点は滑らかに微小にシフトする。この枠組みでは個別企業の生産性ショックはマクロ変動に転化しえない。

　左図は本章で展開したモデルを示している。各企業の資本調節には非可分性

図 4.9　飛び石状の均衡候補（左）と均衡消費経路の候補（右）

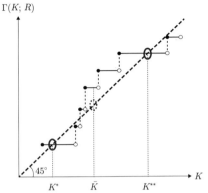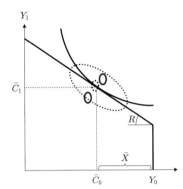

左：離散的資本調節の補完性が形成する，飛び石状の均衡候補 (K^*, K^{**})。$\bar{K}$ は連続的資本調節によって実現する点。右：2 期間モデルにおける連続的調節で実現する均衡消費経路（破線の小さい丸）と，離散的資本調節のもとで実現する均衡消費経路の候補（太線の丸）。

があるため，総資本水準に対する集計反応関数は階段状 $\Gamma(K; R)$ になる。階段の各段は一企業による投資を表す。ここで株主が要求する資本リターン R を含む生産要素価格が企業にとって所与である。もしも非可分性がなく（かつ $\theta = 1$ だったら），集計反応関数は 45 度線に一致し，いかなる水準の K も企業の最適投資計画を満たす。これは，非可分性がない場合には，収穫一定技術を持つ供給側はそれだけでは均衡生産水準を決定できないという事実に対応している。その場合，家計の貯蓄行動が右図で $\bar{X}$ を決定し，それが左図の $\bar{K}$ を決定して生産水準を決定する。しかし，投資に非可分性がある場合は，企業の最適行動が相互に整合的になる均衡の候補点が，左図の丸印で示したように飛び石状に存在する。グラフでは見やすさのために集計反応関数 Γ を大きな階段に描いているが，実際の段は $1/n$ のスケールである。n が大きくなると段は微小になる。しかし均衡候補集合が飛び石状になることは，n を限りなく大きくしても保たれる。この候補集合の中から架空プレイによって均衡が選択される。

　選択された均衡点 K^{**} は，定常資本量から初期ずれの方向に探索したときに最も近い均衡点である。上の分析が示したのは，振幅が最小になるように選ばれた均衡点ですら，定常資本量からは十分離れているということである。別

の言い方をすれば，飛び石状の均衡候補は確率的に離れていて，ときに近くときに遠く，その距離が冪乗則に従う。補完的な投資行動が時折遠い均衡候補点まで漂流するために，この均衡はマクロ的に意味のある振動を生むことになる。均衡での総投資が定常投資量 $\bar{X}$ から予期せずずれるために，消費や雇用といった他のマクロ変数もずれることになり，均衡の消費経路は右図の丸印のように変動することになる。

　RBCで示したような，家計の動学最適化行動による消費の平準化がまったく作用しないわけではない。次節に示すように，家計の最適化行動と収穫一定技術から，企業に要求されるリターン R には制約がかかり，それがマクロ均衡を効率的資源配分点 $(\bar{C}_0, \bar{C}_1)$ の近傍に近づける。しかし実現する均衡消費経路 (C_0, C_1) は実現した投資に左右される。企業の投資行動が家計の貯蓄行動に従属していないために，家計の予算制約線が体現する消費と貯蓄のトレードオフは，景気循環における消費と投資の共変関係を必ずしも規定しない。それによって，全要素生産性の変動なしにはRBCでは再現が難しい，消費と投資の共変動が，ここでは起きることになる。

■ **投資行動の完全な補完性と収穫一定技術**　　戦略的補完性がマクロ的に意味のある規模の振動を生むかどうかは，補完性の強さ θ によって決まり，冪乗則を生み出すのは $\theta = 1$ の場合であることを見た。補完性が θ で表されることは，最適閾値 $\underline{k} = bK^{\theta}$ （式 (4.1)）からわかる。この式は，集計資本量が1%増えたときに閾値が θ% 上がることを意味している。$\theta = 1$ のとき，集計資本量と個別企業の望ましい資本量が1対1に対応する。個別企業が周りの平均的な動向に完全に追随する行動をとっているという意味で，$\theta = 1$ のことを**完全に補完的**な状況と呼ぶことにする。補論で示すように，本章のモデルで $\theta = 1$ は生産関数が収穫一定のときに必ず成り立つ。マクロ経済学の景気循環論では生産関数の収穫一定性を仮定することが一般的なので，本章で導出した冪乗則は，一般的なマクロ経済モデルに，企業投資の非可分性という小さな変更を加えただけで見出されることになるといえる。

　一般に，生産技術の規模の経済性はどのような要因によって決まるのだろうか。例えば農業国を考えれば，収穫一定性が成立すると一概にはいえそうにない。土地当たりの収穫は土地の品質に依存し，市場経済では最も生産性の高い

土地から利用され始め，より多くの生産量を確保するために，徐々に生産性の低い土地まで耕されることになるだろう。すると国全体で見た生産関数は，生産量が小さいときには生産性が高く，生産量が大きくなるに従って生産性が低くなるため，規模に対する収穫逓減を示すことになる。それでは近代以降の経済でマクロ生産関数がおおむね収穫一定となる理由は何だろうか。1 つの考え方は，工業をはじめとする近代の主要産業では，生産技術が**複製可能**であるということだ。例えば工場で製品を作る製造業を考える。工場も製造過程も規準化されているので，どの地域にも立地することができ，同等のコストで生産することができる。つまり製造プロセスの青写真さえあればいくつもの工場を建てることができ，生産がスケーラブルである。2 倍の産出が必要なときには 2 倍の資本と労働力を投入すればよい。となれば，その生産技術は収穫一定である。

　さらに深めてみると，1 つの青写真をもとにした収穫一定生産技術とは，同時に非可分性も持つかもしれない。1 ロットの産出のためには 1 つの工場，1 つのレーンが必要で，半分建てた設備では役に立たない。もちろん現実の製造業では，工場の稼働率を調整することによって生産調整が行われている。しかし，そのようなミクロレベルでの生産調整が収穫一定である保証はない。普通に考えれば，1 つの工場内での生産は収穫逓減であり，単一の最適生産点を持つだろう。大幅な生産調整のためには，現実には大規模な資本の調節が必要となることは，104 頁の図 4.5 の投資・資本比率統計が示すところだ。複製可能な生産技術における非可分な生産調整は，工業化経済のマクロ生産関数が大域的に収穫一定性を示す 1 つの理由だと考えることができる。さらに，非分可性の大きさ λ が，景気循環の周期性を決定する。個別企業の周期的な資本調整の同期がマクロ変動の原因だからだ。λ が 20%，減耗率 δ を 8% とすると，その周期性は $\lambda/\delta = 2.5$ 年となる。

4.3　投資の自律的振動を原因とする景気変動

■ **モデルの一般均衡の性質**　　ここまで，要素価格体系所与のもとで企業間の投資行動が均衡総投資の振動をもたらすことを示した。最後に，この分析を一般均衡モデルに埋め込み，要素価格やマクロ変数の均衡動学を導出する。

表 4.1　カリブレートされた外生パラメータ値および，労働分配率 (wL/Y) と消費 GDP 比率 (C/Y) の定常均衡値

α	δ	σ	β	η	ψ	ζ	$\mathrm{E}[\lambda_i]$	$\mathrm{Std}(\log z_{i,t})$	n	$\bar{w}\bar{L}/\bar{Y}$	$\bar{C}/\bar{Y}$
0.26	0.02	1.5	0.99	11	1	2	1.028	0.05%	110000	0.67	0.84

RBC モデルとの相違点として，独占的競争と投資の非可分性を導入したが，もう一点，企業は自財の価格付けを 1 期前に行い，その価格のもとでの需要を満たすことにコミットすると仮定する。つまり企業は今期の投資と来期の資本量を決定するのと同時に来期の生産物の価格を決定する。この仮定は NK モデルで見たような価格硬直性の一種である。価格が調節できないため，財需要（例えば本章における投資需要）にショックが起きたときには労働投入量が大きく調整されることになる。正の財需要ショックにより労働需要曲線は右にシフトし，労働所得が増え，消費需要が増える。これが景気循環における消費と投資の共変動を生み出す 1 つの経路になる。

　あとは RBC の分析と同様に，家計の最適化行動とすべての市場の均衡条件を導出する。総投資 X_t は架空プレイによって決定される変数である。期待された総投資 $E_{t-1}[X_t]$ と実現した総投資との対数差を ϵ_t と書くと

$$X_t = E_{t-1}[X_t]e^{\epsilon_t}$$

である。つまり架空プレイによって得られる総投資ショックが ϵ_t で表されている。

　外生パラメータは表 4.1 のようにカリブレートする。このパラメータ値のもとで，動学体系は鞍点経路を持つことを示せる。この鞍点経路が均衡経路であり，家計と企業の将来期待を決定し，総投資の期待値 $E_{t-1}[X_t]$ をも決定することになる。補論で導出するように，モデルのマクロ変数 $(Y_t, C_t, L_t, K_t, X_t, w_t, R_t)$ の期待均衡動学は次の 7 本の方程式で決定される。

$$1 = R_t\beta\frac{U_{C_t}}{U_{C_{t-1}}} \tag{4.3}$$

$$w_t = -\frac{U_{L_t}}{U_{C_t}} \tag{4.4}$$

表 4.2　均衡経路のシミュレーションによる景気循環変数の標準偏差と相関係数

| | 標準偏差 (%) | | | | | $\tilde{Y}$ との相関係数 | | | |
	$\tilde{Y}$	$\tilde{C}$	$\tilde{X}$	$\tilde{L}$	$\tilde{K}$	$\tilde{C}$	$\tilde{X}$	$\tilde{L}$	$\tilde{K}$
ベンチマーク	2.28	0.86	6.60	3.06	0.26	0.822	0.979	0.795	-0.018
（標準誤差）	(0.09)	(0.03)	(0.28)	(0.11)	(0.01)	(0.007)	(0.001)	(0.006)	(0.009)
$E[\lambda_i] = 1.056$	4.67	1.69	13.52	5.99	0.55	0.840	0.980	0.813	-0.004
$n = 350000$	2.23	0.85	6.44	3.02	0.26	0.820	0.979	0.793	-0.020
$\sigma = 3$	3.49	2.80	6.45	5.21	0.26	0.930	0.905	0.925	-0.155

$$\Lambda^{1-\rho} = \frac{(1 - c_L)E_t[Y_{t+1}R_{t+1}^{-1}]^{\frac{1}{\alpha}}}{E_t[1 - (1 - \delta)R_{t+1}^{-1}]E_t[(w_{t+1}/c_L)Y_{t+1}^{\frac{1}{1-\alpha}}R_{t+1}^{-1}]^{\frac{1-\alpha}{\alpha}}} \tag{4.5}$$

$$Y_t = K_t^\alpha L_t^{1-\alpha} \tag{4.6}$$

$$Y_t = C_t + X_t \tag{4.7}$$

$$X_t = \rho\Lambda^{1-\rho}(K_{t+1} - (1 - \delta)K_t) \tag{4.8}$$

$$K_{t+1} = \left(\frac{E_t[(w_{t+1}/c_L)Y_{t+1}^{1/(1-\alpha)}R_{t+1}^{-1}]}{E_t[Y_{t+1}R_{t+1}^{-1}]}\right)^{\frac{1-\alpha}{\alpha}} \tag{4.9}$$

ここで Λ は補論で導出する定数である。

　マクロ変数の期待均衡条件式を定常状態周りで対数線形近似して解くと期待要素価格と $E_{t-1}[X_t]$ が求められる。そのうえで企業資本ベクトル $(k_{i,t})$ が与えられれば，架空プレイを用いて投資ショック ϵ_t が計算できる。このようにして逐次的に企業資本ベクトルとマクロ変数の時系列を数値計算した。マクロ変数それぞれの時系列の標準偏差を表 4.2 にまとめる。表からは，消費と投資が GDP と共変することと，消費の振幅が GDP より小さく，投資の振幅はGDP の振幅より大きいことが読みとれる。

　表 4.2 は，本章の投資振動モデルが景気循環の基本的な共変動を再現できることを示している。上の動学と RBC 均衡動学は形式的によく似ているのだが，振動の経済学的内実は大きく異なっている。まず，景気循環の根源的ショックは，RBC では全要素生産性ショックだが，本モデルでは投資需要ショック ϵ_t である。ショックの波及経路も異なる。RBC では消費平準化行動と労働供給の異時点間代替によって，正の生産性ショックが起きたときに生産が拡大

し，消費と投資が同時に増大した。本モデルでは，価格硬直性があるため，正の投資需要ショックに対して企業は労働需要を増やし，それが賃金増と労働所得増，消費需要増をもたらして消費と投資の順循環を成した。ただし本モデルの限界として，GDP や他の変数の強い自己相関は出てこないことが挙げられる。この点では，生産性ショックの強い自己相関を仮定しなければ GDP の自己相関を再現できない RBC と同じ弱点を持っている。

■ **投資企業数の確率的変動：実証**　　最後にもう１つの実証的検証を紹介する。Guiso et al. (2017) では企業レベルデータを用いて投資スパイクの意思決定を推定し，地域内の投資スパイクの同調を分析した。まず，イタリアの 20地域，23 産業，15 年にわたる，およそ３万社の製造業企業の年次パネルデータから図 4.5 のように投資率（投資・資本比率）を計算し，先行研究にならって 20% 以上の投資率を投資スパイクと定義した。次に，投資企業数の全企業に対する割合を地域・年ごとに計算し，地域と年の固定効果を差し引いて変数 $\tilde{X}$ を作成した。その変動分布が図 4.10（左）である。同じ標準偏差を持つ正規分布（点線）と比べると，尖度が高く裾が重いことがわかる。右図では同じ分布を片対数プロットにしている。指数関数的減衰を意味する直線によって大まかにフィットすることが確認できる。前節のモデルでも図 4.8 で示したように，同時に投資スパイクする企業の分布は，冪関数が裾領域で指数関数的に切断されるので，テイル（裾）部分において整合する。

　次に，同じデータセットを用いて企業投資の離散的意思決定をプロビット・モデルで誘導形推定した。当該企業の地域・産業に対する要素需要が，他の地域・産業の投資によって増加した分を，産業連関表と地域・産業別投資比率を掛け合わせたもので推計して，地域・産業別需要ショック変数を構成し，過去の資本などの制御変数とともに説明変数として回帰した。その結果，産業連関表における川下産業からの需要ショックが，当該企業の投資確率を有意に高めることが確かめられた。さらにその推定値を理論モデルのカリブレーションに用いて，投資する企業比率の分布を求めたものが右図の実線である。理論的な予測は，実際の分布によく適合していることが見てとれる。このことは，4.2〜4.3 節で分析してきたモデルが，企業投資の同調行動を実証的にも説明する候補であることを示している。

図4.10　投資企業比率の分布（左）と投資企業比率の分布の片対数プロットとモデルの予測（右）

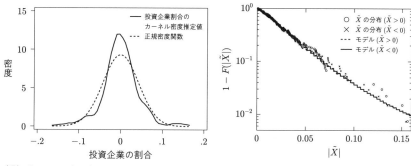

出所：Guiso et al. (2017)

4.4　景気変動の諸理論

　本書で用いることはないが，**複数均衡**は経済変動をしばしばよく説明する強力な概念である。各プレイヤーの行動が戦略的補完の関係にあるとき，均衡としての同調行動を表現できるが，同調力が十分強い場合には，まったく異なる複数の状態が同時に均衡となる可能性がある。身近な例がエスカレーターで立つ位置だ。皆が左に立っていて右側を急ぐ人用に空けているときは，自分も左側に立って，急ぐ人とぶつからないようにする。皆が右側に立っていれば自分もそれにならう。このようにして，全員が右に並ぶ大阪も，左に並ぶ東京も，均衡として成立する。

　本章で扱う独占的競争モデルでも，需要外部性の効果が十分大きいときは複数均衡が生じうる (Kiyotaki, 1988)。つまり，総需要が高く多くの企業が投資し続ける高位均衡と，総需要が低くわずかの企業しか投資しない低位均衡が共存しうる。よく「投資が投資を呼ぶ」などといい，同調的投資の好循環を召喚して低迷均衡から脱出するといった俗流説法があるが，複数均衡と需要外部性の学説を煎じ詰めすぎた万能漢方に似る。複数均衡の概念はきわめて重要だが，その直接的な応用で景気変動を説明できると考える研究者は少ない。

　図4.11の左上の2つの安定不動点が複数均衡の典型例である。この例では，高位均衡と低位均衡の2つの安定的な定常均衡があることになる。しか

図 4.11　複数均衡モデル

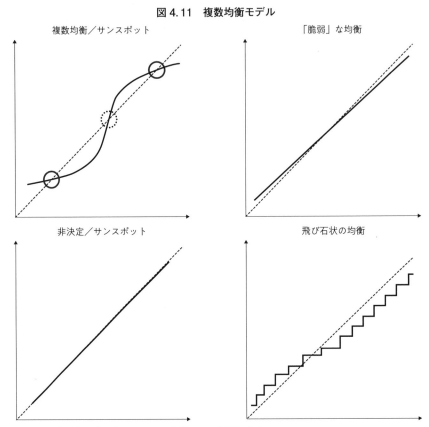

複数均衡／サンスポット 　　　　　　　「脆弱」な均衡

非決定／サンスポット 　　　　　　　　飛び石状の均衡

実線は集計反応関数 $K' = \Gamma(K)$，点線は 45 度線を表す。

し現実のマクロ時系列からは，局所的に安定となるような定常点を複数観察することは難しい。もう 1 つの弱点は，複数均衡のような強い同調性を生み出すためには強い非線形性がマクロ経済に備わっている必要があることである。図 4.11 でいえば，中央の不動点は不安定であり，その近傍の反応関数が強く非線形に歪むことで複数均衡が生じる。しかし，ミクロレベルでの非線形性は多くあっても，マクロレベルでの強い非線形性，例えばマクロ生産関数のレベルでの収穫逓増性や強い価格支配力を立証することは難しい。あるとすれば 6.3 節に示すような金融や貨幣的現象においてマクロ的に強い非線形性を考えることができるが，金融不安を伴わない通常の景気循環には適用しにくい。

　マクロ経済学で変動の原因として複数均衡が実証的に取り上げられるのは，遠く離れた 2 状態が安定的な均衡になるケースよりも，均衡点が連続的・領域的に存在するような，非決定性のケースである場合が多い。1 つの例は NK モデルで見た非決定均衡経路だ。例えば，テイラー・ルールに基づく金融政策がテイラー原則を満たさない場合，定常均衡が鞍点の性質を持たず，全方位から収束する安定点になる。この場合，将来価格経路を合理的に期待する企業・家計は，合理的に生じうる価格経路が複数，いや連続的に無限個存在するために，現在消費点を一意に決定することができない。ある点が均衡として実現するだろうと経済主体が予想することが原因となって，実際にその点が実現してしまう，という**予想の自己実現**が起こる。将来価格経路についての純粋な思惑によって消費水準が変動し，経済の安定は損なわれてしまう。

　NK モデルの非決定性は主に均衡経路の多数性を問題にする。しかし定常均衡の非決定性を考えることもできる。この点を示すために，本章のモデルを応用して投資の非可分性がない場合を考える。すると企業の最適資本は非可分性をなくした $\lambda \to 1$ のときの $\underline{k}$ そのものになる。さらに，収穫逓減性が弱く，θ が 1 に近い場合を考える。すると図 4.11 右上のように，集計反応関数は定常均衡の周りで 45 度線に近くなる。このような反応関数にマクロショックを加えると，それが小さなショックでも定常均衡が大きく変化することがわかる。このような事態は Blanchard and Summers (1988) が脆弱な (fragile) 均衡と呼んだものだ。さらに，生産関数が収穫一定になると，$\theta = 1$ になることが示せ，均衡賃金は $b = 1$ を満たすように決定される。このとき企業の資本需要は $\underline{k} = K$，つまりマクロ資本量との鏡合わせになり，集計反応関数は図 4.11 左下のように 45 度線と重なってしまう。収穫一定経済で要素価格所与のもとでは生産者側の生産点は非決定になるというのはこのことであり，その場合の総産出水準は，家計がどの程度財を欲するかという需要要因から決まる。需要側にも何らかの仮定を加えれば，定常一般均衡が複数連続的に存在するようなモデルを考えることは難しくない。

　非決定モデルで景気変動を説明するには，均衡になりうる領域の中で実現する経路を選び，それが実際の景気変動と合致することを示すことになる。選ばれる均衡点は，何らかの理由で多数の経済主体が実現するだろうと予想するような点である必要がある。そのような意味で経済主体間の**情報的協調**が，異な

る複数均衡を遷移するために必要である。例えば図4.11左上のように複数均衡が存在する状況で，テレビニュースがリセッションという言葉を使い始めると実際に低位均衡が実現し，経済の好転を伝え始めると高位均衡が実現する，といったことを情報的協調と呼んでいる。ここで重要なのはニュースが真実を伝えていることではなく，個人がニュースを信じていることですらない。ニュースがきっかけになって多数の人が行動を変えるだろうと予測したとき，その個人にとっても同様に行動を変えるのが合理的になるところがポイントだ。

このような情報的協調によって非決定均衡内で遷移する実現均衡経路のことを**サンスポット均衡**と呼ぶのが習わしだ。これは19世紀の経済学者ジェヴォンズが景気変動の原因として太陽黒点説を唱えたことに由来する。黒点数が太陽のエネルギー活動の強弱を示すので，その定期的な変動が農業の収穫に影響して工業に波及するとしたジェヴォンズの説は，実証的に支持されることがなかった。しかし，太陽黒点が経済の基礎的条件（技術・選好・資源）にまったく無関係な現象だったとしても，マクロ経済に均衡の非決定性がある場合には，黒点が結果的に景気変動の原因となる理論的可能性がある。それは，もしも太陽黒点説を多数が信じたならば，黒点数が情報的協調のキューとなって複数均衡間の遷移が起こることにより，予想された景気循環が自己実現しうるためである。

サンスポット均衡を直接応用したモデルによる景気変動パターンの説明は，背景となる非線形性の強さが非現実的であるなどの理由でいったんは棄却された (Schmitt-Grohé, 1997)。しかし非決定性とサンスポットはさまざまに変奏されて現在でも研究の進められているテーマである。例えば第2章コラム（62頁）に示した，NKモデルに名目金利のゼロ下限を導入したモデル (Benhabib et al., 2001) では，ゼロ金利での低インフレ均衡がもう1つの定常均衡点となって均衡経路を非決定にする性質が注目されている。また，経済ニュースが人々の予想を同調させるメカニズムも研究が多い (Beaudry and Portier, 2006; Nimark, 2014)。

本章のモデルは複数均衡を生み出しうるので，サンスポット均衡を実装することも容易だ。しかし本章では，情報的協調が存在しない場合ですら，十分大きな変動が均衡経路上でもたらされることを主張した。マクロショックや情報的協調がいっさいない状況でも一定のマクロ変動が避けられないことを，本

書は示そうとしている。グラニュラー仮説は確かに一定程度のマクロ変動を説明するだろう。しかしそもそもグラニュラー・ショックとは，経済全体に影響を及ぼしうるほど巨大な企業に降ったショックのことなので，マクロショックの一種というのとさして変わらない。同様にサンスポットも，多くの経済主体の情報的協調を生み出すようなショックを前提している時点で，マクロショックの一種である。これらの仮説は，景気変動の根源として，マクロ生産性や金融政策ではない他の種類のマクロショックを求めている。その試みが成功すれば，景気変動は観察可能な外生的マクロショックに還元されることになる。本章が提起するのは，探索の範囲をどのように広げてもマクロショックに還元することのできないマクロ経済変動がありえ，そのようにショック識別不能なマクロ変動が経済モデルのごく自然な設定のもとで説明できるという理論的・実証的可能性なのである。

4.5　数学補論

本節では 4.2〜4.3 節で略説したモデルを具体的に定式化して均衡を導出する。

■ モデルの定式化　家計は余暇と合成消費財から効用を享受する。合成消費財は n 種類の財から $Y_t = \left(\sum_{i=1}^n y_{i,t}^{(\eta-1)/\eta}/n\right)^{\eta/(\eta-1)}$ のように CES 型関数によって構成され，η が各財 $i = 1, 2, \ldots, n$ の代替弾力性を表す。家計の費用最小化行動から，各財の需要関数は $y_{i,t} = (p_{i,t}/P_t)^{-\eta} Y_t$ と書ける。ここで $P_t := \left(\sum_{i=1}^n p_{i,t}^{1-\eta}/n\right)^{1/(1-\eta)}$ は合成財 Y_t の 1 単位分の費用に等しい。このモデルに貨幣はないから均衡は相対価格だけで決まる。そこで合成財をニュメレールとして $P_t = 1$ と設定し，$p_{i,t}$ を財 i の合成財に対する相対価格とする。

各財 i はそれぞれ独占的企業によって生産される。独占的企業 i は自財の価格 $p_{i,t}$ を自由に設定するほか，生産に必要な企業特殊資本 $k_{i,t}$ を所有する。労働投入を $l_{i,t}$，全要素生産性を $z_{i,t}$ とし，企業 i の持つ生産関数を $y_{i,t} = z_{i,t} k_{i,t}^\alpha l_{i,t}^\gamma$ のように収穫非逓増 $(\alpha + \gamma \leq 1)$ のコブ＝ダグラス型とする。

実質賃金を w_t と書くと，労働費用の最小化条件から労働需要関数は $l_{i,t} = \frac{(\eta-1)\gamma}{\eta w_t} p_{i,t} y_{i,t}$。これを生産関数に代入して企業間で集計すると $Y_t = (c_L/w_t)^{\frac{\gamma}{1-\gamma}} K_t^{\frac{\alpha}{1-\gamma}}$ となる。ただし $c_L := \frac{\eta-1}{\eta}\gamma$ は労働分配率を表す定数で，集計資本を $K_t := \left(\sum_{i=1}^n z_{i,t}^{\frac{\varrho}{\alpha}} k_{it}^\rho/n\right)^{1/\rho}$，$\rho := \frac{\eta-1}{\eta}\frac{\alpha}{1-c_L}$ と定義している。K は個

別資本 k を CES 型関数で集計したものになっており，その代替弾力性は $\frac{1}{1-\rho} = \frac{1-\gamma(\eta-1)/\eta}{1-(\alpha+\gamma)(\eta-1)/\eta}$ である。

　企業は究極的にはすべて家計に所有されており，家計の指定する割引要素を用いて計算した企業価値を最大化するとする。t 期の家計が $t+\tau$ 期の配当に適用する割引要素 $Q_{t,t+\tau}$ は，第 6 章で詳述するように，各期の確率的割引要素を $R_t^{-1} := \beta \frac{U_C(C_t)}{U_C(C_{t-1})}$ として $Q_{t,t+\tau} = \Pi_{s=t+1}^{t+\tau} R_s^{-1}$ となる。企業の投資額を $x_{i,t} = k_{i,t+1} - (1-\delta)k_{i,t}$ と書くと，企業の支払う配当は $d_{i,t} = (1-c_L)p_{i,t}y_{i,t} - x_{i,t}$ であり，t 期の企業価値は $E_t[\sum_{\tau=0}^{\infty} Q_{t,t+\tau}d_{i,t+\tau}]$ と書ける。

■ **投資の戦略的補完性**　収益 $p_{i,t}y_{i,t}$ に財 i の需要関数と企業 i の労働需要関数を代入すれば，企業価値は資本流列 $(k_{i,t})$ の関数として書ける。これを用いて，企業価値のうち $k_{i,t+1}$ を含む項を抜き出した次式を関数 $\pi(k_{i,t+1})$ とする。

$$R_{t+1}^{-1}\left[(1-c_L)\left(\frac{c_L}{w_{t+1}}\right)^{\frac{\gamma}{1-\gamma}} K_{t+1}^{\frac{\alpha/\eta}{(1-\gamma)(1-c_L)}} z_{i,t+1}^{\frac{\rho}{\alpha}} k_{i,t+1}^{\rho} + (1-\delta)k_{i,t+1}\right] - k_{i,t+1}$$

この関数を用いて $\pi(\underline{k}_{i,t+1}) = \pi(\lambda_i \underline{k}_{i,t+1})$ を満たす閾値を求めると，本文中の式 (4.1) に示したように $\underline{k}_{i,t+1} = b_{i,t+1}K_{t+1}^{\theta}$ となることがわかる[8]。こうして最適閾値がマクロ資本量の関数として求められる。

　閾値 $\underline{k}$ のマクロ資本量 K に対する感応度は

$$\theta = \frac{\alpha}{1-\gamma}\frac{1/\eta}{1-(\alpha+\gamma)(\eta-1)/\eta}$$

である。必ず $\theta > 0$ であることから，企業投資は相互に戦略的補完関係にある。また，規模に関する収穫性 $\alpha+\gamma$ が逓減から一定へと上昇するに従って θ も上がり，収穫一定 $\alpha+\gamma=1$ のときに $\theta=1$ となる。$\theta=1$ のとき最適閾値はマクロ資本量と比例するように設定され，補完性が最も強まることがわかる。規模に関する収穫 $\alpha+\gamma$ と補完性 θ の関係は次のように解釈できる。代替弾力性 η に規定される価格支配力を持つ企業は，マークアップ $\eta/(\eta-1)$ を製造原価に掛けて価格設定する。逆に見れば製造原価率は $(\eta-1)/\eta$ であり，利潤率が $1/\eta$ である。上式の θ の分子に現れる $1/\eta$ はこれを表している。同様に分母に現れる $1-(\alpha+\gamma)(\eta-1)/\eta$ は，価格支配力による利潤率に収穫逓減からくるレントを加えたものである。収穫逓減から収穫一定に近づけば両者も近づく。収穫一定技術のもとでは生産量を増やしても限界費用が増大しないので，企業は需要の変動に対してより感応的に反応す

---

8)　ただし $b_{i,t+1} := \left[\frac{\lambda_i^{\rho}-1}{\lambda_i-1}z_{i,t+1}^{\rho/\alpha}\frac{1-c_L}{R_{t+1}-1+\delta}\left(\frac{c_L}{w_{t+1}}\right)^{\gamma/(1-\gamma)}\right]^{1/(1-\rho)}$。

るということだ。

企業の資本 $k_{i,t}$ は減耗により毎期減少し，いずれ閾値 $\underline{k}_{i,t}$ まで下がると投資が起きて，以後それを繰り返す。閾値までの距離を投資サイズで正規化して $s_{i,t} :=$ $\frac{\log k_{i,t} - \log \underline{k}_{i,t}}{\log \lambda_i}$ と書くと，$s_{i,t}$ は 1 の長さの円周上を回転する。この動学の定常状態で $s_{i,t}$ は円周上に一様分布することが示せる（原論文参照）ので，以降は $s_{i,t}$ が一様分布に従っている状態を考える。$s_{i,t}$ が円周上で一様に分布しているのなら，マクロ価格変動が起きても独立同一のミクロショック $z_{i,t}$ が起きても，分布は円周上を回転するだけで一様分布は変化しない。このことは分析の助けになる。

■ **収穫一定のもとでの期待形成**　収穫一定のケース $\alpha + \gamma = 1$ に集中する。このとき，戦略的補完性を表す θ は他のパラメータの値に関わらず 1 に等しくなる。さらに，企業は自製品の価格 $p_{i,t+1}$ を 1 期前 t に設定するという新しい仮定を設ける。この仮定は企業の戦略的補完関係などモデルの主要な部分には影響しないが，価格硬直性をもたらしてマクロ均衡動学を大きく変える。特に後に見るように，投資と消費が共変動するようになるため，景気循環を表現できるようになる。それが価格硬直性を導入する理由である。さらに単純化のため生産性ショック $z_{i,t+1}$ は t 期に既知とする。

導出は後に回して企業の最適化問題を解くと，投資閾値は $\underline{k}_{i,t+1} = \left(\frac{\lambda_i^\rho - 1}{\lambda_i - 1} z_{i,t+1}^\rho \right)^{1/(1-\rho)} \Lambda_t K_{t+1}$ と書ける。ここで Λ_t は $(\lambda_j, z_{j,t}, s_{j,t})_{j=1}^n$ からなる集計変数である。閾値からの距離 $s_{i,t}$ が定常的に一様分布している状況では，n が大きいとき Λ_t は大数の法則によりすばやく期待値に収束するため，Λ_t はほとんど変動しない数であることがわかる。

有限 n 個の企業が非線形な投資関数を持つこのモデルでは，生産性を一定としてさえ，完全予見均衡を解くのは計算論的に複雑すぎて不可能である。そこで，企業数が有限の経済において意思決定主体が将来価格経路を予想するときに，企業が無限に連続体として存在するモデルでの均衡経路を代替的に用いると仮定する。これは 3.3 節で解説した次元の呪い問題への対処である。この手法については次章で詳しく議論する。本章のモデルでは，予想均衡経路を求めるときは Λ_t を n の極限での定数 Λ に置き換えることにする。

同様に，将来の総投資を連続企業モデルで計算する。均衡閾値が $\underline{k}_{i,t}$ から $\underline{k}_{i,t+1}$ へ移動したときに投資する企業の $s_{i,t}$ の上限を $\underline{s}_{i,t}$ と書くと，$s_{i,t} = \underline{s}_{i,t}$ にある企業は $s_{i,t+1} = 0$ に移動することから，$\underline{s}_{i,t} = \frac{\log \underline{k}_{i,t+1} - \log \underline{k}_{i,t}}{\log \lambda_i} - \frac{\log(1-\delta)}{\log \lambda_i}$。これと閾値 $\underline{k}_{i,t+1} = \left(\frac{\lambda_i^\rho - 1}{\lambda_i - 1} z_{i,t+1}^\rho \right)^{\frac{1}{1-\rho}} \Lambda K_{t+1}$ から，将来の総投資 X_t は次のように解ける。

$$X_t = \int \int_0^{\underline{s}_{i,t}} (\lambda_i - 1)(1-\delta)\lambda_i^{s_{i,t}}\underline{k}_{i,t}\,ds_{i,t}\,di$$

$$= (1-\delta) \int \frac{(\lambda_i - 1)(\lambda_i^{\underline{s}_{i,t}} - 1)}{\log \lambda_i}\underline{k}_{i,t}\,di$$

$$= (1-\delta) \int \frac{\lambda_i - 1}{\log \lambda_i}\left(\frac{\underline{k}_{i,t+1}}{(1-\delta)\underline{k}_{i,t}} - 1\right)\underline{k}_{i,t}\,di$$

$$= \rho\Lambda^{1-\rho}(K_{t+1} - (1-\delta)K_t) \tag{4.10}$$

これは RBC におけるような，標準的なマクロ資本蓄積式になっている．

■ **企業最適行動の導出**　　この項は純粋に算数なので飛ばして構わない．企業は t 期に資本 $k_{i,t+1}$ と製品価格 $p_{i,t+1}$ を決定し，その価格での需要 $y_{i,t+1}$ $= p_{i,t+1}^{-\eta}Y_{t+1}$ を満たすことにコミットする．そのため，需要の実現値に対して労働需要が受動的に $l_{i,t+1} = \left(\frac{p_{i,t+1}^{-\eta}Y_{t+1}}{z_{i,t+1}k_{i,t+1}^{\alpha}}\right)^{1/(1-\alpha)}$ と決まる．企業価値のうち $k_{i,t+1}$ に影響される項を抜き出すと，

$$E_t\left[\left(p_{i,t+1}^{1-\eta}Y_{t+1} - w_{t+1}\left(\frac{p_{i,t+1}^{-\eta}Y_{t+1}}{z_{i,t+1}k_{i,t+1}^{\alpha}}\right)^{\frac{1}{1-\alpha}}\right)R_{t+1}^{-1}\right]$$
$$- E_t\left[1 - (1-\delta)R_{t+1}^{-1}\right]k_{i,t+1}. \tag{4.11}$$

ここで t 期における $p_{i,t+1}$ の最大化一階条件から，期待労働費用 $E_t[w_t l_{i,t+1}]$ と期待収入 $E_t[p_{i,t+1}^{1-\eta}Y_{t+1}]$ の比は定数 c_L になる．よって式 (4.11) は最適な $p_{i,t+1}$ のもとで

$$E_t\left[(1-c_L)Y_{t+1}R_{t+1}^{-1}\right]p_{i,t+1}^{1-\eta} - E_t\left[1 - (1-\delta)R_{t+1}^{-1}\right]k_{i,t+1} \tag{4.12}$$

となる．また，(4.11) から一階条件を直接に解くと最適な $p_{i,t+1}$ は

$$p_{i,t+1}^{1-\eta+\frac{\eta}{1-\alpha}} = B_t(z_{i,t+1}k_{i,t+1}^{\alpha})^{\frac{-1}{1-\alpha}}, \quad B_t := \frac{E_t[(w_{t+1}/c_L)Y_{t+1}^{\frac{1}{1-\alpha}}R_{t+1}^{-1}]}{E_t[Y_{t+1}R_{t+1}^{-1}]}$$

を満たす．この価格を集計して $P_{t+1} = 1$ に代入すると，$K_{t+1} = B_t^{\frac{1-\alpha}{\alpha}}$ を得る．ここから，最適相対価格は

$$p_{i,t+1}^{1-\eta+\frac{\eta}{1-\alpha}} = \left(\frac{z_{i,t+1}^{\frac{1}{\alpha}}k_{i,t+1}}{K_{t+1}}\right)^{\frac{-\alpha}{1-\alpha}}$$

のように，相対的な資本量によって決まることがわかる．また，最適価格を使って

式 (4.12) を関数 $\pi(k_{i,t+1})$ と書くと

$$\pi(k_{i,t+1}) = (1 - c_L)E_t[Y_{t+1}R_{t+1}^{-1}]\left(\frac{z_{i,t+1}^{\frac{1}{\alpha}}k_{i,t+1}}{K_{t+1}}\right)^{\rho}$$

$$- E_t\left[1 - (1-\delta)R_{t+1}^{-1}\right]k_{i,t+1}.$$

これを用いて $\pi(\lambda_i\underline{k}_{i,t+1}) = \pi(\underline{k}_{i,t+1})$ となる閾値が次のように求まる.

$$\underline{k}_{i,t+1} = \left(\frac{\lambda_i^{\rho} - 1}{\lambda_i - 1}\frac{z_{i,t+1}^{\frac{\rho}{\alpha}}(1 - c_L)E_t[Y_{t+1}R_{t+1}^{-1}]}{E_t[1 - (1-\delta)R_{t+1}^{-1}]K_{t+1}}\right)^{\frac{1}{1-\rho}}K_{t+1}$$

閾値を $\underline{k}_{i,t+1} = \left(\frac{\lambda_i^{\rho}-1}{\lambda_i-1}z_{i,t+1}^{\frac{\rho}{\alpha}}\right)^{1/(1-\rho)}\Lambda_t K_{t+1}$ と書くと,

$$\Lambda_t := \left(\frac{(1 - c_L)E_t[Y_{t+1}R_{t+1}^{-1}]}{E_t[1 - (1-\delta)R_{t+1}^{-1}]K_{t+1}}\right)^{\frac{1}{1-\rho}}$$

$$= \left(\frac{(1 - c_L)E_t[Y_{t+1}R_{t+1}^{-1}]^{\frac{1}{\alpha}}}{E_t[1 - (1-\delta)R_{t+1}^{-1}]E_t[(w_{t+1}/c_L)Y_{t+1}^{\frac{1}{1-\alpha}}R_{t+1}^{-1}]^{\frac{1-\alpha}{\alpha}}}\right)^{\frac{1}{1-\rho}} \quad (4.13)$$

となる. このように Λ_t は $t + 1$ 期の総需要と要素価格の t 期における情報を集約したものになっている.

閾値と $s_{i,t}$ を用いると企業の資本は $k_{i,t} = \lambda_i^{s_{i,t}}\left(\frac{\lambda_i^{\rho}-1}{\lambda_i-1}z_{i,t}^{\frac{\rho}{\alpha}}\right)^{1/(1-\rho)}\Lambda_t K_t$ と書け, 集計資本の定義式 $K_t = \left(\sum_{i=1}^{n}(z_{i,t}^{\frac{1}{\alpha}}k_{i,t})^{\rho}/n\right)^{1/\rho}$ に代入すると

$$\Lambda_t = \left(\sum_{i=1}^{n}\left(z_{i,t}^{\frac{1}{\alpha}}\lambda_i^{s_{i,t}}\left(\frac{\lambda_i^{\rho}-1}{\lambda_i-1}z_{i,t}^{\frac{\rho}{\alpha}}\right)^{\frac{1}{1-\rho}}\right)^{\rho}/n\right)^{\frac{-1}{\rho}}.$$

一様分布 $s_{i,t}$ のもとで $\Lambda := \lim_{n\to\infty}\Lambda_t$ を評価すると,

$$\Lambda = \left(\int\left(\frac{\lambda_i^{\rho}-1}{(\lambda_i-1)^{\rho}}\right)^{1/(1-\rho)}\frac{z_{i,t+1}^{\rho/(\alpha(1-\rho))}}{\rho\log\lambda_i}di\right)^{-1/\rho}$$

となる. ここで $\int_0^1 \lambda_i^{s\rho}ds = (\lambda_i^{\rho}-1)/(\rho\log\lambda_i)$ を用いた. インデックス i に対する積分を厳密に定義していないが, 慣例どおり 2.3 節と同様に使う.

■ **均衡動学**　労働市場均衡条件は $L_t = \sum_{i=1}^{n}l_{i,t}/n$ である. これに労働需要式と最適相対価格を代入して整理すると,

$$Y_t = K_t^{\alpha}L_t^{1-\alpha} \quad (4.14)$$

となる。式 (4.14) のようにマクロ生産関数を得られるところが CES 型集計関数のありがたみである。最終財の需給一致条件は

$$Y_t = C_t + X_t \tag{4.15}$$

で与えられる。家計の効用最大化行動から消費需要と労働供給は次を満たす。

$$R_t^{-1} = \beta \frac{U_{C_t}}{U_{C_{t-1}}} \tag{4.16}$$

$$w_t = -\frac{U_{L_t}}{U_{C_t}} \tag{4.17}$$

モデルのマクロ変数 $(Y_t, C_t, L_t, K_t, X_t, w_t, R_t)$ の期待均衡動学は，(4.10, 4.14〜4.17) および，前段の分析から得られる $K_{t+1} = B_t^{\frac{1-\alpha}{\alpha}}$ と (4.13) を書き直した

$$K_{t+1} = \left(\frac{E_t[(w_{t+1}/c_L) Y_{t+1}^{1/(1-\alpha)} R_{t+1}^{-1}]}{E_t[Y_{t+1} R_{t+1}^{-1}]} \right)^{\frac{1-\alpha}{\alpha}} \tag{4.18}$$

$$\Lambda^{1-\rho} = \frac{(1 - c_L) E_t[Y_{t+1} R_{t+1}^{-1}]^{\frac{1}{\alpha}}}{E_t[1 - (1-\delta) R_{t+1}^{-1}] E_t[(w_{t+1}/c_L) Y_{t+1}^{\frac{1}{1-\alpha}} R_{t+1}^{-1}]^{\frac{1-\alpha}{\alpha}}} \tag{4.19}$$

からなる 7 本の方程式によって決定される。最後の式 (4.19) が，将来の要素価格と総需要の関係を意思決定主体が連続企業モデルを用いて近似的に予想したものになっている。そこでは，ほとんど変動しない数 Λ_t が連続モデルでの定数 Λ に置き換わったのである。

■ **均衡動学の対数線形近似**　効用関数を $U(C, L) = \frac{C^{1-\sigma}(1 - \psi L^\zeta)^{1-\sigma}}{1-\sigma}$ と特定化してから，均衡動学を対数線形近似する。ここでは Sims (2001) にならい，当該期に意思決定される変数を下付き 0 で表す。とくに，$\hat{K}_0$ は t 期に意思決定される K_{t+1} を表す。資本蓄積式 (4.10)，マクロ生産関数 (4.14)，財市場均衡 (4.15) の線形対数化は RBC モデルと同様に，$\hat{K}_0 = (1-\delta)\hat{K}_{-1} + \delta\hat{X}_0$，$\hat{Y}_0 = \alpha\hat{K}_{-1} + (1-\alpha)\hat{L}_0$，$\hat{Y}_0 = \frac{\bar{C}}{Y}\hat{C}_0 + \frac{\bar{X}}{Y}\hat{X}_0$ となる。

家計の労働供給についての一階条件を定常状態で評価すると $\frac{\bar{w}\bar{L}}{\bar{C}} = \frac{\zeta\psi\bar{L}^\zeta}{1 - \psi\bar{L}^\zeta}$。これを用いて式 (4.16) と (4.17) を線形化すると $\hat{R}_0 = \sigma(\hat{C}_0 - \hat{C}_{-1}) - (\sigma - 1)\frac{\bar{w}\bar{L}}{\bar{C}}(\hat{L}_0 - \hat{L}_{-1})$ および $\hat{w}_0 = \hat{C}_0 + (\zeta - 1 + \frac{\bar{w}\bar{L}}{\bar{C}})\hat{L}_0$ が得られる。

式 (4.18) を対数線形化すると

$$E_{-1}[\hat{w}_0] = \frac{\alpha}{1-\alpha}(\hat{K}_{-1} - E_{-1}[\hat{Y}_0]) \tag{4.20}$$

を得る。両辺の期待値がなければこの式は RBC の労働需要式に対応し，実質賃金の動きが労働限界生産性の動きに等しくなることを表している。しかし式 (4.20) ではその関係が期待値においてのみ成り立っていることに注目する。これは価格硬直性の仮定に由来する。本節では，企業は自財の価格を 1 期前に決定し，その価格のもとで翌期に実現する需要を満たすことにコミットすると仮定した。そのため，本節のモデルでは実質賃金と労働限界生産性の対応は期待値においてのみ成り立ち，実現値において必ずしも成立しない。例えば財に対する需要増大ショックが起こると，価格が硬直的なために企業は財供給量を増やす必要があり，労働限界生産性が賃金に見合う水準を超えて労働を需要する。すると賃金は労働供給曲線上で決定されるので上昇する。これが価格硬直性の含意であり，需要ショックが他変数に伝播する主要な経路を構成することになる。

　また，式 (4.19) を対数線形化すると次を得る。

$$0 = \frac{1-\alpha}{\alpha} E_{-1}[\hat{w}_0] + \frac{\bar{R}}{\bar{R} - 1 + \delta} E_{-1}[\hat{R}_0] \tag{4.21}$$

将来要素価格経路をモデル内の意思決定主体が計算するために，連続体モデルを用いて定数で近似したのが元の式 (4.19) である。線形化した式 (4.21) を見ると，収穫一定経済のもとで成立する，限界費用一定の条件に対応していることがわかる。本文で議論したように，収穫一定技術のもとでは生産点にかかわらず限界生産性が定数になるため，その限界生産性に等しくなるよう均衡要素価格に制約がかかってくる。

　最後に，実現する均衡は，企業資本ベクトル $(k_{i,0})_{i=1}^n$ を所与として，連続体モデルから得られる将来期待と，最適閾値政策関数を用いた架空プレイによって逐次計算される。実現する総投資は近似なしに計算され，

$$X_t = \sum_{i: s_{i,t} < \underline{s}_{i,t}} (\lambda_i - 1)(1 - \delta)\lambda_i^{s_{i,t}} \underline{k}_{i,t} \tag{4.22}$$

となり，近似モデルから予測された総投資と必ずしも一致しない。架空プレイから決定される実現総投資と，近似モデルから期待されていた総投資とのギャップを，投資ショック ϵ_t と定義する。すると実現した総投資は

$$X_t = E_{t-1}[X_t] e^{\epsilon_t} \tag{4.23}$$

と書ける。その線形近似式は $\hat{X}_0 = E_{-1}\hat{X}_0 + \epsilon_0$ である。このショック ϵ_0 が均衡条件を通じて他の内生変数に共時的に影響する。それらの予想誤差を Sims (2001) にならって $\epsilon_0^{\cdot}$ で表すと，$\hat{C}_0 = E_{-1}\hat{C}_0 + \epsilon_0^C$，$\hat{L}_0 = E_{-1}\hat{L}_0 + \epsilon_0^L$，$\hat{Y}_0 = E_{-1}\hat{Y}_0 +$

ϵ_0^Y, $\hat{w}_0 = E_{-1}\hat{w}_0 + \epsilon_0^w$ となる。

　対数線形化された均衡動学を分析することで，鞍点経路が存在し，均衡経路が一意に存在することがわかる。原論文にある証明では，まず限界効用 $\hat{\mu}_0 = -\sigma\hat{C}_0 + (\sigma - 1)(\bar{w}\bar{L}/\bar{C})\hat{L}_0$ と資本 $\hat{K}_0$ の 2 変数からなる動学に集約したうえで，その固有値を調べている。$\bar{X}/\bar{Y} < \alpha$ のもとで，1 より大きい固有値が 1 つだけであることが示される。均衡動学の鞍点経路を用いることにより，マクロ変数の時系列を数値的にシミュレートすることができる。それを用いて 4.3 節では変数の主要な共分散を示した。

第5章 物価振動

本章では企業の価格設定行動の戦略的補完性が物価変動を引き起こすことを論じる。本章のモデルは第2章のニューケインジアン (NK) モデルに対置され，物価決定理論に内生的変動の契機を導入しようとするものである。

内生的均衡変動の分析手法は，第4章で導入した架空プレイの応用だが，2つの点で理論的精緻化が図られている。1つには，家計と企業の期待形成のために用いられる連続体企業モデルと，現実の均衡を決定する有限個企業モデルを用意し，家計と企業の**限定合理的**期待形成仮説を明示化したことである。この手法は次元の呪い（3.3節）への対応として一般化可能である。もう1つは，連続時間モデルの採用である。架空プレイ過程の厳密な確率分析が可能になることが技術的メリットだが，読者にとっては連続時間モデルに触れる機会にもなろう。

5.1節では動学一般均衡モデルへの貨幣の導入について概説する。5.2節では実証的事実として物価上昇率の水準と振幅の相関を説明し，本章モデルの動機を与える。5.3節において，メニューコスト価格設定モデルの連続時間版を導入し，これを用いて企業数が無限個ある場合の定常均衡と戦略的補完性の指標を定義する。続く5.4節で，企業数が有限である場合のモデルを分析して内生的物価変動を導出する。5.5節ではモデルを数値解析し，物価上昇率の水準と振幅の相関を示す。5.6節は数学補論である。

---

* 本章の分析は Nirei and Scheinkman (2024) に基づく。

5.1　動学一般均衡における物価の決定

物価は何が決めるのだろうか。第 2 章の NK モデルは，物価上昇率の動学経路を決定する理論を提供しているが，物価水準については触れるところがない。したがって，いかなる物価水準も NK モデルの均衡と整合的である。

物価水準の決定を論じるためには，何らかの形で貨幣を導入する必要がある。貨幣が現に流通しているのは，それが商取引や価値保蔵を容易にするといった便益を家計や企業にもたらすからだろう。その便益の大きさは，貨幣量を物価で割った**実質貨幣残高**によって決まるに違いない。そこで一般的なモデリング手法は，家計と企業の資産ポートフォリオの 1 つに貨幣を加え，家計の効用関数の引数の 1 つに実質貨幣残高を加えたり（**貨幣入り効用関数**），家計や企業の取引量が実質貨幣残高に制約される（**現金保有制約**）といった要素をモデルに導入して，家計や企業に貨幣を保有する誘因を持たせることである。

このようなモデルから面白い着想を引き出すことが種々できる。例えばフリードマンは最適貨幣供給量について次のようなロジックを披露した。貨幣は名目リターンがゼロの資産なので，実質ではインフレ分のマイナス・リターンになっている。そのように損をする資産である貨幣を家計が現実に保有しているのは，何らかの便益を家計が貨幣保有から得ているからであろう。それを効用関数の中の実質貨幣残高で表現するなら，実質貨幣残高を追加的に増加させることの社会的便益は実質貨幣残高の限界効用に等しい。しかるに貨幣（紙幣）発行にかかる限界費用はゼロのようなものである。だとすれば，家計効用を最大化するような貨幣発行は，実質貨幣残高の限界効用がゼロになるまで実質貨幣残高を増やすことで達成される。ところで実質貨幣残高の限界効用がゼロのとき，家計が貨幣を資産として保有し続ける動機を持つためには，貨幣と他の安全資産のリターンが同等でなければならない。貨幣の実質リターンはマイナスのインフレ率に等しい。つまり，実質安全金利と同率のデフレが起こっている定常状態こそ，貨幣供給の最適点になっている。これが最適貨幣供給政策のいわゆる**フリードマン・ルール**である。

あるいは，官邸から意見を求められて話題を呼んだシムズによる**物価の財政理論** (fiscal theory of the price level; FTPL) がある。家計は安全資産として国債

や貨幣を保有することができるが，国債は財政当局の，貨幣は中央銀行の発行する負債であり，どちらも結局は（統合）政府の負債である。政府の負債を保有していることで家計はリターンを受けとることができるが，これら利払いの源泉は将来の財政黒字か貨幣発行益（シニョリッジ）からくるインフレ税以外にない。したがって家計が保有する政府負債の実質価値は，将来の財政黒字と貨幣発行益の割引現在価値に等しい。ここで，将来の財政を黒字化する意思が財政当局にないことを家計が確信したとすると，政府将来収益の割引現在価値の減少分だけ政府現在負債の実質価値は下がらざるをえない。それが果たされる1つの方法は現在の物価がジャンプして上昇することである。そのような物価上昇が起こる具体的なプロセスとして，将来財政の悪化が現世代の家計の税負担の低下を意味するために現在の財需要が増加することが考えられる。このようにして現在の物価水準は，政府負債の実質価値が将来の政府収益見通しに等しくなるよう決まることになる（章末コラムも参照）。

　これらは思考実験として興味深く，経済理論を用いて分析することの醍醐味を伝えてくれる。一方で，これらの結論をそのまま鵜呑みにすることは想定されていない。貨幣の家計厚生への影響や物価の決定メカニズムには，ほかにも考えるべき点があるからだ。しかし長期の実質貨幣残高について，経済の基礎的条件から決まる定数があると考えることが理論的ベンチマークを形成しているとはいえるだろう。それはすなわち，物価水準が長期的に名目貨幣残高と比例する関係にあること，つまり長期的な**貨幣数量説**の成立を意味する。

　物価水準の長期的決定についてはこれ以上立ち入らない。本章では，長期的に安定的なインフレ率が達成できているという状況を想定したうえで，短期的なインフレ率の振動が経済の内部から起こることを示す。短期的に物価を決めるのは，自らの財を値付けする企業である。そして企業は意味もなく価格を変えたりはしない。新製品を投入するとき以外は，企業の価格改定を促すのは需要や生産コストといった企業環境の変化であり，何もなければ価格は変化しない。つまり物価には**慣性**が働いている。第2章のNKモデルで導入した価格粘着性はそのような慣性を表現している。そのNKモデルにおいて，慣性の働く中でインフレ率は中央銀行による金利調節政策や海外コスト要因に反応して変動する。本章ではそのモデルで捉えられない物価の内生的な短期的変動を考察する。

5.2 インフレ率の水準と振幅

　物価の短期的変動には顕著な規則性がある。長期的なインフレ率が高いとき
は短期的なインフレ変動も大きいというものだ。オークン (Okun, 1971) の指
摘以来，この関係は何度も実証的に確認されてきた。単純な貨幣数量説論者で
あれば，長期の貨幣供給伸び率が高いときほど短期の貨幣供給振幅が大きいと
いう実証的事実を指摘する。しかしその事実だけから，貨幣供給の変動が物価
に直結して短期振動を起こす，という因果を推論することはできない。中央銀
行が長期的に高い成長率で貨幣供給量を増やしているとき，その成長率の分散
まで高くする積極的な理由はない。確かに 80 年代までの研究では，中央銀行
が貨幣供給の伸長を図っているときには，その政策意図を隠すためにわざと貨
幣供給成長率の分散を高めるのが最適となるという仮説があった (Cukierman
and Meltzer, 1986)。当時の金融政策観によれば，中央銀行が景気を刺激するた
めには予期されない貨幣供給増大が必要であり，その政策が実効的であるため
には政策が家計や企業にとってサプライズでなければならないとされたためで
ある。しかし，90 年代以降のルールベースな金融政策の浸透のなかで，仮
説をめぐる状況は変わっていった。

■ **先行研究**　インフレ率の水準と振幅の相関をケインジアン風味の強い初
期ニューケインジアンの立場から説明したのが Ball et al. (1988) である。総
需要・総供給 (*AD-AS*) 分析を考える。長期インフレ率が高いときに企業は頻
繁に価格を改定する，と想定すれば，長期的にインフレ率が高いときには価格
硬直性が弱まるので *AS* 曲線の傾きが大きい[1]。逆に長期インフレ率が低い場
合は *AS* 曲線は平らである。この状態で，マクロレベルの需要ショックが景
気変動を駆動していると考える。すると *AD* 曲線の左右シフトによって物価

---

1)　このことは 2.1 節の NK モデルから説明できる。NK フィリップス曲線 (2.4) において，
　　GDP ギャップがインフレに与える影響 κ が価格粘着性 μ の減少関数である。つまり価格を頻
　　繁に改定できる状況では，企業の最適価格付け行動から，インフレは GDP ギャップに感応的
　　になり，フィリップス曲線と *AS* 曲線の傾きは急になる。このようにして，経験的なマクロ相
　　関（フィリップス曲線）を，因果性を含めて検証可能な仮説に昇華できることがミクロ的基礎付
　　けのご利益であった。

と GDP が *AS* 曲線に沿った正相関を示すが，*AS* 曲線が立っているときには物価の振幅が大きく，*AS* 曲線が寝ているときは物価の振幅が小さくなる。長期インフレ水準と短期インフレ振幅の相関関係がこうして説明できる。説得的ではあるが，この論理を敷衍すると，需要ショックを物価変動に吸収させやすい高インフレ経済の方が GDP 変動が小さいことになる。つまり，インフレ率が高い方が GDP 安定化に役立つという政策含意を持つ。確かに Ball (2013) は 4% インフレ目標を主張しているので整合的だが，高インフレが安定化に資するという見解は少数派に属する。

　第 2 章の NK モデルに立脚した研究として Ascari and Sbordone (2014) に代表される文献がある。NK モデルの分析結果は，定常インフレ率がゼロという設定から外れると頑健でないことが知られている。例えばテーラー原則だけでは均衡の決定性は担保されず，非決定となるパラメータ領域が拡大する。そのような研究の中で，定常インフレ率が高い場合は均衡インフレ経路のショック持続性が高まり，その結果ショックのもたらす振幅が大きくなることが指摘されている。また同じ理屈から，FRB ヴォルカー議長以降の低インフレ率が，均衡の非決定性を排除することによって「大いなる安定」をもたらしたとする学説も理解できる (Coibion and Gorodnichenko, 2011)。

■ **メニューコスト・モデル**　このような先行研究に対し，本章では**状態依存価格付けモデル**に立脚して，物価振動を説明する新しいモデルを提示する。第 2 章の NK モデルでは，価格改定機会が確率的に訪れるというカルボ的価格粘着性が仮定された。その設定は**時間依存価格付け**といわれることもある。それに対して状態依存価格付けモデルでは，価格改定にかかる費用を払えば企業はいつでも改定できると設定する。価格改定にかかる費用とは，顧客の反感を招くことや契約更新交渉にかかるコストなどが考えられるが，レストランがメニューを書き直すのになぞらえて**メニューコスト**と呼ぶのが通例である。小さなメニューコストがもたらす価格硬直性により，ショックが物価に吸収されずに大きな所得変動と厚生損失をもたらす可能性がある。このことを印象的に提唱したのが Mankiw (1985) だった。

　時間依存価格付けでは，企業の持つ自由度は価格改定幅だけになるが，状態依存価格付けでは企業は改定幅のほかに改定タイミングも選ぶことができ

る。この差が重要だと主張してメニューコスト・モデルを再活性化したのが
Golosov and Lucas (2007) である。カルボ・モデルでは価格改定する企業はラ
ンダムに選ばれるが，メニューコスト状況では，価格改定の必要性を感じる企
業が自主的に改定する。したがって均衡での価格改定企業群は，望ましい価格
からの乖離が大きい企業だけが，いわば自主的に選別されることになる。この
選別（セレクション）効果により，価格粘着性による厚生損失は抑制されるこ
とになる。カルボ・モデルで生じる厚生損失は，価格改定の必要性を痛切に感
じる企業すら改定することができないという非現実的なモデル設定によって過
大推計されている，ということになる。

　現代のマクロ経済学研究において，議論の主戦場はデータにある。企業の製
品価格付けについて膨大なミクロデータが収集分析され，どちらの言い分が
もっともであるか論争が続いている。本章でも，まずはメニューコスト・モデ
ルに則った仮説を構築し，それをデータに突き合わせることで立論していきた
い。

5.3　基準モデル：企業が無限個存在する場合

　多数の中間財 i が線分 $[0,1]$ の間に連続して存在すると考える。家計はすべ
ての中間財を用いた合成財 Y_t を消費する。簡単化のため，NK モデルと同様
に投資需要を捨象し，最終財の需要は家計消費 C_t のみとするので，最終財の
需給一致条件は $Y_t = C_t$ となる。中間財の代替弾力性を η，中間財の名目価格
を P_t^i，合成財の価格を P_t，中間財の合成財に対する相対価格を $p_t^i := P_t^i/P_t$
と書くと，前章と同様に家計の費用最小化行動から定数弾力性 η と総需要 Y_t
によって決定される中間財需要関数 $y_t^i = (p_t^i)^{-\eta} Y_t$ が得られる。この需要関数
を所与として，企業 i が財 i の価格を設定し独占的に供給する。

　資本を捨象しているので，中間財は労働投入のみで生産される。最も簡単
に，生産関数は線形 $y_t^i = l_t^i$ とする。実質賃金を w_t と書くと，企業 i の売上
から労働コストを差し引いた収益は $p_t^i y_t^i - w y_t^i$。収益を Y_t で割ったものを
$z(p_t^i) := (p_t^i)^{1-\eta} - (p_t^i)^{-\eta} w_t$ と定義する。

　この通常の設定にメニューコストを導入する。独占企業が価格を改定すると
きに微小な固定費用 $\delta \cdot Y_t$ がかかると仮定する。δ は正の微小な値をとるパラ

メータであり，後の便宜のため総需要 Y_t で基準化している。値上げをすると
きには δ^+，値下げには δ^- がかかるとする。

　メニューコストに加えて NK モデル（2.1 節）で用いたカルボ・ショックの
要素も取り入れることにする。本章では連続時間モデルを用いる。メニューコ
ストを支払わなくても価格改定できるタイミングが各企業に独立なポアソン過
程で到来し，その生起確率を μ とする[2]。本モデルにおいてこのカルボ・ショ
ックが唯一の外生ショックである。

　モデルの残りは Golosov and Lucas (2007) にならった標準的な貨幣入り効
用モデルである。代表的家計は消費 C_t と実質貨幣残高 $m_t := M_t/P_t$ から効用
用を，労働 N_t から不効用を得る。M_t は名目貨幣残高を表す。家計の最大化
する期待効用を $E\left[\int_0^\infty e^{-\rho t}\left(U(C_t, N_t) + \iota\left(M_t/P_t\right)\right) dt\right]$ とする[3]。名目貨幣
残高には中央銀行からの付利 R_t があり，それとは別に中央銀行からの貨幣
給付が時点 t までの累積で T_t あるとする。このあたりは話を簡単にするため
に現実の金融仲介や政府活動を極度に単純化している。家計は企業の最終的な
所有者なので，累積的な配当 D_t（名目値）を受け取る。すると家計の予算制約
式は

$$dM_t = (P_t w_t N_t - P_t C_t + R_t M_t)dt + dD_t + dT_t$$

のように書ける。最後に，中央銀行は物価上昇率 $(dP_t/dt)/P_t$ が目標値 π で
一定になるように政策 (R_t, T_t) を決めるとする。

　以上の設定のもとで定常均衡を次のように定義する。

メニューコスト・モデルの定常均衡（企業が無限個ある場合）
定常均衡は，中央銀行の定常インフレ率目標 $\pi > 0$ を所与として，実質賃金
$\bar{w}$，GDP $\bar{Y}$，総労働 $\bar{N}$，消費 $\bar{C}$，実質貨幣残高 $\bar{m}$，中間財企業価値 $v(p)$，中

---

2)　ポアソン過程とは，短い期間 dt 内に確率 μdt で事象が生起し，重複しない 2 期間での事象
　　生起が独立な確率過程をいう。このとき期間 $[t_1, t_2]$ 内に起こる事象数は平均 $(t_2 - t_1)\mu$ のポ
　　アソン分布に従う。2.1 節では各離散時点での価格改定を確率事象と定義したが，ポアソン過
　　程はその連続時間版である。

3)　これまでの章では離散時間モデルを用いたので，生涯効用は時点ごとの効用の総和で表され
　　ていたが，連続時間モデルでは和の代わりに積分を使う。パラメータ $\rho > 0$ が家計の時間選好
　　率を表す。1 単位時間での割引 $e^{-\rho}$ が，離散時間モデルでの割引要素 $\beta < 1$ に対応する。指数
　　関数が現れるのは複利計算 $\lim_{n\to\infty}(1/(1 + \rho/n))^{nt} = e^{-\rho t}$ に由来する。効用関数 U は C
　　について凹，N について凸，$\partial^2 U/\partial C\partial N \leq 0$，および稲田条件を満たすと仮定する。

間財価格付け政策関数 $p^*(p)$，労働需要政策関数 $l(p)$，中間財供給政策関数 $y(p)$，中間財価格分布 $f(p)$，物価過程 P_t のうち次を満たすものである。

1. 資源配分は，価格を所与とした予算制約のもとで家計期待効用を最大化している。
2. 価値関数と政策関数は企業価値を最大化している。
3. 労働市場と各財の市場では需給が一致している。
4. 価格分布が価格付け政策関数とカルボ・ショック過程から導かれた確率過程の定常分布である。
5. 物価上昇率が一定 $\pi = (dP_t/dt)/P_t$ である。

定常均衡条件の簡単な部分を先に示しておく。

$$\pi = \frac{dP_t/dt}{P_t} \qquad \text{(定常インフレ率)}$$

$$1 = E^f[p^{1-\eta}] \qquad \text{(最終財価格＝中間投入コスト)}$$

$$\bar{N} = E^f[p^{-\eta}\bar{Y}] \qquad \text{(労働需要)}$$

$$\bar{Y} = \bar{C} + (\delta^+\lambda^+ + \delta^-\lambda^-)\bar{Y} \qquad \text{(財市場均衡)}$$

$$\bar{w} = -\frac{U_N(\bar{C}, \bar{N})}{U_C(\bar{C}, \bar{N})} \qquad \text{(労働供給)}$$

$$\iota'(\bar{m}) = (\rho + \pi)U_C(\bar{C}, \bar{N}) \qquad \text{(貨幣需要)}$$

ただし E^f は分布 $f(p)$ を用いて評価した期待値を表すので，例えば $E^f[p^{1-\eta}]$ $= \int_0^\infty p^{1-\eta}f(p)dp$ となる。また $\lambda^\pm dt$ は短い時間 dt の間に値上げ・値下げをする企業の割合を表す[4]。したがって財市場均衡条件は，最終財市場で総供給が消費需要とメニューコストの和に等しいことを示す。またすぐ後で示すように，定常均衡では値下げする企業が存在せず，$\lambda^- = 0$ になる。企業の利潤最大化からは労働需要が，家計の効用最大化からは労働供給と貨幣需要が導出される。下 4 行の方程式が，$\bar{w}$ と λ が与えられたもとで，4 つの未知数 $(\bar{Y}, \bar{C}, \bar{N}, \bar{m})$ を決定することがわかる。以下に見るように，このモデルでは

---

4)　このモデルでは中間財企業は線分 $[0,1]$ 上の連続体として存在するため，1 個 2 個と数えることができない。そのため企業全体の数を「測度」1 と呼ぶ。λdt は価格改定企業が線分上に占める割合（あるいは測度）である。

収穫一定の仮定により企業の費用構造から実質賃金 $\bar{w}$ が決まることになる。また価格の定常分布 $f(p)$ から，相対価格 p が下がりすぎてしまったため値上げをする企業の割合 λ が決まる。これら変数 $(\bar{w}, \lambda)$ は次に見るように供給側が決定し，GDP や消費などのマクロ資源配分は主に家計の意思決定により上の方程式から決定されることになる。

■ **企業の価格付け行動**　本モデルの中心は企業の価格付け行動にある。価格改定に費用がかかるため，通常時には企業 i は名目価格 P_t^i を据え置く。物価 P_t は定率 π で上昇しているので，価格の据え置きは相対価格 $p_t^i = P_t^i/P_t$ の低下を意味する。つまり，他の財の価格が平均的に上昇しているため，自製品の据え置き価格は相対的に安価になっていくことを意味している。数式で書けば，名目価格を据え置いたときの相対価格の動学は $dp_t^i = -\pi p_t^i dt$ である。

　相対価格が大きく低下してしまったときに，メニューコストを支払って価格改定することが企業価値を増やす。この最適化問題を動的計画法によって解くことができる。解法は補論に譲りここでは解の性質を見る。このモデルの最大化問題はふるまいがよいため手で解くことができ，定常 GDP で基準化した企業価値 $v(p)$ は図 5.1（左）のようになる。相対価格が低下して $\underline{p}$ に達すると，企業はメニューコスト δ^+ を支払って p^* まで値上げする。また，価格が $\bar{p}$ より高い場合には δ^- を支払って p^* まで値下げする。価格を据え置くのが最適になるのは無行動領域 $[\underline{p}, \bar{p}]$ においてである。価値関数は p^* を頂点としてそこから乖離するほど減少する。無行動領域の外ではメニューコストを支払って p^* に戻るので，価値関数は一定となる。

　最適価格付け行動のもとでは，無行動領域内で相対価格は定率 $-\pi$ で低下し，閾値 $\underline{p}$ に到達すると p^* に戻る。その途中でカルボ・ショックが起これば直ちに p^* に戻る。このことから，相対価格の時点 t での分布関数を $f(p, t)$ と書くと，分布の時間発展を決定する偏微分方程式（**コルモゴロフ前進方程式**）が次のように書ける。

$$\frac{\partial}{\partial t} f(p, t) = \frac{\partial}{\partial p}[\pi p f(p, t)] - \mu f(p, t) \tag{5.1}$$

図 5.1(右) に示した相対価格の定常分布 $f(p)$ は，式 (5.1) の左辺を 0 としたときに解となる分布関数 $f(p, t)$ である。この微分方程式も性質がよいため，

図 5.1　価値関数（左）と中間財企業の相対価格の定常分布（右）

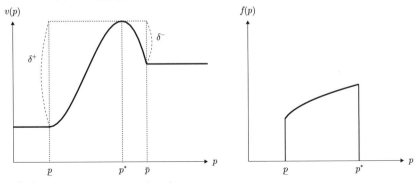

出所：Nirei and Scheinkman (2024)

定常分布 $f(p)$ は指数関数として明示的に解ける（補論参照）。

　最後に，相対価格 p を値上げ幅で基準化した変数を

$$s := \frac{\log p - \log \underline{p}}{\log p^* - \log \underline{p}} \tag{5.2}$$

と定義しておく。s の定常分布 g は p の定常分布 f の変数変換によって求まり（補論参照），図 5.2 のように $[0,1]$ の値をとる。$s = 0$ が値上げをする閾値であり，値上げをした企業は $s = 1$ に遷移する。つまり s は現在の価格が値上げする閾値にどれだけ近いかを表す状態変数である。図の点線は一様分布を示している。定常インフレ率 π が高い経済では，s の定常分布が一様分布に近づくことを定常均衡の分析によって示せる。これは高インフレ経済では，価格改定閾値 $s = 0$ 近くに常に多くの企業がいることを意味する。

■ **価格付け行動の補完性**　このモデルで一群の中間財企業が何らかの理由で名目価格を値上げすると，最終財生産の費用が上がることで物価が上昇し，その他の中間財企業の相対価格が下がる。相対価格の下がった企業の中には，閾値を下回るものもあるので，それらはメニューコストを支払って値上げをする。それがさらに物価を押し上げ，他企業の相対価格を引き下げ，メニューコストを支払って値上げをする企業を生む。このように値上げが他の企業の値上げを引き起こす関係を，価格付け行動の補完性と呼ぶ。定常状態では，最適閾値や価格改定点 $(\underline{p}, \bar{p}, p^*)$ は時間変化しないが，企業の相対価格は物価上昇と

図 5.2　基準化された相対価格 s の定常分布

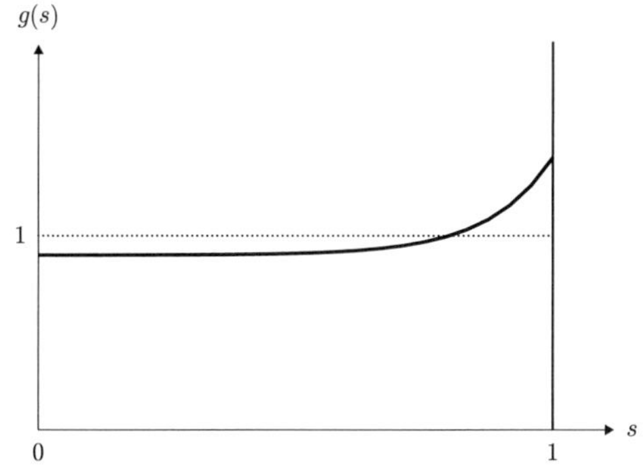

定常均衡ではすべての企業が無行動領域 $[0, 1]$ 内に
おり，物価上昇により $\pi/(\log p^* - \log \underline{p})$ の速さ
で左に動いている。値上げ閾値 $s = 0$ に到達して
$s = 1$ まで値上げする企業の割合は短い時間 dt で
は $\lambda^+ dt = g(0)\pi dt/(\log p^* - \log \underline{p})$ となる。
出所：Nirei and Scheinkman (2024)

ともに常に変化する。毎瞬一定数の企業がカルボ・ショックを受けて価格改定
し，それによる物価上昇が価格付け補完性を通じて他企業の価格改定も促し，
均衡では物価上昇幅と改定企業数が整合している。

　本章の分析で鍵となる補完性の指標を以下で定義する。1 つの企業の値上げ
を直接的な原因として追随値上げした企業の平均的な数を補完性の指標とし
たい。ここで技術的な問題は，このモデルで企業は連続体として存在し，1 つ
1 つの企業は線分 $[0, 1]$ 上の一点であるため測度ゼロであり，物価に影響を及
ぼす重みを持たないことだ。そこで，状態 s にある企業の中でいくつかの（測
度）$\nu_0 > 0$ の企業が名目価格 P_t^i を上げたとき，それが最終財価格 P_t を押し
上げることによって他の企業 j の相対価格 $p_t^j = P_t^j/P_t$ を引き下げることを考
える。このとき相対価格 p_t^j が閾値 $\underline{p}$ を下回るために値上げを決意する企業の
数（測度）を ν_0 の関数 $\nu_1(\nu_0)$ とする。すると，最初に値上げした企業 1 つ当
たりの，追随値上げをした企業数は $\nu_1(\nu_0)/\nu_0$ と書ける。この平均追随値上げ
数を，$\nu_0 \to 0$ の極限で評価して $\theta_0(s)$ とする。さらにこれを閾値 $s = 0$ で評
価した $\theta := \theta_0(0)$ を補完性の指標とする。補論に示すように，定常均衡にお
いて θ は次のように解ける。

$$\theta = \frac{(p^*/\underline{p})^{1-\eta} - 1}{1 - \eta} \frac{\mu/\pi + 1 - \eta}{(p^*/\underline{p})^{\mu/\pi + 1 - \eta}} \tag{5.3}$$

閾値 $s = 0$ で $\theta_0(s)$ を評価することが特別な意味を持つのは，メニューコストを支払って値上げをする企業が $s = 0$ に位置しており，その直接的影響を受けて値上げをする企業もまた $s = 0$ 近傍に位置しているからである。つまり，これから示す値上げ雪崩の中で値上げする企業は皆，θ の強さで補完的な関係にあることになる。この意味で，パラメータ θ は感染病の再生産数「R」に対応している。COVID-19 パンデミック下で人口に膾炙したように，再生産数が 1 を超えるとき感染爆発が起こり，1 を下回ると終息に向かう。本章のモデルでも値上げ連鎖の規模が再生産数 θ に同様に依存していることが予想できる。実際，定常均衡において値上げする企業の割合 λ は

$$\lambda = \frac{\mu E^g[\theta_0(s)]}{1 - \theta}$$

となることを示せる。この式が表すのは，まずカルボ・ショックを受けた測度 μ の企業群が $E^g[\theta_0]$ だけ追随値上げを引き起こし，それにさらに追随して起こる値上げが乗数 θ を持つため，追随値上げが収束するまでに起こる値上げの総数が $1/(1-\theta)$ 分拡大するということだ。さらに，θ が π の増加関数であることが定常均衡の比較静学によって示せる。つまり，定常インフレ率 π が高いときは値上げの戦略的補完性 θ が高く，その結果値上げ雪崩規模 λ も大きくなっている。このことが以下の分析で重要になる。

定常均衡のその他の性質を挙げておく。まず定常均衡の一意存在は，δ^+ が十分小さいときや π が十分大きいときに保証される。また，メニューコスト δ^+ が 0 に近づくにつれ，定常均衡の実質賃金や値上げ点，値上げ幅は，価格が伸縮的に調整される経済に収束する。より重要なのは，π を変化させたときの定常均衡の変化である。定常インフレ率 π が上昇すると，値上げ幅 $\log(p^*/\underline{p})$ が増大し，十分 π が大きい領域では線形に増大することがわかる。この性質が分析を容易にする。

特に，実質賃金が π に対して減少することを，π の大きな領域で解析的に示すことができる。その経済学的理由は以下のとおりである。定常インフレ率が高いときは定常値上げ幅が大きくなるため，無行動領域が広くなり，相対価

格分布のばらつきが大きくなる。一方で中間財は最終財生産に対称的に利用されているので，本来であれば同じ分量だけ用いられるのが効率的であり，そのもとで相対価格もすべて同じになる。定常均衡において相対価格がばらついているということは，本来対称的に利用されるべき中間財投入がばらついており，生産効率に損失があることを意味している。そのため均衡での労働生産性が下がり実質賃金が低くなる。これは NK モデルに広く共有される特徴であり，インフレの社会厚生損失の有力な一部をなす。価格硬直性にメニューコストというミクロ的基礎を与えた本章のモデルでもその特徴が再現され，解析的に賃金低下と厚生損失が示されたことになる。ただし，本章の主眼は，すでによく知られているインフレと相対価格のばらつきとの相関ではなく，次節以降で分析する，インフレとインフレ時系列分散の相関にある。

5.4　有限経済での物価振動

　ここまでで標準的なメニューコスト・モデルの分析が済んだ。本章の目的はこのモデルを応用して，企業数が有限な経済での内生的な物価振動を分析することにある。

　本モデルにおける外生ショックはカルボ・ショックだけであることから，企業数が非可算無限個あるときは大数の法則が極限で成り立ち，マクロ変数が確率的に振動する可能性があらかじめ排除されている。しかし企業数が有限な場合は，ショックの数も有限なので，その平均値は確率的な揺らぎを持ちうる。それでもたいていの場合は大数の法則が効いて，ミクロショック由来のマクロ振動は有意味なサイズを持ちえない。本章ではそのくびきを外れる可能性を示したい。

　企業数 n を無限大にしたときに連続体経済に収束するようなモデルが必要だが，それを作るのは難しくない。個別企業 i が測度 $1/n$ を持ち，企業の産出量を y^i，測度当たりの生産量を $\tilde{y}^i = y^i/(1/n)$ として，最終財の生産関数を $Y = \left(\sum_{i=1}^{n} (\tilde{y}^i)^{\frac{\eta-1}{\eta}} / n \right)^{\eta/(\eta-1)}$ と書く。任意の有界変動関数 $\tilde{y}(k)$ について，企業産出量 $\tilde{y}^i$ を $[\frac{i-1}{n}, \frac{i}{n})$ 内の点 j で評価した $\tilde{y}(j)$ と置けば，上で求められる Y は $n \to \infty$ のとき $\left(\int_0^1 \tilde{y}(k)^{\frac{\eta-1}{\eta}} dk \right)^{\eta/(\eta-1)}$ に収束することがわかる。最終財生産関数を企業の産出量 y^i で書き直せば

$$Y = \left(n^{-1/\eta} \sum_{i=1}^{n} (y^i)^{\frac{\eta-1}{\eta}} /n \right)^{\frac{\eta}{\eta-1}}$$

となり，離散経済で用いられる通常の生産関数と一致する[5]。

　最終財 Y の生産にかかる費用は $\sum_{i=1}^{n} P^i y^i$ である。費用最小化条件から中間財への要素需要は $y^i = (p^i)^{-\eta}(Y/n)$，ただし $p^i = P^i/P$ は相対価格で $P = (\sum_{i=1}^{n} (P^i)^{1-\eta}/n)^{1/(1-\eta)}$ は最終財 1 単位生産にかかる最小費用を表す。労働市場の均衡条件から $N = \sum_{i=1}^{n} l^i = \sum_{i=1}^{n} y^i = Y \sum_{i=1}^{n} \frac{(p^i)^{-\eta}}{n}$ となる。このように，最終財のスケールを Y/n と調整すれば，離散経済と連続体経済は対応していることがわかる。

■ 次元の呪いと限定合理性　　モデルの技術的な困難がずっと大きいのは，離散モデルと連続体モデルでの動学的最適化行動の対応である。問題の根本は第3章3.3節で示した次元の呪いにある。連続体モデルでは，相対価格分布 $f(p)$ が時間変動しない定常均衡を見出すことができたが，離散モデルでは相対価格分布 $(p_t^i)_{i=1}^{n}$ が厳密には一定にならず，小さく変動し続ける。そのため企業の最適行動は，連続体モデルであれば自身の相対価格 p のみを状態変数として他の変数は定常値だったのに対して，離散モデルでは価格分布自体が状態変数になってしまう。すると状態変数の数が n とともに発散することになり，最適化問題を数値的に解くことはそのままの形ではできなくなる。企業の最適化行動仮説に，何らかの制約を置くほかない。

　このような事情は，ミクロ経済主体の最適化行動を原理と奉じる経済学者の方法論的な都合から生じるので，専門外からは自縄自縛に見えるかもしれない。現実の経済主体は完全な最適化などしていないし，ミクロ主体の最適化行動がマクロ経済の説明に役立つ範囲には限界があると，かねてからいっているではないか，それ見たことかというわけだ。一方で，個人最適化の原理には新しい発想に導く仮説構築力があり，現実説明力や，インセンティブに基づく実効的政策を創出する力も大きい。何よりも，ミクロ主体の最適化行動を需給一致と並ぶ第一原理に据えることによって，経済学は方法論として強力な意思疎

---

5)　例えば Blanchard and Kiyotaki (1987) で用いられる。

通力と柔軟な発展可能性を獲得した。さまざまな前提仮説を暗黙に共有したうえで高度な議論を闘わせる秘技のようなものだったマクロ経済学説は，徹底的な数理化と第一原理の共有によって，習得さえ厭わなければ誰もが学術議論に参加できる国際的公開討論場へと，いわば民主化されたのだ。そのメリットを保持しつつ，第一原理の不便な点を改良していく努力は，例えば行動経済学の隆盛に，あるいは計算可能性の拡張に見られるように不断になされている。

本題に戻ろう。「次元の呪い」を回避するために本モデルでは，家計と企業が連続体モデルの定常均衡における行動関数に従って離散モデル上でも行動する，という仮定を置く。別の言い方をすれば，家計と企業が将来の経済を予想するとき，離散モデルは複雑すぎて解けないために，連続体モデルを用いて**限定合理的**な予想を立てると仮定する。具体的には次を仮定する。

[仮定 5.1] 限定合理的な期待形成

- a. 最終財価格 P_t はその生産費用に常に等しい。
- b. 企業は将来物価上昇率，実質賃金，割引率が $(\pi, \bar{w}, \rho)$ で一定と予想する。企業は物価水準 P_t を観察して，連続体モデルにおける価格付け政策関数に基づいて価格 $p_t^i = P_t^i/P_{t-}$ を改定する。
- c. 家計は将来物価上昇率と実質賃金を π と $\bar{w}$ で一定と予想する。
- d. 中央銀行は実質貨幣残高が $\bar{m}$ で一定となるよう物価に合わせて貨幣供給量を調節する[6]。

この設定のもとで離散モデルの物価は，企業のどれかがカルボ・ショックを受けた時点にのみ変化する。カルボ・ショックが起きない通常の期間は，すべての企業の状態は無行動領域にあり，財の相対価格と物価は変動しない。ある企業にカルボ・ショックが起きて値上げすると，追随値上げが一瞬のうちに逐次的に起きて物価がジャンプする。この物価のジャンプ幅を解析したい。

■ **価格付け雪崩** ここで前章と同じく架空プレイの思考実験をする。n 個の企業が無行動領域にあり，相対価格 p^i は定常分布 $f(p)$ から独立に抽出される確率変数とする。これは基準化された相対価格 s^i が定常分布 $g(s)$ から抽出されるのと同じことである。図 5.3 ではいくつかの企業の相対価格が g からラ

---

6) この仮定を変更し，中央銀行が物価に適応しない貨幣供給政策をとるとしても，以下同様の分析が成立することが示せる。Nirei and Scheinkman (2024) 付録 D を参照。

図5.3 価格付け雪崩

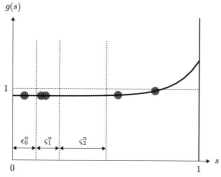

出所：Nirei and Scheinkman (2024)

ンダムに選ばれた状況を表している。

いまある企業がランダムに選ばれてカルボ・ショックを受けたとする。その他の企業の状態 s^i は図中の丸で示されている。カルボ・ショックを受けた企業が値上げすることで物価 P が少し上がり，それが他企業 i の相対価格 P^i/P と状態 s^i を少し引き下げる。その大きさが図中の ϵ_0^n である。状態 s^i が $[0, \epsilon_0^n]$ の範囲にある企業の数を m_0^n と書く。$m_0^n = 0$ ならば架空プレイは終了する。$m_0^n > 0$ ならばそれら企業はメニューコストを支払って値上げし，それら企業の状態 s^i は 1 へと遷移する。次に，そのような値上げが物価をさらに少し押し上げ，他企業の相対価格を引き下げる。その大きさを図中の ς_1^n と書く。ς_1^n の範囲にある企業の数を m_1^n と書く。$m_1^n = 0$ ならば架空プレイは終了する。$m_1^n > 0$ ならばそれら企業はメニューコストを支払って値上げをし，物価がさらに押し上げられて他企業の相対価格を ς_2^n だけ引き下げる。これを繰り返して，架空プレイが終了したところでその期の物価水準 P_t が確定する。

これが本モデルにおける架空プレイである。前章で見たように，企業数の列 $m_u^n,\ u = 0, 1, \ldots$ は確率過程とみなせる。なぜなら，m_0^n は区間 $[0, \epsilon_0^n]$ 内の企業数で決まり，m_1^n は $[\epsilon_0^n, \epsilon_0^n + \varsigma_1^n]$ 内の企業数で決まるが，これらは状態ベクトル $(s^i)_{i=1}^n$ の累積分布 G^n によって決まる確率変数だからである。この確率過程 m_u^n が 0 に到達して終了するまでの企業数の和 $L^n := \sum_{u \geq 0} m_u^n$ の分布が，値上げ雪崩で起こる物価のジャンプ幅を決定する[7]。

図 5.4　分 枝 過 程

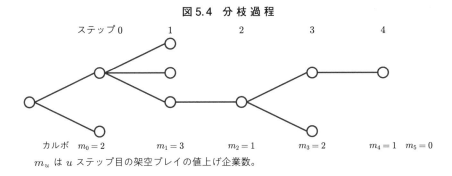

m_u は u ステップ目の架空プレイの値上げ企業数。

　確率過程 m_u^n は，n が大きいときに図 5.4 に示す分枝過程に従うことを示せる。分枝過程とは，親 1 人につき子どもが確率的に生まれるときの世代人口を表す確率過程である。架空プレイでいえば，1 つの企業の値上げが引き起こした他企業の値上げが「子ども」にあたる。カルボ・ショックによる 1 企業の値上げから始まった架空プレイが，最終的にゼロに収束するまでに引き起こした値上げ総数が雪崩のサイズになる。カルボ・ショックを受けた企業の状態を確率変数 s と書き，前節で定義した関数 $\theta_0(s)$ と補完性パラメータ θ を思い出そう。すると値上げ雪崩の分枝過程で，最初の値上げに直接誘引された値上げ第一世代 m_0 の平均値は $E^g[\theta_0(s)]$ となり，それ以降の世代で 1 企業が引き起こす値上げ企業数の平均値が θ になることを示せる[8]。

---

7)　もう少し正確にいうと次のようになる。本節の有限経済での均衡経路では，どの時点 t においても，他の企業の価格 P_t^{-i} を所与とした自分の価格 P_t^i が，限定合理的な改定ルール（仮定 5.1b.）を満たしている。そのような均衡経路は実は複数存在しうるが，その中で各期の物価変化幅が最小であるような均衡経路に注目する（均衡選択ルール）。するとそのように選ばれた均衡経路における各期の物価変動幅は，上述の架空プレイによって計算することができる。均衡が複数存在する理由は，ミクロの価格付け行動が非線形であることから，「大量の他企業が値上げしたら自分も値上げする」という行動も合理的になるためで，これもサンスポット均衡である。本節では，サンスポットを起こすパニック的な同調行動を排除したうえでも残りうるマクロ振動に焦点を合わせているといえる。

8)　以上のことは次のように示される。m_0^n は $[0, \epsilon_0^n]$ の範囲にいる企業の数なので，成功確率 $G(\epsilon_0^n)$ の試行を $n-1$ 回行う二項分布に従う。同様に m_{u+1}^n は，$(m_k^n)_{k=0}^u$ に条件付きで，成功確率 $\kappa_{u+1}^n := G(\epsilon_0^n + \sum_{k=1}^{u+1} \varsigma_k^n) - G(\epsilon_0^n + \sum_{k=1}^{u} \varsigma_k^n)$ と試行回数 $n - 1 - \sum_{k=0}^{u} m_k^n$ の二項分布に従う。原論文で示すように $\lim_{n \to \infty} E[m_0^n \mid s^1] = \theta_0(s^1)$，$\lim_{n \to \infty} E[m_{u+1}^n \mid (m_k)_{k=0}^u] = \theta m_u$ である。$n \to \infty$ のときの平均が有限であることから，これら二項分布はポアソン分布に漸近することがわかる。また，m_u が整数であり，ポアソン分布は無限分解可能であることから，平均 θm_u のポアソン確率変数は，平均 θ の独立ポアソン確率変数の m_u 個の和と同じ分布を持つ。親 1 人当たりの子ども数がポアソン分布に従うときポアソン分枝過程

■ **価格付け雪崩の確率分析**　　本節のメインの結果は，この値上げ雪崩で起こる物価のジャンプ幅の分布を，値付け行動の補完性 θ で解析的に導出することである。前章 (4.2) のような近似的議論でない厳密な分析は数学補論と原著に回すが，結果は前章と変わらない。分枝過程の企業数 L の分布 $\Pr(L = \ell)$ の右裾は，指数関数と冪関数の混合 $\ell^{-1.5} e^{(\theta-1+\log\theta)\ell}$ となる。この分布は，補完性を表すパラメータ θ が 1 に近づくとき純粋な冪分布に近づき，このとき L のモーメントはすべて発散する。また，均衡動学上の値上げ雪崩サイズの**変動係数** $\mathrm{Var}[L^n]/E[L^n]$ の下限を $1/(1-\theta)^2$ と示すことができる[9]。前節の分析により，補完性 θ は定常インフレ率 π が上昇すると 1 に向かって増加することがわかっている。したがって，値上げ雪崩で価格改定する企業数 L^n の変動係数は，定常インフレ率に伴って際限なく増加する。このようにして高い定常インフレ率が大きな物価振動を内生的に作り出すことが示される。

　値上げ雪崩の変動係数 $\mathrm{Var}[L^n]/E[L^n]$ の下限 $1/(1-\theta)^2$ を厳密に示すのは，数学補論で見るように骨が折れるのだが，その本質はシンプルである。分枝過程の第 1 世代以降を見ると，1 人の親から生まれる全子孫の数と，その子ども 1 人から生まれる全子孫の数は，同じ分布に従うという再帰性が見てとれる。1 人の親から生まれる子どもの数を M と書くと，M は平均 θ のポアソン分布に従う。そこで全子孫数を $\tilde{L}$ と書けば，$E[\tilde{L}] = 1 + E[\sum_{i=1}^{M} \tilde{L}_i]$ なので，その平均値は $1/(1-\theta)$ となる[10]。世代ごとの平均人口が乗数 θ で推移するので，トータルの平均値が $1-\theta$ の逆数になることは見やすい。分散も同様に計算すると，分散の分解により

$$V[\tilde{L}] = E_M\left[V\left[\sum_{i=1}^{M} \tilde{L}_i \mid M\right]\right] + V_M\left[E\left[\sum_{i=1}^{M} \tilde{L}_i \mid M\right]\right]$$

$$= E_M[MV[\tilde{L}_i]] + V_M[ME[\tilde{L}_i]].$$

よって $(1-\theta)V[\tilde{L}] = \theta/(1-\theta)^2$ となる。左辺の $1-\theta$ は，子ども 1 人につきそれ以降の全子孫数の分散が全体の分散に等しいという再帰性から，平均の

　　と呼んでいる。このことから，$(m_u^n)_{u=0}^n$ が $n \to \infty$ のときポアソン分枝過程 (m_u) に漸近し，$L^n = \sum_{u=0}^n m_u^n$ がそのポアソン分枝過程の累積和 L に分布収束するという予想が生まれる。

9)　文献によっては標準偏差を平均で割った数を変動係数とするものもある。

10)　期待値の繰り返しの公式より $E[\sum_{i=1}^{M} \tilde{L}_i] = E[E[\sum_{i=1}^{M} \tilde{L}_i \mid M]] = E[ME[\tilde{L}]] = \theta E[\tilde{L}]$。

再帰性と同様の乗数効果で生じる。右辺では，子ども 1 人につきそれ以降の全子孫数の平均値が $1/(1-\theta)$ あることから，第 1 世代の子ども数の分散 θ が $1/(1-\theta)^2$ 倍に拡大されている。価格付けの補完性 θ が 1 に近くなると，雪崩が長く続く可能性が出てくるために雪崩の平均サイズが大きくなり，変動係数はその 2 乗という大きな値になると解釈することができる[11]。

　このモデルでインフレ率の水準と振動が相関することは次のように説明できる。定常インフレ率の水準が上がると，企業にとっては自分の製品の相対価格が低下していくスピードが速くなる。価格改定幅を引き上げることによる相殺効果はあるが，部分的にとどまる。そのため，改定閾値近傍の密度が定常価格分布で高くなる。この高い閾値密度が補完性 θ の上昇をもたらす。なぜなら，閾値ぎりぎりにいて価格改定のタイミングを窺う企業がたくさんいるため，1 つの企業が値上げをしたときに追随する企業数が平均的に大きくなるからである。すると，値上げ雪崩が長く続く可能性があるために，値上げ企業数の変動係数は平均値上げ企業数の平方で増えていく。これがインフレ率の高いときに変動率も高くなる理由である。

5.5　インフレ率の水準と振幅：数値解析

　定常インフレ率の上昇に応じて物価の短期振動が大きくなることを，定量的に示してみよう。そのため，外生的パラメータ値を 80 年代以降の米国データに合うようにカリブレートする。

■ ミクロデータを用いたカリブレーション　　特に重視するのは企業の価格付けデータとの整合性である。2000 年代に入ってから，各国の物価統計の基礎

---

11)　このような大きな雪崩が起こるのは，$\theta \to 1$ のときに分布 $\mathrm{Pr}(L)$ が冪乗則に従うためである。L の積率母関数を $\Psi(z) = E[z^L]$ とし，親 1 人から生まれる子どもの数の積率母関数を $\Phi(z) = E[z^M]$ と書くと，分枝過程の再帰性から $\Psi(z) = z\Phi(\Psi(z))$ が成り立つ。ここで右辺の最初の z は親 1 人を表し，次世代以降の人口を M 人の子どもを始祖とする人口の畳み込みと見たのが $E[E[z^{\sum_{i=1}^{M} L_i} \mid M]] = E[\Psi(z)^M] = \Phi(\Psi(z))$ である。この関数方程式を Ψ について解くことで，分布 $\mathrm{Pr}(L)$ が求まる。分枝過程で累積分布の裾指数 0.5 が現れるメカニズムはマルチンゲールの初期通過時間分布に似ている。その特殊ケースはブラウン運動の初期通過時間を表す逆ガウス分布である。このような数理については Harris (1989)，Redner (2001)，Sornette (2004) が参考になる。

となる財別のミクロ価格データを利用した実証研究が進んだ。また，販売店の
POS などによって機械的に読み取られたスキャナーデータと呼ばれる小売価
格データベースが整備され，研究に活用されるようになった。さらには電子商
取引の拡大を背景に，大量のオンライン小売価格データが収集可能になった。
これらを用いた実証研究により，販売価格は毎日のように更新されるわけでは
なく実際に粘着的であること，かといって年中を通して一定というわけではな
くある程度伸縮的であることが明らかになり，価格粘着性の程度について定量
的な把握が進んできた。

　これらの実証研究の代表として Nakamura and Steinsson (2008)(NS) によ
る推定結果を用いる。1988〜2005 年の米国消費者物価指数のミクロデータを
用いたその分析によれば，財価格の値上げ幅の中央値は 7.3%，値上げ頻度は
値下げ頻度の約 2 倍であり，値上げ頻度から値下げ頻度を除いた値上げ純頻
度は月に 3〜4% であった。これらの観測値をモデルが再現できるように外生
パラメータを設定する。まず，均衡で値下げも起きるように，モデルを拡張
して企業の生産関数の生産性に外生ショックを導入する。生産性ショックは
Golosov and Lucas (2007)(GL) にならい，定常標準偏差が 0.1，平均回帰パ
ラメータが 0.55 の Ornstein-Uhlenbeck 過程を近似した 2 状態マルコフ過程
とする。状態遷移はカルボ・ショックに伴って起こるとすると，カルボ確率
$\mu = 0.21$ で生産性ショックが近似できる。資本分配率は $1/\eta$ となることから，
$\eta = 3$ とする。時間割引率は定常金利水準 $\rho = 0.02$，定常インフレ率はデー
タ期間の平均インフレ率 $\pi = 0.03$ に設定する。企業数 n は NS データセット
に含まれた財の概数である 4 万とする。この設定のもと，モデルの値上げ率
$\log(p^*/p)$ の平均を 7.3% にするためには $\delta^+ = 0.0021$ とする必要があった。
これは企業の人件費の 0.1% に相当する小さな値である（GL モデルでは 0.5%
であり同様に小さい）。また，$\delta^- = n^{-2.2}$ と置くことで，値下げ頻度を再現し
た。このカリブレーションのもとで値上げ純頻度は 3.51% となり，実測値の
範囲に収めることができた。

■ インフレ率の水準と分散　　これらの外生パラメータ値のもとで，定常イン
フレ率 π をさまざまな水準に設定して定常均衡を計算し，その均衡における
価格付け補完性の強さ θ を求めたのが図 5.5 である。解析的にも示したよう

図 5.5　定常インフレ率 π と価格付け補完性 θ

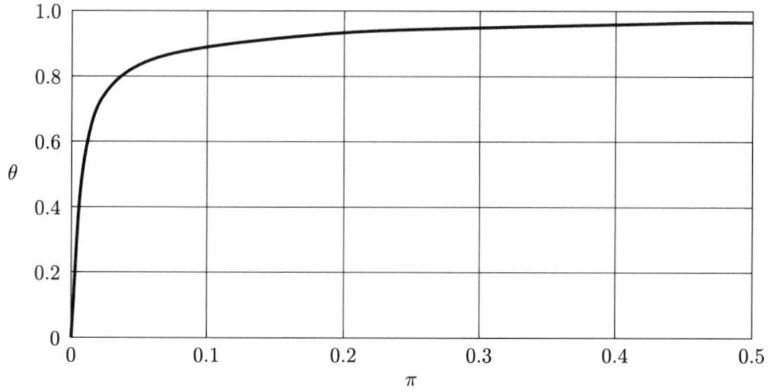

出所：Nirei and Scheinkman (2021)

に補完性 θ は π の増加関数となっているが，それ以上に，小さい π の領域で θ は急速に増加して，$\pi = 0.03$ でも θ が 1 に十分近づいていることに注目する。このことは，マイルド・インフレ環境でも価格付けの補完性は強く，無視できない程度の内生的振動を生み出しうることを意味する。

　どの程度の振動が生み出されるのかを定量的に見るため，実際に均衡動学を数値計算によりシミュレートする。まず，カルボ・ショックの時間間隔を指数分布からランダムに生成し，そのショックを受ける企業インデックスをランダムに生成して，連続時間上にカルボ・ショック時系列を作る。次に最初期の相対価格を定常分布 f からランダムに抽く。そしてそれぞれのカルボ・ショックを基点とした値上げ雪崩を，架空プレイを用いて計算し，物価ジャンプとジャンプ後の相対価格ベクトルを記録していく。このように生成した時系列から，前年比インフレ率の標準偏差を計算する。この計算をさまざまな水準の長期インフレ率 π に対して繰り返したのが図 5.6 である。図から見られるように，モデルが予測するインフレ率の水準と振動の相関は，米国の経験と整合的である。また，$\pi = 0.03$ のときのモデル上のインフレ振動の標準偏差は 0.53% となり，これは米国のデータ期間全体で観察された標準偏差 0.55% にほぼ匹敵する水準となった。

■ 合理的期待形成と厚生含意　　ここまでの分析をまとめよう。5.3 節では連続体企業のメニューコスト・モデルを提示し，企業の価格付け行動が補完性

図 5.6　異なる長期物価上昇率 π に対する，物価上昇率の月次振動の標準偏差（米国）

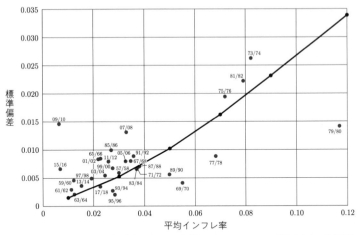

注：実線はモデルの計算結果。丸印は米国の 2 年間インターバルにおいて観察された，前年同月
　　比物価上昇率の月次振動標準偏差
出所：Nirei and Scheinkman (2024)。元データは IMF-IFS データセットの米国月次消費者物価指
　　数 (1955M1-2018M12)

θ を持つことを示した。5.4 節では同様の経済に有限数の企業がいる場合を考
え，そこでは企業間の相互作用によって内生的な物価振動が生まれることを示
した。ミクロの相互作用とマクロ振動をつないだものは冪乗則である。価格付
け補完性によって引き起こされる価格改定同期の確率分布を解析的に導き，定
常インフレ率が高くなると補完性 θ が 1 に近づき，同期サイズの分布が冪乗
則に収束することを示した。これに基づき 5.5 節の数値解析では，長期イン
フレ率が高い時期には短期インフレ変動が大きくなるという，米国の実証事実
を定量的に説明した。

　有限経済の分析では，3.3 節のような限定合理的な期待形成仮説を用いるこ
とで次元の呪いを回避した。しかしそれは合理的期待形成のもとで内生的振
動が起こらないということを意味するものではない。数値解析によれば，有限
経済の内生的な振動のもとでの家計厚生は，定常均衡での期待厚生とほとんど変
わらない。このことは，家計が期待形成をより正確にするインセンティブをほ
ぼ持たないことを示唆する。有限経済では確かにマクロレベルの物価振動が起
こるが，この振動はミクロの企業間価格分布に微小にしか影響しない。なぜな

ら，価格改定した企業の相対価格 p_i が閾値 $\underline{p}$ から改定値 p^* に跳ねる一方，その他の企業の相対価格は物価上昇分だけ引き下げられるため，閾値近傍にはまた新たな企業群が充填されて，p_i の分布の全体的な姿はさほど変化しないからである。家計は高くなった財の消費を減らし，安くなったものを多く買うなど調整はするが，相対価格分布の全体の姿が変わらないので，総消費需要もほとんど変化しない[12]。

　家計と同様に企業にとっても，限定合理的な期待形成から合理的期待形成に変える誘因は乏しい。企業行動はそもそも最適化されているので，価格改定時点において，価格改定するしないについて企業は無差別である。したがって将来予測の精度が多少上がったところで大きな行動変化にはつながらない。そもそも本モデルのように多数の企業が非線形な行動様式をもって相互作用している場合，価格ベクトルの実現経路はカオス的なので，完全に合理的な期待を形成する計算可能性自体が乏しい。

　ただし，本モデルが生成する物価振動を予測する誘因が家計にほとんどないということは，本モデルの物価振動がもたらす厚生損失が小さいということと表裏の関係にある。経済変動の増大がインフレの社会的費用の 1 つであることは Fischer and Modigliani (1978) などで伝統的に指摘されてきたが，本章ではそのようなインフレの社会的費用はモデルの外で発生しているとせざるをえない。内生的物価振動の厚生分析は今後のモデル拡張の課題である。

■ 長期動学と砂山モデル　　本章のモデルのシミュレーションを再確認しよう。まず連続体モデルの定常均衡を数値的に求め，実質賃金と企業の政策関数，企業価格の定常分布を計算する。次に定常価格分布から n 個の財価格をランダムに抽いて初期価格ベクトルを決める。それからカルボ・ショックの系列，つまりどの時点でどの企業が無料の価格改定チャンスを与えられるのかをランダムに抽く。最後に，カルボ・ショックごとに引き起こされた価格改定雪崩を計算し，価格ベクトルを逐次的に変更していく。

　上のように均衡動学をシミュレートすると，n 企業の価格ベクトルの時系列

---

12)　総消費が変化するとしたら，物価によって実質賃金が変化するという経路による。この効果は金融政策ルールの詳細に依存する。原論文（Nirei and Scheinkman, 2024, 付録 D）を参照されたい。

図 5.7　均衡物価のシミュレーション経路（左：物価水準 $\log P(t)$ の推移，右：月次
　　　　物価上昇率）

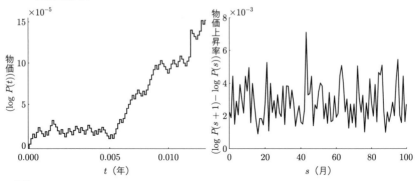

出所：Nirei and Scheinkman (2024)

ができる。それを集計して物価と物価上昇率の時系列を作る。1 つのサンプル
経路を図 5.7 に示す。図に見てとれるように，物価は企業がカルボ・ショッ
クを抽いたときにジャンプする，複合ポアソン過程に従う。ジャンプ幅が価格
改定雪崩に対応している。このシミュレーションから価格改定雪崩の統計的性
質を詳しく調べることができる。

　まず，個別のカルボ・ショックに引き続いて起こる価格改定雪崩の確率分布
は，解析的分析で導出した分布形に従っていることが確かめられる。また，価
格ベクトルと定常価格分布の乖離幅は常に微小にとどまることも確認できる。
5.4 節の解析的結果は，価格ベクトルを定常価格分布から確率的に抽くという
思考実験によって可能になったものだった。有限経済でシミュレートされた均
衡価格ベクトルが定常分布から大きく異ならないということは，この思考実験
が価格雪崩の振動を特徴づける手法として有効であることを裏付けてくれる。

　一方で，価格雪崩 L^n の系列相関については，この解析的思考実験は示唆す
るものを持たない。5.4 節の静学的思考実験では，均衡経路上の個別価格の系
列相関を考慮に入れていないためである。L^n の系列相関をシミュレーション
結果から調べてみると，カルボ・ショック単位での時系列で弱い正相関を示し
ている。このことは次のように理解できる。価格雪崩が起こると，左端にある
企業群が価格改定により右端にジャンプし，その他の企業は物価上昇分だけ相
対価格が下がって左に平行移動する。ここで定常価格分布は右上がりの密度関

数 $g(s)$ を持っているので，平行移動した後の分布は，左端に定常よりも大きい密度を持っていることが多い。これが雪崩間の時系列相関を生み出すと考えられる。

　シミュレーションによる価格雪崩サイズは，確かに解析で導出した分布形に従うのだが，重要な違いも見られる。カリブレートされたモデルから決定される θ は，定常インフレ率が 3% のとき 0.77 という値をとるが，シミュレートされた雪崩に一般化ポアソン分布をフィットさせて得られる推定値は $\hat{\theta} = 0.93$（標準誤差 0.0004）となる。つまりシミュレーションの雪崩分布は，解析の雪崩分布よりも数値的に大きな形状パラメータ θ を持つ。この違いは，解析的導出では条件付けられている s^1 の確率的変動や，データからの推定量 $\hat{\theta}$ が統計的に持つバイアスを考慮しても埋めることができない。さらにシミュレーション結果を分析すると，物価上昇率の分散がかなりゆっくりとした変動を示している。シミュレーション分布から推定された $\hat{\theta}$ がモデル上の θ から上方乖離する原因は，この長相関（時系列の自己相関関数が時間について緩慢に減衰すること）にあることが示唆される。

　この上方乖離について現段階でははっきりした答えは出ていない。1つのヒントは，価格ベクトルの時系列発展が閾値近傍の企業密度の長相関を生み，θ の緩慢な時系列変化を生んでいるらしいことだ。θ は定常分布のもとで1つの価格改定が引き起こす価格改定の平均的企業数を表す。したがって価格分布が揺らぐ場合はこの平均値も揺らいでいる。シミュレートされた価格分布は定常分布から微小な差を示すのみではあるが，その微小な差が重要である可能性はある。

　そして，このメカニズムこそが砂山モデルにおける自己組織臨界現象に相当するのである。砂山モデルでは，山の傾斜が急になったときは大規模な雪崩が起きて傾斜が緩まり，傾斜が緩いときは雪崩が小規模にとどまることで傾斜が強まっていく。この長期的な動学が傾斜をちょうど臨界点近傍に留め置き，その臨界点で雪崩の冪乗則が起こる。価格改定モデルにおいては閾値近傍の企業密度が砂山モデルの傾斜にあたる。雪崩規模の分散が長期的に揺らいでいるのは，閾値近傍の密度が臨界点から離れてはまた近づく自己組織化の動学に支配されているからかもしれない。しかしそのような分析もまた将来に残された。

5.6　数 学 補 論

■ **企業価値最大化問題**　　定常均衡における企業行動を考える。実質賃金は定常水準 $\bar{w}$ で一定であり，企業収益を定常 GDP($\bar{Y}$) で割ったものを $z(p) = (p - \bar{w})p^{-\eta}$ と書いた。消費も一定なので，株主（家計）が企業に要求する割引率は時間選好率 ρ に等しい。さらに図 5.1 で見たように，p の定常分布上では企業は値下げすることがない。そこでここでは簡単に企業の値下げを最初から無視しよう（本来の手続きは原論文を参照）。

株主は企業に時価総額の最大化を要求する。最大化のために企業が選択するのは改定価格とそのタイミング $(p_{t_i}, t_i)_{i=1}^{\infty}$ であり，均衡企業価値は将来利益の期待割引現在価値 $E_0 \left[\int_0^{\infty} e^{-\rho t} z(p_t) \bar{Y} dt - \sum_{i=1}^{\infty} e^{-\rho t_i} \delta + \bar{Y} \right]$ の最大値である。この最大化問題は**インパルス制御問題**と呼ばれ，動的計画法で解くことができる。以下にその解法を素描するが，厳密には Øksendal and Sulem (2019) など数学の教科書を参照する必要がある。

相対価格 p を状態変数として，企業価値を $\bar{Y}$ で割ったものを価値関数 $v(p)$ で表す。カルボ・ショックを受ける時点を τ，メニューコストを支払う時点を T' で表せば，価格改定する時点は τ か T' のどちらか先なので，$\min(T', \tau)$ と書ける。

ベルマンの最適性原理によれば，最初の制御時点以降の価値を v で再帰的に表すことができる。価値関数が連続ならばそれは次のように書ける。

$$v(p) = \sup_{p', T'} E_0 \left[\int_0^{\min(T', \tau)} e^{-\rho t} z(pe^{-\pi t}) dt + e^{-\rho \min(T', \tau)} (v(p') - \mathbb{1}_{T' < \tau} \delta^+) \right]$$

ただし，$\mathbb{1}_{T' < \tau}$ は $T' < \tau$ のときに 1，$T' \geq \tau$ のときに 0 をとる指示関数を表す。また sup は上限を表し，最大値が存在しないケース（例えば $\max_{0 \leq x < 1} x$）にも値をとるため便利である。右辺は次のように解釈できる。期間 $[0, \min(T', \tau)]$ の間，相対価格はインフレにより $p_t = p_0 e^{-\pi t}$ のように低下する。積分で示した項がその期間の収益の割引現在価値を表す。積分の次の項は，$\min(T', \tau)$ 時点以降の収益の割引現在価値であり，p' は企業が選択する改定価格を表す。カルボ・ショックが起きたときも，メニューコストを支払うときも，改定価格は $v(p)$ の最大化点を選択するはずであり，また改定価格は現在の価格に依存しない。ただし $T' < \tau$ の場合は，企業はメニューコスト δ^+（GDP で基準化後）を支払わなければならない。

インパルス制御問題の政策関数は，無行動領域 $[\underline{p}, p^*]$ とその外の制御領域に分けて記述できる (Shiryaev 1978, Theorem 21, p.91)。状態 p が無行動領域の内部にあるとき，価値関数は次のハミルトン‐ジャコビ‐ベルマン (HJB) 方程式を満たす必要がある。

$$z(p) - \rho v(p) - \pi p v'(p) + \mu[\sup_{p'} v(p') - v(p)] = 0 \qquad (5.4)$$

この条件は経済学的直観に合う。いま p が $(\underline{p}, p^*)$ にあり，短い時間 dt が経過することを考える。時間を十分短くすれば，dt 後の p も無行動領域の内部にあるので，メニューコストを支払う時期は到来せず T' を無視してよい。短い時間 dt の間に得られる収益は $z(p)dt$ であり，価値 $v(p)$ を投資する機会費用は $\rho v(p)dt$ である。また，dt の間に状態 p が $-\pi p dt$ 遷移するのに伴う価値関数上の変化分が $-\pi p v'(p)dt$ である。さらにカルボ・ショックを受ける確率が μdt であり，その際は価値が $\sup_{p'} v(p') - v(p)$ 上昇する。これらをまとめると HJB は，フロー収益と期待キャピタル・ゲインの和が，最適解において機会費用に等しいという条件にほかならない。

p が制御領域内にあるときは，メニューコストを支払って価値 $v(p^*)$ に遷移する。したがって $\underline{p}$ ではいわゆる value-matching 条件 $v(\underline{p}) = v(p^*) - \delta^+$ が成り立つ。さらに $\underline{p}$ と p^* を v の極値点とすると，これらの条件を満たす関数 v が構成できる。その関数が実際に価値関数であることを**検証定理**[13] を召喚して確認するのが数学的手順である。

なぜ $\underline{p}$ と p^* は v の極値点になるのか。改定価格 p^* については，それが $\sup_{p'} v(p')$ の解であることから簡単にわかる。閾値 $\underline{p}$ については次のように直観的に考えることができる。もし $\underline{p}$ が極小化点より下だとすると，無行動領域内に制御領域の価値より低くなる部分が生じ，v が価値関数であることと矛盾する。一方，極小化点より上だとすると，$\underline{p}$ の少し下では，フロー収益とキャピタル・ゲインの和 $z(p) + \mu(v(p^*) - v(p))$ が機会費用 $\rho v(p)$ を上回ることになり，わずかに遅らせてから改定する方が価値が高まるので矛盾する。よって $\underline{p}$ は極小点でなければならない。これは制御変数 T' についての一階条件のようなものだが，一般的に T' が確率変数なので話は複雑になったのである[14]。

式 (5.4) を p^* において評価すれば $v(p^*) = z(p^*)/\rho$ を得る。これにより式

---

13)　Øksendal and Sulem (2019, 9 章) の検証定理が本モデルに適応でき，メニューコストが改定幅に線形依存する場合や状態変数に拡散過程を含む場合にも拡張できる。

14)　Stokey (2009, 7 章) も参照されたい。

(5.4) は, 一階線形微分方程式

$$(\rho + \mu)v(p) + \pi p v'(p) = z(p) + z(p^*)\mu/\rho$$

になり, その解は c_0 をある定数として

$$v(p) = p^{-\frac{\rho+\mu}{\pi}} \left(\int \frac{z(p) + z(p^*)\mu/\rho}{\pi p} p^{\frac{\rho+\mu}{\pi}} dp + c_0 \right)$$

と陽関数に書けて計算に便利である。また, 値下げの閾値 $\bar{p}$ は value-matching 条件 $v(\bar{p}) = v(p^*) - \delta^-$ によって定まることになる。

■ **$f, g, \underline{p}, \lambda$ の導出**　　相対価格分布の前進方程式 (5.1) は, 未定係数を (a, b) として指数関数 $f(p) = bp^a$ を定常解に持つ。式に代入して整理すると $a = \mu/\pi - 1$。また f は密度関数だから $1 = \int_{\underline{p}}^{p^*} bp^a dp$。これを解くと $b = (1+a)/((p^*)^{1+a} - \underline{p}^{1+a})$ を得る。

　以下の分析のため, 値上げ幅 $q := p^*/\underline{p}$ と関数 $\varphi(q, x) := (q^x - 1)/x$ を定義する。定常分布 f はこれを用いて次のように書ける。

$$f(p) = \frac{p^{\mu/\pi - 1}}{\underline{p}^{\mu/\pi} \varphi(q, \mu/\pi)}$$

残りは f から直接に求められる。定常均衡条件 $1 = E^f[p^{1-\eta}]$ に代入すれば $\underline{p}^{1-\eta} = \varphi(\mu/\pi)/\varphi(\mu/\pi + 1 - \eta)$ を得る。価格改定企業の定常測度は $\lambda = f(\underline{p})\pi\underline{p} = \mu/(q^{\mu/\pi} - 1)$ となる。式 (5.2) で定義された s の定常分布 g は, 密度関数の変数変換 $g(s) = f(p(s))|dp/ds|$ により $g(s) = q^{s\mu/\pi}(\log q)/\varphi(q, \mu/\pi)$ と求まる。

■ **θ の導出**　　本章の鍵となる補完性パラメータ θ の数値を与える式 (5.3) を, やや煩瑣だが導出しておこう。$[s, s + \nu/\log q]$ 上にいる企業の測度を $m_s(\nu) := \int_s^{s+\nu/\log q} g(\tau)d\tau$ とする。状態 s にある企業の相対価格を $p(s) = \underline{p}q^s$ と書くと, $p(s + \nu/\log q) = p(s)e^\nu$ である。

　いま, 企業群 $m_s(\nu)$ が p^* へと価格改定することにより, 物価水準 P が P' に上昇したとする。P' は物価の定義より次式で与えられる。

$$P' = \left[\int_{\underline{p}}^{p(s)} (Pp)^{1-\eta} f(p)dp + (Pp^*)^{1-\eta} m_s(\nu) + \int_{p(s)e^\nu}^{p^*} (Pp)^{1-\eta} f(p)dp \right]^{\frac{1}{1-\eta}}$$

$$(5.5)$$

　次に, $m_s(\nu)$ が物価を押し上げた影響によって改定閾値を超える企業の測度を

$m'_s(\nu)$ とする。そのうえで $\theta_0(s)$ を次のように定義する。

$$\theta_0(s) := \lim_{\nu \to 0} \frac{m'_s(\nu)}{m_s(\nu)} = \lim_{\nu \to 0} \frac{dm'_s(\nu)/d\nu}{dm_s(\nu)/d\nu}$$

最後の等号はロピタルの定理による。ここで分母分子は次のように与えられる。

$$\frac{dm_s(\nu)}{d\nu} = \frac{d}{d\nu} \int_s^{s+\nu/\log q} g(\tau)d\tau = \frac{g(s+\nu/\log q)}{\log q},$$

$$\frac{dm'_s(\nu)}{d\nu} = \frac{d}{d\nu} \int_0^{\nu'_s(\nu)/\log q} g(\tau)d\tau = \frac{g(\nu'_s(\nu)/\log q)}{\log q} \frac{d\nu'_s}{d\nu}$$

さて、物価の上昇率を $\nu'_s(\nu) := \log(P'/P)$ と書けば、式 (5.5) を用いて次を得る。

$$\frac{d\nu'_s(\nu)}{d\nu} = \frac{d \log(P'/P)}{d\nu} = \frac{1}{1-\eta} \left((p^*)^{1-\eta} \frac{dm_s(\nu)}{d\nu} - p^{2-\eta} f(p)\big|_{p=p(s)e^\nu} \right)$$

ただし 2 つ目の等号でライプニッツの積分公式を用いた。ここに前項で求めた $f(p), g(s), \underline{p}$ を代入すると次を得る。

$$\begin{aligned}
\lim_{\nu \to 0} \frac{d\nu'_s(\nu)}{d\nu} &= \frac{1}{1-\eta} \left((p^*)^{1-\eta} \frac{q^{s\mu/\pi}}{\varphi(q,\mu/\pi)} - \frac{p(s)^{\mu/\pi+1-\eta}}{\underline{p}^{\mu/\pi}\varphi(q,\mu/\pi)} \right) \\
&= \frac{q^{s\mu/\pi}\underline{p}^{1-\eta}(q^{1-\eta}-q^{s(1-\eta)})}{(1-\eta)\varphi(q,\mu/\pi)} = \frac{q^{s\mu/\pi}(q^{1-\eta}-q^{s(1-\eta)})}{(1-\eta)\varphi(q,\mu/\pi+1-\eta)}
\end{aligned}$$

よって求める次の表現を得る。

$$\theta_0(s) = \lim_{\nu \to 0} \frac{dm'_s(\nu)/d\nu}{dm_s(\nu)/d\nu} = \frac{g(0)}{g(s)} \lim_{\nu \to 0} \frac{d\nu'_s}{d\nu} = \frac{q^{1-\eta}-q^{s(1-\eta)}}{(1-\eta)\varphi(q,\mu/\pi+1-\eta)}$$

さらに極限 $s \to 0$ をとると、θ の式 (5.3) を得る。最後に $p^* = q\underline{p}$ を用いれば、図 5.4 の分枝過程の第一世代平均値を次のように得る。

$$E^g[\theta_0(s)] = \frac{q^{1-\eta}-\varphi(q,\mu/\pi+1-\eta)/\varphi(q,\mu/\pi)}{(1-\eta)\varphi(q,\mu/\pi+1-\eta)} = \frac{\varphi(p^*,1-\eta)}{\varphi(q,\mu/\pi)}$$

■ **架空プレイの確率分析**　均衡での物価ジャンプを計算するアルゴリズムとして導入された架空プレイ過程 m_u^n は、$n \to \infty$ においてポアソン分枝過程 m_u になる。このことから、過程の総和 L^n は L に何らかの意味で収束すると予想されるが、モーメントが収束することを示すのは L が重い裾を持つことから簡単でない。

　原論文ではまず、L^n と L の全変動距離が 0 に収束することを示す。そのことから L^n は L に概収束し、よってファトゥの補題から L^n の任意のモーメントの下極限の下限が L のモーメントであることがわかる。また、ある特定のパラメータ

領域で確率変数列 $\{L^n\}$ が一様可積分となることが示せて，その場合に L^n の期待値は L の期待値に収束する。米国経済に合わせた 5.5 節のカリブレーションはこのパラメータ領域内に収まっている。よって 5.5 節の L^n の変動係数の下極限の下限が L の変動係数となる。L の変動係数は $1/(1-\theta)^2$ を下限に持つことが示せるので，L^n の変動係数も $1/(1-\theta)^2$ より大きいことがわかった。

コラム　物価の財政理論

　本章のモデルにおいて，物価水準は基本的に粘着的に決定されている。個別の財価格を設定する企業はメニューコストを支払うかカルボ・ショックに当たらなければ価格を変更できず，物価は個別財価格の集計だからだ。粘着的な物価を仮定したうえで，それでも現実に観察される程度の短期物価変動が内生的に起こることを示したのが本章だった。

　メニューコストがあること自体はしかし，物価が大きく非連続的に変動することを妨げはしない。もし仮にすべての企業が大きく値上げしたら，自分も追随して大きく値上げをするのがメニューコストがあっても最適になる。何らかの情報的協調によって，すべての企業が値上げをすると皆が信じるために実際にすべての企業が値上げをする，というサンスポット均衡 (4.4 節参照) は存在しうる。本章ではその可能性を均衡選択によって排除したのみだ。

　では物価水準はどのように決まるのか。本章のような貨幣入り効用関数のあるモデルでは，実質貨幣残高の定常値 $\bar{m}$ が家計の選択により決定される。5.3 節に示したように，実質貨幣残高の限界代替率 $\iota'(\bar{m})/U_C(\bar{C}, \bar{N})$ が貨幣保有の機会費用である名目金利と一致する点で決まるのである。そのうえで，貨幣供給 M_t が外生的に（例えば中央銀行によって）与えられているならば，物価 P_t は実質貨幣残高が定常値に一致するように決まることになる。これは，長期的に貨幣数量説が成立しているというのに等しい。長期には物価水準は貨幣供給量を反映するのみで，実質に影響しないが，貨幣供給成長率は定常インフレ率を決定し，その限りにおいて定常価格分布や家計厚生に影響する。

　貨幣供給を中央銀行が独立に決めることができない場合，とりわけ財政政策が優先する場合 (fiscal dominance) には事情が異なる。第 1 章コラムに続ける形で展開しよう。財政当局が発行する国債を B_t^T，中央銀行が保有する国債を B_t^M，家計が保有する国債を $B_t = B_t^T - B_t^M$ とする。国債の金利を i_t，税収の名目値を T_t とする。中央銀行は貨幣 M_t を発行し，剰余 S_t を政府に納付する。中央銀行には毎期，国債保有による金利収入と貨幣発行収入があり，国債購入の支出があるので，剰余は

$$S_t = i_{t-1} B_{t-1}^M + (M_t - M_{t-1}) - (B_t^M - B_{t-1}^M)$$

となる。財政当局は毎期，財政支出と利払いがあり，それを税収と国債発行，および中央銀行からの納付金で賄う。

$$G_t + i_{t-1}B_{t-1}^T = T_t + (B_t^T - B_{t-1}^T) + S_t$$

S_t を代入すれば，中央銀行と財政当局が一体化した**統合政府**の予算制約を得る。

$$(G_t - T_t) + i_{t-1}B_{t-1} = (B_t - B_{t-1}) + (M_t - M_{t-1}) \tag{5.6}$$

つまり，プライマリー赤字と利払いは，統合政府の名目負債（国債と貨幣）の新発で調達される。この両辺を物価 P_t で割る。実質金利を $r_t = (1 + i_t)/(P_t/P_{t-1}) - 1$，インフレ率を $\pi_t = P_t/P_{t-1} - 1$，名目変数 G, T, B, M はそれぞれの小文字で実質変数を表すとすれば，

$$(g_t - \tau_t) + r_{t-1}b_{t-1} = (b_t - b_{t-1}) + \left(m_t - \frac{m_{t-1}}{1 + \pi_t}\right)$$

となる。右辺最後の項が貨幣発行益（**シニョリッジ**）である。この項がなければ上式は第 1 章コラムの政府予算制約と一致する。その場合政府は，将来プライマリー黒字の割引現在価値以上の負債を今期負うことができない。しかし貨幣発行がある場合，政府はシニョリッジ分だけ追加の収入（インフレ税）を家計から得ることになる。例えば中央銀行が一定の成長率 $\bar{\pi}$ で貨幣供給 M_t を増やすなら，インフレ率が $\bar{\pi}$，実質貨幣残高が $\bar{m}$ で一定となり，貨幣発行益が $\bar{m}\bar{\pi}/(1 + \bar{\pi})$ となる定常均衡が可能である。財政当局が予算制約を守る場合（**リカーディアンな政府**と呼ばれる）には話はそこで終わる。

しかし財政当局が，将来プライマリー黒字の割引現在価値を超えた負債を今期発行することも，ここでは可能である（**非リカーディアン政府**）。その場合，統合政府の帳尻を合わせる役目は中央銀行に負わされる。中央銀行は貨幣発行を増やしてシニョリッジを追徴する。そのような金融政策はいずれインフレを昂進させざるをえない。それが Sargent and Wallace (1981) の指摘だった。

そのようなインフレが，将来を待たず直ちに起こっても不思議はない。統合政府の名目予算制約式 (5.6) を将来にわたって足し上げてから今期の物価水準 P_0 で割れば，統合政府の実質負債 $(B_0 + M_0)/P_0$ が将来のプライマリー黒字と貨幣発行益の割引現在価値に等しいことがわかる。この式が今期の均衡物価水準 P_0 を決定すると見るのが物価の財政理論である[15]。

ある朝目が覚めると，現在の負債残高に見合うだけの将来プライマリー黒字を確保するつもりが財政当局にないことを，全市民が確信する。かといって国債をデフォルトにするつもりもないらしい。ならば中央銀行にマネタイズしてもらう

---

15)　渡辺・岩村 (2004) の解説が詳しい。

つもりなのか。インフレが予期される。貨幣や国債を資産として持つ市民からすれば，インフレは資産価値の毀損である。市民は資産を実物にシフトする。そして物価 P_0 が，統合政府予算制約を満たす点まで高騰する。

　これは異常事態である。通常の経済で物価水準がこのように決まるとは考えにくい。なぜなら通常の経済では，政府は責任ある財政計画を持っていると期待されているからだ。しかし不測の事態は起こりうる。多額の政府負債と民間金融資産を抱える国（45 頁の図 1.5）に大災害が起こるとき，物価はどのように反応するだろうか。太平洋戦争敗戦後の日本に起きた物価高騰について齊藤誠（Saito, 2021；齊藤，2023）は，政府が負債をどう始末するつもりなのかに呼応して展開したと主張する。その事例は財政政策が物価に及ぼす怪力を伝えている。

第**6**章 資産価格とマクロ経済：準備

現代経済では資産市場の影響力がますます強くなっている。本章は代表的な資産市場分析を3種類，手短に説明する。

6.1節では，標準的な動学一般均衡理論における株式市場分析を解説する。これによって，第2〜5章の分析で後回しにしていた**確率的割引要素**の概念を解説し，資産市場のどのような機能がマクロ経済の健全性のために期待されているのかを明らかにする。

章の後半では市場参加者間の情報の非対称性がある場合を考える。6.2節では**市場ミクロ構造**モデルを取り上げる。このモデルは，資産市場における価格形成の中でどのように市場参加者間の情報集約が達成されるのかを考えるうえで重要であり，第7章で示す資産価格の内生的振動分析の背景となる。6.3節では銀行取付けモデルを取り上げる。銀行機能はマクロ経済を語るうえで欠かせない話題であるだけでなく，4.4節で論じた複数均衡・サンスポット均衡の好例として方法論上の興味もあるためである。

6.1 動学一般均衡と確率的割引要素

資産市場を含む動学一般均衡モデルは，形式的には今まで示した動学一般均衡モデルと何ら変わらない。例えば生産資本は家計の保有する資産の一種だから，資本取引のあるモデルはすでに資産市場を含んでいる[1]。同じ基本的枠組

---

1) ここで資本 (capital) は蓄積可能な実物的生産要素を指し，資産 (asset) は家計の富 (wealth) を構成する金融商品を指す。ただし第3章のように，家計の富のことも資産残高あるいは単に資産と呼ぶ。

みの中に，分析したい資産を導入していけばよい。ここでは具体的に，株式が取引されている経済を考える。

株式市場を含む動学一般均衡モデル

動学一般均衡は，実質賃金，株式価格，各財価格と，各財の消費と産出，労働投入，資本の時系列のうち次を満たすものである。

1. 資源配分は，価格を所与としたときの予算制約のもとで家計期待効用を最大化している。
2. 各企業にとって，資源配分と自製品価格は，自製品以外の価格と需要関数を所与としたときの企業価値を最大化している。
3. 労働市場と株式市場，各財の市場で需給が一致している。

4.2 節（総投資振動モデル）と同様に，経済には n 個の中間財があり，それぞれを独占的企業が供給している。中間財は競争的供給者によって CES 型生産関数を用いて最終財に変換され，消費者に供給される。中間財 i の生産関数は $y_{i,t} = z_{i,t} k_{i,t}^{\alpha} l_{i,t}^{1-\alpha}$，$i$ への需要関数は $y_{i,t} = p_{i,t}^{-\eta} Y_t$ とする。資本は企業が所有し，収益から投資費用を差し引いた利潤 $d_{i,t} = p_{i,t} y_{i,t} - w_t l_{i,t} - (k_{i,t+1} - (1-\delta)k_{i,t})$ が配当として株主である家計に支払われるものとする。

この経済には生産性 $z_{i,t}$ に影響を与える不確実性（例えば天候）があって，状態空間 S（例えば $S = \{$ 晴れ, 雨 $\}$）の中から各期に状態 s_t をとるものとする。t 期までに至る歴史を $s^t = (s_0, s_1, \ldots, s_t)$ と書き，s^{t-1} が起きたときに s^t が起きる条件付き確率 $\pi(s^t \mid s^{t-1})$ が知られているものとする。この不確実性が企業の生産性 $z_{i,t}$ に影響を与えるので，企業の意思決定すべてが s^t に依存することになる。

代表的家計は労働を非弾力的に 1 単位供給し，効用は消費のみで決まるとする。歴史上のある点 s^t での消費を $c(s^t)$，その歴史が起こる確率を $\pi(s^t)$ とすると，$t = 0$ 時点の家計の期待生涯効用は $\sum_{t=0}^{\infty} \sum_{s^t} \pi(s^t) \beta^t U(c_t(s^t))$ と書ける。消費 c_t は s^t に依存するので確率変数であり，よって将来の効用 $U(c_t)$ も確率的である。家計の主観的な時間選好 $\beta < 1$ により，将来の効用 $U(c_t)$ は β^t だけ割り引かれている。歴史 s^t が起こる確率 $\pi(s^t)$ で重み付けしたうえで，2 番目の総和 Σ は t 時点までに可能なすべての歴史経路 s^t について足し上げ，1 番目の総和が t について足し上げる。将来発生する割引効用の和，つ

まり生涯効用の期待値がこのようにして計算される。

■ **株式の理論価格**　　家計は貯蓄手段として企業 i の発行する株式 a_i を保有できるものとする。その株式 1 単位が s^t において取引されるときの価格，つまり株価を $q_i(s^t)$ とすると，歴史上のある時点 s^t における家計の予算制約式は次のように書ける。

$$\sum_{i=1}^{n} q_i(s^t)a_i(s^t) + c(s^t) = \sum_{i=1}^{n} (q_i(s^t) + d_i(s^t))a_i(s^{t-1}) + w(s^t)$$

左辺の $q_i(s^t)a_i(s^t)$ は期末の株式買付け，右辺の $(q_i(s^t)+d_i(s^t))a_i(s^{t-1})$ は期初の株式売払いと配当受取り，$w(s^t) \times 1$ が労働所得である。将来の株式保有量と消費に関する家計の意思決定は，いずれも歴史 s^t に依存 (contingent) した変数であることに注意する。つまり家計の意思決定とは，もしも将来 s^t に至ったら $(a_i(s^t), c(s^t))$ を選ぶ，という**計画**を策定することである。

s^t における予算制約式にかかるラグランジュ乗数を $\beta^t \pi(s^t)\lambda(s^t)$ と設定する。$\lambda(s^t)$ は歴史 s^t における当該期価値ラグランジュ乗数と呼ばれる。するとラグランジアンは

$$\mathcal{L} = \sum_{t=0}^{\infty} \sum_{s^t} \beta^t \pi(s^t) \Bigg[U(c(s^t))$$
$$+ \lambda(s^t) \bigg\{ w(s^t) - c(s^t) + \sum_{i=1}^{n} \Big((q_i(s^t) + d_i(s^t))a_i(s^{t-1}) - q_i(s^t)a_i(s^t) \Big) \bigg\} \Bigg].$$

$c(s^t)$ について最大化の一階条件をとると

$$\lambda(s^t) = U_c(c(s^t)).$$

つまり当該期価値ラグランジュ乗数はその状態における消費の限界効用に等しくなる。同様に $a_i(s^t)$ について一階条件をとると $\sum_{s^{t+1}|s^t} \pi(s^{t+1})\beta^{t+1}\lambda(s^{t+1}) \times (q_i(s^{t+1}) + d_i(s^{t+1})) = \pi(s^t)\beta^t\lambda(s^t)q_i(s^t)$。ここで $\{s^{t+1} \mid s^t\}$ は，s^t に続く歴史 s^{t+1} の集合を表す。この一階条件を書き直すと

$$q_i(s^t) = \sum_{s^{t+1}|s^t} \pi(s^{t+1} \mid s^t) \frac{\beta U_c(c(s^{t+1}))}{U_c(c(s^t))} (q_i(s^{t+1}) + d_i(s^{t+1})). \qquad (6.1)$$

左辺は今期 s^t における株価を表す。右辺は来期の株価と配当を，来期起こり
うるすべての状態について，条件付き生起確率 $\pi(s^{t+1}|s^t)$ と**確率的割引要素**
$\frac{\beta U_c(c_{t+1})}{U_c(c_t)}$ で重み付けて足し合わせている。確率的割引要素が，来期の状態で
の消費 1 単位の効用と今期の限界効用の比であることに注意する。これは来
期のある状態 s^{t+1} で受け取る財の価値を現在 s^t の価値で表したもの，つまり
来期の消費の現在消費に対する相対価格になっている。来期の消費には不確
実性が伴うことから，確率的割引要素もまた s^{t+1} に依存する確率変数である。
この項が確率的と呼ばれる所以である。第 4 章では $t+1$ 期の財に対する t 期
の確率的割引要素を $R_{t+1}^{-1} := \frac{\beta U_c(c_{t+1})}{U_c(c_t)}$ と書いた。また第 2 章では $t+u$ 期の財
に対する t 期の確率的割引要素を $Q_{t,t+u} := \prod_{\tau=t+1}^{t+u} R_\tau^{-1}$ と書いていた。

式 (6.1) 右辺の q_i に次期の左辺を逐次代入する。すると，将来株価が発散
しない（とくに $\lim_{t\to\infty} E_0[(\prod_{\tau=1}^t R_\tau^{-1})q_i(s^t)] = 0$）という条件のもとで

$$q_i(s^0) = E_0\left[\sum_{t=1}^\infty (\prod_{\tau=1}^t R_\tau^{-1})d_{i,t}\right] = E_0\left[\sum_{t=1}^\infty Q_{0,t}d_{i,t}\right]$$

を得る。つまり，均衡株価は将来配当流列の期待割引現在価値に等しい。これ
が株式の理論価格である。

　株式だけでなく，どんな資産でもモデルに導入すれば，その配当流列を上式
に当てはめることで資産価格が求まる。例えば 2.3 節の NK モデルでは，家
計は名目金利 i_t を生む債券を持つことができ，家計のオイラー方程式は $1 = E_t[Q_{t,t+1}(1+i_t)/(P_{t+1}/P_t)]$ と書けた。この経済に物価連動債があれば，実
質安全金利 r_t が存在してオイラー方程式 $1 = E_t[Q_{t,t+1}(1+r_t)]$ が成り立つ。
安全金利に不確実性はないから期待値の外に出すことができて，結局 $\frac{1}{1+r_t} = E_t[Q_{t,t+1}]$。つまり確率的割引要素の期待値は安全債券の価格になっている。
安全債券とはすべての状態で財 1 単位を償還する資産なので，上式に $d_{i,1} = 1$
を代入すれば得心がいく。

■ 資本市場を通じた企業統治　　代表的家計は株式 a_i の所有者なのだから，

所有期間中に株価 q_i が上昇すれば家計効用は上がる。したがって株主たる家計にとって，企業が将来配当流列の期待割引現在価値を最大化するのが望ましい。このことから，企業の目的関数が上式，つまり市場で測られる企業の時価総額になる。

　企業の目的がこのように与えられ，経営陣がその目的に沿った経営をしているかどうかが投資家によって監視されるのが，資本市場を通じた企業統治である。その意義は，究極的な所有者である家計の厚生最大化に寄与する点にある。例えば事業に無駄があるなら，それは配当額 d を毀損している。あるいは例えば，経営者があまりにも近視眼的に経営し，将来利潤を犠牲にして現在配当を過度に高めているなら，その経営は家計の確率的割引要素を反映した企業価値最大化を達成していない。あるいは逆に，経営者が企業の延命や拡大だけに注力し現在配当を犠牲にする場合もまた然りである。時価総額の最大化を目的とすることによって，企業の投資の意思決定は，代表的家計の表明する時間選好と整合的なものになる。

　同様の整合性がリスクテイクについてもいえる。割引要素は歴史経路 s^t に依存しており，s^t は経済の中のさまざまな不確実性に対応している。例えば状態 s_t が天候を表していて，晴れのときの方が景気はおおむねよいものとすると，消費は $s_t =$ 雨 のときより $s_t =$ 晴れ のときの方が大きい。すると消費の限界効用は雨より晴れの方が小さくなるので，確率的割引要素も雨より晴れの方が小さい。つまり，家計にとって，追加で 1 単位資源がもらえるのは晴れより雨のときの方がありがたい。よって家計は，雨のときに利潤を生む投資プロジェクトの方にプレミアムを支払ってでも投資したいと考える。このような家計の意向は市場で成立する均衡株価に反映される。つまり，同じ平均利潤を生む 2 つの企業のうち，利潤が景気と反循環する企業の株価は順循環する企業より高くなる。これが**消費ベース CAPM** (consumption-based capital asset pricing model) にいう指数「ベータ」の要諦である。資本市場による企業統治では，代表的家計のリスク選好が確率的割引要素を通じて企業の投資意思決定に反映されることになる。

　生産資本への投資を適切に意思決定する仕組みは，一国経済の豊かさを決定づける要因である。投資資金を各事業に配分する仕組みには，大きく分けて市場によるものと政府によるものが考えられるが，本書で注目するのは市場の性

能とその限界である。多くの発展途上国では腐敗した政府による投資資金の流用が豊かな国民生活の実現を妨げている。うまくいっている経済でも，公的投資の選択・実施にまつわる非効率性や，公的投資の成果について政府が無責任な態度をとる事例は枚挙にいとまがない。

　個別事業の投資について，その費用と成果の実現可能性をよく知るのはあくまでその事業の現場であって，投資資金の出し手がそれを見積もるのは難しい。それゆえに，意思決定を事業現場に移譲し，投資プロジェクトが分権的に取捨選択される仕組みが効果的になる。よく整備された資本市場が実現しようとするのは，そのような分権的投資選択の社会的仕組みであり，その仕組みの中で鍵となる変数が資産価格である。適切に形成された資産価格に誘導されて，有望なプロジェクトに資金が流れ，見込み薄な事業からは資金が引き上げられることが期待される。

　代表的家計は，起こりうるすべての歴史 s^t についての生起確率 $\pi(s^t)$ や数多ある個別事業 i の収益性 $d_i(s^t)$ を精度高く見積もるすべを持たない。にもかかわらず，企業が時価総額を最大化していることさえあてにできれば，あとは株価 q_i を頼りに貯蓄の意思決定をするだけで，社会的に効率的な事業が自然と選択される。それが，このモデルが素描したよく機能する資本市場である。

　市場が期待通り機能しているのであれば，企業の時価総額が最大化されているかどうかさえ自分でチェックする必要がない。もしも本来の収益性よりも過大に株価が評価されているのであれば，自分よりも収益性に詳しい投資家がすでに売りを浴びせて値下がりしているはずだ。もしも経営陣が時価総額を最大化していないのであれば，事情をよく知る投資家集団が圧力をかけて経営陣をすげ替えているはずだ。事業を吟味するほどの情報力のない代表的家計は，投資の専門家たちが形成する市場価格にそういった情報がすでに織り込まれていることをあてにして，いわば均衡価格にフリーライド（ただ乗り）して投資する。一般家計が許容できる資産価格変動の範囲内で，市場に存在する資産にまんべんなくパッシブに投資していれば，家計は資本所得を享受できるし，社会は効率的な投資選択を達成できる。この物語のすべては，適切な資産価格形成の可能性にかかっている。

　しかし，そのように効率的な資産価格は，天から降ってくるものではない。そのことを節を改めて見ていこう。

6.2　資産市場のミクロ構造

　効率的な資産価格は天から降ってくるものではない。現実の資産市場は多数の金融仲介業者によって成り立つ。金融仲介業は，事業現場の情報に通じたものから，資金の出し手の都合をよく知るものなど，さまざまに専門分化したサービスの集積である。そして，公的投資の場合と異なり，民間金融仲介は営利目的である。個別金融仲介事業者が営利を求めて活動すると，その結果適切な資産価格が市場で形成されて，将来の生産資本形成という高難度な領域においても社会の効率的資源配分が達成される。そのような経済学の原始のナラティブは，いかなる条件のもとで実現するのか。実現しないならばいかなるオルタナティブな取引機構が望ましいのか。それこそ現代の経済学が精力的に取り組む問いである。

　金融仲介業には個別の投資事業（企業）に詳しい専門家がおり，投資収益性に関する情報を集めて適切な資産価格を形成するという間接的な形で，最終的な資産需要者である代表的個人の厚生に寄与している。企業情報を調べたうえで資産を売買する投資家をインフォームド・トレーダーと呼ぶが，本章では短く投資家と書く。そのような投資家と異なり，代表的個人は情報を持っていないので，市場で成立している価格がきっと妥当なのだろうという見込みで売買する。詳細情報を持たないそのような市場参加者をノイズ・トレーダーと呼ぶ。ノイズ・トレーダーは，収益の少なくとも一部を，情報に勝る投資家に譲り渡す運命にある。

　代表的個人は企業の究極的な所有者だから，企業からの資本所得を全額受け取ってもよさそうなものだ。しかし実際には，企業の経営状況や将来収益を見極めることは普通の人にはできないから，資本所得のうちいくらかはそのような金融情報サービスの購入にあてられなければならないだろう。大まかにいって金融仲介業の付加価値はそのような情報生産であり，GDP の数パーセントを占める。銀行預金や投資信託のように，実際にお金を預けて融資に回してもらっているのなら，そのような手数料には納得がいきやすい。それでは，代表的個人が直接に資産市場に参入して，多くの資産をカバーするインデックスをパッシブに購入している場合はどうだろう。市場が生成してくれる均衡価格

という情報に「ただ乗り」されてしまったら，実際に企業を調べて均衡価格形成に寄与している投資家はどのようにして生業を立てるだろうか。分権的に投資の意思決定を行う社会機構は，このような資産市場内部のインセンティブ問題を解決していなければならない。資産市場内部の構造が規定する市場の性能を分析する分野が，市場のミクロ構造（**マイクロストラクチャー**）理論と呼ばれる。

　何らかの収益をあげられなければ投資家は金融仲介業に携わって情報生産する意味がない。しかも資産市場における情報生産はかなり高度な仕事なので，それに携われるほどの人材は他の仕事からも引き合いがあるだろう。すると金融仲介業への報酬は高くなりやすい。といって，資本所得の大部分が仲介業に持っていかれてしまうのでは，代表的個人は市場に直接参入する意味がない。いっそ投資の意思決定は公的部門に任せてしまうという考え方もありうるが，経済全体を見渡したうえで数ある個別案件を目利きできるほどの情報力は，なんぴとにもない。政府のどんぶり勘定で達成可能な程度の投資リターンを最低限のベンチマークとしたうえで，資産市場の分権的意思決定がどこまで投資効率を上げることができるか。市場の設計者にはそれが問われる。

■ カイル・モデル　　ノイズ・トレーダーと情報を持つ投資家との間の事後的な分配と情報効率性を分析する標準モデルとして Kyle (1985) を簡単に見てみよう。資産の価値を確率変数 v と書き，平均 p_0，分散 Σ_0 の正規分布に従っているとする。ノイズ・トレーダーは u の注文を出すが，それは価値 v とは無相関であり，平均 0，分散 σ_u^2 の正規分布に従っている。ここに，その資産の真の実現価値 v を知る投資家がいて，x の注文を出すが，注文を出すときに u の実現値は知らない。投資家の取引戦略を $x = X(v)$ と書く。取引価格を p とすると投資家の収益は $\pi = (v - p)x$ となる。情報を持つ投資家とノイズ・トレーダーの注文を合計した $x + u$ がこの資産への総需要である。

　総需要を見て，マーケットメーカーが需給を一致させる価格 p を決定する。マーケットメーカーとは，売値と買値を同時に出すことにコミットする取引仲介者であり，例えばニューヨーク証券取引所で制度化されている。通常，売値と買値にはスプレッドがあり，その利鞘がマーケットメーカーの抱える価格変動リスクをカバーする。ここで重要なのは，マーケットメーカーには投資家と

ノイズ・トレーダーを見分けることができないということだ。マーケットメーカーは競争的なために長期的利潤がゼロであり，均衡価格は資産価値の期待値（ただしマーケットメーカーの観察できる総需要 $x + u$ に条件付き）に設定されるとする。マーケットメーカーの価格設定戦略を $p = P(x + u)$ と書く。この市場均衡は次のように定義される。

資産市場モデル
均衡は，次の条件を満たす (X, P) である。
1. X は投資家の期待利潤 $E[\pi(X, P) \mid v]$ を最大化する。
2. **効率的市場**：マーケットメーカーの期待利潤はゼロ $p(X, P) = E[v \mid x + u]$ である。

このモデルを補論のように解くと，均衡戦略は $X(v) = \sqrt{\sigma_u^2 / \Sigma_0}(v - p_0)$，$P(x + u) = p_0 + \frac{1}{2\sqrt{\sigma_u^2 / \Sigma_0}}(x + u)$ となることがわかる。

均衡価格 P の総需要 $x + u$ に対する感応度の逆数 $2\sqrt{\sigma_u^2 / \Sigma_0}$ をカイルは市場の厚み (depth) と名付けている。市場の厚みはノイズ・トレーダーの活動強度 σ_u に比例して大きくなっている。つまり，市場が厚いときには総需要の変動を均衡価格の小さな変動で吸収することができる。また，情報を持つ投資家の均衡での期待収益 $E[\pi \mid v]$ は厚みに比例して大きくなる。ノイズ・トレーダーが多く市場に厚みがあるときは，情報を持つ投資家は自分の売買が価格を動かすことを通じて情報が漏れてしまう心配をあまりせずにすみ，その分大きな取引をすることができるようになるためだ。

マーケットメーカーは，自分の直面する総需要 $x + u$ の中には情報を持つ投資家の需要 x も混ざっていることを理解している。情報をつかんでいる投資家が，そうと知らせずに臨んでくる取引では，マーケットメーカーは絶対に勝つことができない。相手は必ず正しく，そしてどの相手が正しいのかを自分は見分けることができないからだ。そのような投資家との取引では，相手が期待利潤を得る分だけ，自分は損を出さざるをえない。マーケットメーカーが損を埋め合わせるには，情報を持つ投資家が多そうなときに価格を上げることで，ノイズ・トレーダーに勝つしかない。ノイズ・トレーダーは，情報を持つ投資家が多そうかどうかの情報すら持たないので，一方的に負けるほかない。これがウォルター・バジョットを名乗る匿名の評論家が書いた有名な 1971 年論文

の骨子である。

　マーケットメーカーのこのような行動を，価格付け戦略 P が $x+u$ に正に反応することが表現している。総需要が大きいときに値を上げるのがマーケットメーカーの最適戦略である。なぜなら，マーケットメーカーの観察できる総需要 $x+u$ が大きいときは，情報を持つ投資家の需要 x が大きい確率が高いからだ。しかしその値上がりは x の上がり方よりは小さい。このようにして，価値の源泉たる投資家の私的情報が市場に開示されるとき，投資家はマーケットメーカーから利益をかすめ，マーケットメーカーはその負担をノイズ・トレーダーに負わせる。情報を集約する市場価格に「ただ乗り」するわけにいかなかったノイズ・トレーダーの負担する費用がここに現れる。

■ **集団（組織）学習**　　ノイズ・トレーダーの負担する費用は，ノイズ・トレーダーの需要が総需要に占める割合に比例することを見てみよう。均衡戦略 $X(v) = \sqrt{\sigma_u^2/\Sigma_0}(v - p_0)$ より，情報を持つ投資家の需要 x はノイズ・トレーダーの活動強度 σ_u に比例する。一方でマーケットメーカーの値上げ幅は σ_u に反比例する。両者が相殺するため，投資家の情報 $v - p_0$ が価格に与えるインパクトは変化しない。その結果，σ_u が大きいノイジーな市場では，情報の価格効果は変わらないまま，投資家は多くの量を取引して大きい利潤をあげることができ，それがそのままノイズ・トレーダーの費用となる。投資家はノイズに隠れることで価格を上げずに買い付けできるわけだ。

　ノイズ・トレーダーにはこのような費用がかかるものの，情報を持つ投資家に一定の利潤を譲り渡すことで，市場は全体として有益な情報を投資家から引き出し，均衡市場価格という形で共有することができる。均衡価格が市場参加者に提供する情報量を，均衡価格を見たあとでの，情報を知らない市場参加者から見たこの資産の本当の価値 v のばらつき $\Sigma_1 = \mathrm{Var}[v \mid p]$ で評価しよう。補論で見るように均衡では $\Sigma_1 = \Sigma_0/2$ が成り立つ。Σ_0 はもともとの資産価値のばらつきだったので，ノイズ・トレーダーにとっての資産価値の不確実性は Σ_0 から半分になったことがわかる。

　これが，ノイズ・トレーダーが情報を持つ投資家から市場取引を通じて享受する便益である。1 ラウンドの取引により，v のばらつきは半分に減る。これを何ラウンドも続ければ，v のばらつきは急速に減少していくだろう。この市

場では，情報を持つ投資家に一定の報酬を与えることで，資産価値を集団的に学習することが達成できているのである。

資産市場は，集団的学習を分権的に達成する社会機構であると見ることができる。もちろん現実ははるかに複雑である。取引ラウンドが複数にわたる場合には市場参加者のインセンティブ構造が変わり，現在の行動が相手の将来の行動に及ぼす影響を考慮することから，最適戦略が変わってくる。実際 Kyle の論文も後半の大部分はそのような拡張に費やされ，市場のミクロ構造をめぐる理論は現在も進化し続けている。

第 7 章では，本節で見たような集団的学習が，資産価格の振幅を増大するようにも働きうることを示す。そしてこのような集団的学習が，実は，現実の資産価格振動を特徴づける顕著な性質である冪乗則の原因になっていると主張していく。

■ **数学補論**　まず，定数 $\beta = \sqrt{\sigma_u^2/\Sigma_0}$, $\lambda = 1/(2\beta)$ のもとで均衡戦略が $X(v) = \beta(v - p_0)$, $P(x+u) = p_0 + \lambda(x+u)$ と書けることを示す。

均衡戦略のもとでマーケットメーカーは $\theta := x + u = \beta(v - p_0) + u$ を観察する。マーケットメーカーは資産の価値 v の期待値に値付けするので，θ を知ったときの v の分布が知りたい。$Z := \theta/\beta + p_0$ と定義すると，$Z = v + u/\beta$ は条件付き正規分布 $N(v, \sigma_u^2/\beta^2)$ に従う。つまり，マーケットメーカーは v にノイズ u/β の入った z というシグナルを得て，v の事後分布を計算したい。

正規分布の特性から，v の事後分布も正規分布に従い[2]，事後分布の平均 p_1 と分散 Σ_1 は次のように解ける。

$$p_1 = \frac{\frac{p_0}{\Sigma_0} + \frac{z}{\sigma_u^2/\beta^2}}{\frac{1}{\Sigma_0} + \frac{1}{\sigma_u^2/\beta^2}} = \frac{p_0\sigma_u^2 + \Sigma_0\beta^2 z}{\sigma_u^2 + \Sigma_0\beta^2} \tag{6.2}$$

$$\Sigma_1 = \frac{\Sigma_0\sigma_u^2/\beta^2}{\Sigma_0 + \sigma_u^2/\beta^2} = \left(\frac{1}{\Sigma_0} + \frac{\beta^2}{\sigma_u^2}\right)^{-1} \tag{6.3}$$

---

2)　一般に，$\mu \sim N(m, \sigma_\mu^2)$, $y \sim N(\mu, \sigma_y^2)$ とすると，密度関数は $g(\mu) = \frac{1}{\sqrt{2\pi}\sigma_\mu}\exp\{-\frac{(\mu-m)^2}{2\sigma_\mu^2}\}$, $f(y|\mu) = \frac{1}{\sqrt{2\pi}\sigma_y}\exp\{-\frac{(y-\mu)^2}{2\sigma_y^2}\}$ である。条件付き密度関数 $g(\mu|y) = \frac{f(y|\mu)g(\mu)}{\int f(y|\mu)g(\mu)d\mu}$ を考えると，その分子は $f(y|\mu)g(\mu) = \frac{1}{2\pi\sigma_\mu\sigma_y}\exp\{-\frac{(\mu-m)^2}{2\sigma_\mu^2} - \frac{(y-\mu)^2}{2\sigma_y^2}\}$ となる。指数関数部分の指数を μ について平方完成すると $-\frac{\sigma_\mu^2+\sigma_y^2}{2\sigma_\mu^2\sigma_y^2}\left(\mu - \frac{m/\sigma_\mu^2+y/\sigma_y^2}{1/\sigma_\mu^2+1/\sigma_y^2}\right)^2 + \text{const.}$ となることから，$\mu|y$ が正規分布に従うことと，その平均と分散がわかる。

ここで $\beta = \sqrt{\sigma_u^2/\Sigma_0}$ を式 (6.2) に代入すると p_1 は

$$p_1 = \frac{p_0 + z}{2} = p_0 + \frac{\theta}{2\beta} = p_0 + \lambda(x + u)$$

となり，確かにマーケットメーカーの均衡での値付けである。したがって，マーケットメーカーの期待利潤はゼロであり，2番目の均衡条件が満たされている。

　情報を持つ投資家は，マーケットメーカーの値付けのもとで期待利潤 $E[(v - p)x \mid v] = E[(v - p_0 - \frac{x+u}{2\beta})x \mid v]$ を最大化する。x についての最大化の一階条件は $v - p_0 = x/\beta$ より，最適戦略は $x = \beta(v - p_0)$ となっていることが確かめられる。したがって1番目の均衡条件も成り立っている。

　式 (6.2) から均衡価格の事前期待値を計算すると，次のように事前価格（v の事前平均価値）に等しい。

$$E[p_1 \mid p_0] = \frac{p_0 + E[Z \mid p_0]}{2} = \frac{p_0 + E[v \mid p_0]}{2} = p_0$$

　さらに，事後の均衡価格が正しい価値に近づくことが式 (6.2) から次のようにわかる。

$$E[p_1 \mid v] = \frac{p_0 + v}{2}$$

よってこの取引を繰り返すことができれば，資産価格は真の価値 v に収束する。

　また，式 (6.3) に $\beta = \sqrt{\sigma_u^2/\Sigma_0}$ を代入すると $\Sigma_1 = \Sigma_0/2$。つまり情報を持たない投資家にとっての資産価値 v の分布は，取引するたびに半分になることがわかる。

6.3　預金銀行と複数均衡

　本書の中心的な話題ではないが，マクロ経済の重要なプレイヤーである銀行について，2022 年ノーベル経済学賞を受賞したダイアモンド＝ディビッグ (Diamond and Dybvig, 1983) に即して説明し，第 4 章 4.4 節で触れた複数均衡／サンスポット均衡の例を示す。銀行は預金という金融契約を発行することによって，通貨として流通するほどに流動性の高い短期証券（預金）を提供して**信用創造**するとともに，企業の欲する長期債務へと**満期変換**することで付加価値を生み出す。これをなるべく簡潔に表現していこう。

■ **ダイアモンド゠ディビッグ・モデル**　　経済の生産サイドは，長期投資によって初めて実りあるリターンが得られる構造になっているとする。簡単に，保存がきくような財を考え，この財 1 単位を 0 期に投資して 2 期まで待てば財 $R(>1)$ 単位が得られるが，1 期に途中で投資を引き揚げてしまうと財 1 単位が戻るのみであるとする。

　消費者は 0 期に 1 単位の財を持って生まれる。消費者には 2 タイプあり，2 期まで消費を待てる人（タイプ 2）と，1 期に消費を迫られる人（タイプ 1）があるとする。タイプ 1 と 2 の割合は $(\theta, 1-\theta)$ とする。1 期に c_1 消費した場合の効用は $u(c_1)$，2 期に c_2 消費すると $\beta u(c_2)$ とする。消費者はリスク回避的で効用関数 u は凹関数とし，時間割引要素 β は R^{-1} より大きいものとする。この設定のもとでは，2 期まで待てる消費者は待ってリターン R を享受した方が，1 期に引き揚げてしまうよりも得である。つまりこの経済では長期投資を維持するメリットがある。

　しかし消費者は自分のタイプが 0 期にはわからず，1 期に初めてわかるとする。すると 1 期にタイプ 1 だとわかった消費者は投資を引き揚げて効用 $u(1)$ を享受し，タイプ 2 だとわかった消費者だけが投資を続けて効用 $\beta u(R)$ を得る。

　これはパレート効率的な資源配分ではない。0 期の段階では自分がどちらのタイプであるかはわからないので，0 期の消費者たちは自分がタイプ 1 である場合（流動性ショック）に備えて保険をかけたい。タイプ 2 だった場合には 2 期の消費を少し我慢してでも，タイプ 1 だった場合の 1 期の消費を増やすことができれば，0 期時点で見積もられた生涯期待効用が上がるからだ。

　1 期に明らかになったタイプを立証 (verify) することがもし可能ならば，0 期の消費者たちが相互にそのような保険契約を結ぶことは可能だ。6.1 節の記法を用いれば，この経済の 1 期での状態 s^1 とはすべての消費者のタイプの実現値ベクトルであり，この経済で市場が完備しているとは，各々の状態 s^1 における財を取引する市場が 0 期に存在することである。市場が完備していれば，消費者は自分がタイプ 1 であった場合の 1 期の財をあらかじめ 0 期に予約購入し，タイプ 2 であった場合の 2 期の財をあらかじめ 0 期に予約販売しておく。これが保険ポートフォリオになる。

　0 期に完備市場があれば，各消費者の予算制約と各状態の財の需給一致条

件が満たされる競争均衡が存在する。1.1 節で見た厚生経済学の第 1 基本定理より，この競争均衡ではパレート効率的な配分 (c_1^*, c_2^*) が実現する。効率的な配分では，タイプ 1 の 1 期の消費とタイプ 2 の 2 期の消費の限界代替率 $u'(c_1^*)/(\beta u'(c_2^*))$ が経済の限界変形率 R に等しく，かつ資源制約 $(1 - \theta c_1^*)R = (1 - \theta)c_2^*$ が満たされている。

　しかしタイプが立証不可能 (**unverifiable**) な場合，保険市場は消失する。タイプ 2 の人も自分はタイプ 1 であると主張して保険給付を受け取る**モラルハザード**のため，1 期の保険給付が賄えなくなるためである。往々にして個別リスクは立証不可能であり，保険市場の不成立が経済を不完備市場に陥れる。第 3 章 3.2 節で導入したアイヤガリ・モデルは，そのような不完備市場経済の一般均衡を示したものだった。

　消費者タイプが立証不可能な場合であっても，預金契約によってパレート効率的配分が可能になる，とダイアモンド＝ディビッグは説く。いまモデルに銀行を導入し，0 期の財を消費者から預金として集めて投資するとする。預金者は 1 期に引き出すことができ，その場合は r だけ受け取れる。1 期に預金を引き出す消費者の割合を f と書くと，銀行は 1 期に rf だけ投資を解消し，残りの預金 $1 - rf$ を 2 期まで投資して，引き出さなかった預金者に還元する。ここで預金契約を $r = c_1^*$ と設定すれば，タイプ 2 の預金者は 1 期に引き出す誘因を持たない。したがって，パレート効率的配分が均衡として実現可能になる。銀行はこのように，リスク・プーリングと満期変換によって消費者の経済厚生に寄与することができる。

　より現実的に，1 期に投資を解消した場合の価値 L が 1 よりもずっと小さい場合を考えると，銀行や保険がない経済で投資をする消費者の期待効用 $\theta u(L) + (1 - \theta)\beta u(R)$ があまりにも低くなってしまうため，まったく投資が起こらないのが均衡になる。しかしこの経済にも銀行があれば，銀行は 0 期の投資を $1 - rf$ だけにすることで投資解消のコストなしに最適配分を実装できる。銀行の提供する満期変換機能の社会的便益はこの場合にいっそう明らかになる。

■ **取付け均衡**　　しかし銀行には，**取付け**という固有のリスクがある。この点を見るために預金契約をもう少し正確に書き出しておこう。1 期に引き出さ

れた預金の総額 rf が銀行の資産 1 を上回ってしまうと，銀行は預金引き出しに応じることができない。そのためあらかじめ次のように契約しておく。引き出したい預金者は 1 期に列を作る。列の順番が $1/r$ より前の預金者は r を受け取れるが，それより後の預金者は引き出せないものとする。

この預金契約のもとで，上記の効率的均衡は引き続き存在するが，その他の均衡点も現れてくる。例えば何らかの理由で，引き出しが f より多くなることが予期されたとする。すると預金者が 2 期に受け取るリターンは減ってしまう。リターンがあまりに下がると，タイプ 2 にとってさえ預金を続けることは得にならなくなる。1 期に引き出して保存したものを 2 期に消費すればよいからだ。したがってすべてのタイプ 2 は引き出しに走る。均衡では $f = 1$ となり，$1 - 1/r$ の消費者は預金を引き出せなくなる。生産的資本はすべて 1 期に解体され，銀行資産はゼロになる。これが取付け均衡である。

■ **サンスポット**　つまりこのモデルには効率的配分を達成する均衡と取付け均衡の 2 つの均衡点が共存する。これが第 4 章 4.4 節の複数均衡である。複数均衡を背景に，サンスポット均衡も存在する。例えば大臣の失言や噂話といった確率的に起こるニュースが情報的協調のキューとなり，平時の効率的均衡と取付け均衡が確率的に遷移することが考えられる。取付け均衡が実現する確率が十分小さければ，0 期の消費者は取付け均衡が起こる可能性を認識しながらも預金することを選択するだろう。パニックのきっかけとなるニュースが，銀行経営や経済の基礎的条件とまったく関係ないことも考えられるので，これはサンスポット均衡なのである。

本書ではサンスポット均衡を排除したうえでも起こりうる内生的経済変動に関心を集中してきた。しかし，それはサンスポット均衡が重要である局面を否定するものではない。とりわけ金融市場に起こる多くの変動の背景に予想の自己実現があると考えられる。

情報的協調を引き起こすキューが，例えばマスメディアによる大臣失言報道など，市場参加者がいっせいに受け取る同一ニュースであるような場合は，情報的協調はマクロショックに分類できる。しかし情報的協調はそのようなマクロショックがない場合にも起こりうる。例えば噂話のようにミクロで分権的な情報伝達が，急速に拡大してマクロ現象に転化することがある。

　本節で取り上げた銀行取付けをめぐる預金者の期待形成は，第5章コラム（物価の財政理論）で触れたような，政府がリカーディアンか否かをめぐる市民の期待形成と似た構造を持つ。取付けや物価の急上昇が実際に起こるかどうかを決定するのは，直接的には預金者や市民の予期である。銀行や政府のバランスシート状況といった実体的な要因は，預金者や市民の予期に影響を与える限りにおいて重要なのである。では，預金者や市民の予期はどのようにして形成されるのだろうか。その予期の，ときとして突発的に見える変化はなぜ起こるのだろうか。次章では，市場参加者の分権的な取引が媒介する，集合的な情報学習の内生的な振動に焦点を合わせる。

コラム　直接金融と間接金融

　資本主義経済の発展において銀行の果たした役割は大きい。しかし経済が成熟するにつれ，企業が資本を調達する場所は銀行から資本市場へと少しずつ移行している。日本はその例外である。図 6.1 は，主要国が趨勢的に資本市場へとシフトするなか，日本が逆行している様子を示している。

　金融が果たす役割は重層的で複雑だ。決済，資産管理，保険提供，資産販売，資産創造といった金融仲介業が内包する諸機能は，伝統的には銀行によって包括的に提供されていた。しかし金融商品技術と情報技術の発展に支えられて，近年ではそれぞれの機能が専業的な金融仲介業者に分解される方向にある (Philippon, 2015)。

　経済成長への寄与という観点から見た場合，金融の重要な役割は債権の創造 (originate) にある。伝統的な銀行であれば融資にあたる。銀行が潜在力のある企業や有能な経営者を見出し，有望な案件に投資を重ねることによって日本の高度経済成長は達成された。その後日本経済が沈滞するなかで，銀行の債権創造力は衰えたのか。もしそうだとすればなぜなのか。そのような金融論の検討は本書の範囲を超え，植田 (2022) など専門書に譲るほかない。

　図 1.5 に示したように日本の家計金融資産が積み上がる一方で，銀行の融資総額は伸び悩んでいる。他国のような直接金融の拡大によって銀行機能を補完し，多様なプレイヤーによる金融仲介技術の開発が唱えられている。日本経済の

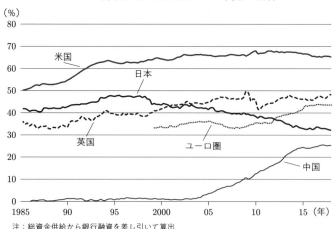

図 6.1　資本市場経由で調達された資本の割合

注：総資金供給から銀行融資を差し引いて算出

出典：Duffie (2019)

イノベーションと成長を切り拓くべく，政府は「貯蓄から投資へ」のスローガンのもと，ビジネス・リスクテイクによる富の創造と資本所得の中間層家計への分配を両立しようとしている。

　直接金融の拡大によってそのような企図が首尾よく達成されるか否かは，6.1節に論じたように，資産市場の性能にかかっている。資産価格が適切に形成されることによって，銀行家の目利きに勝るとも劣らない効率性で投資案件を選別できるのであれば，資産市場を通じた金融は機能する。そして個別投資案件を目利きして成功に向けて誘導する，広い意味での資産創造・融通・管理システムの構築こそが成長政策の成否を左右する。それは産業投資のみならず，公的・準公的なインフラ投資，科学技術投資，教育投資，年金資金運用においても同じである。多くの専門家が独立の知見を持って吟味する資産市場はそのような選別を可能にするだろうか。次章はその問いに取り組む。

資産価格振動と
市場による学習

　6.1節では標準的な資産価格理論における資産価格形成を概観し，6.2節では，市場参加者による情報的学習こそが適切な価格形成の鍵であることを論じた。本章ではそのような市場の情報学習が，資産価格の冪乗則的振動パターンを生みだしていることを示す。まず7.1節では，資産価格が情報的に持つ2面性，すなわち希少性を伝える効果と市場参加者の私的情報を開示する効果を説明する。7.2節でモデルを定式化し，7.3節で資産価格の冪乗則的振動を導出し，7.4節でその経済学的意味を論じる。7.5節は数学補論である。

7.1　資産価格の希少性効果と情報効果

　資産市場の振動は論争的なテーマである。ファマの唱えた効率的市場仮説によれば，資産価格は6.1節の株式の理論価格のように，資産の将来配当とリスクについて現時点で市場参加者が知る情報すべてを反映して決まる。その株価が変動するとしたら，実体経済についての新しい情報を市場参加者が咀嚼して資産評価を算入しただけのことである。市場が価格に織り込んでいる情報量は，個人投資家の持つ情報量をずっと上回るので，市場価格の動きを予想して確実に儲けようなどというのは無益なことだという。かたや，シラーによれば，実際の株価の振動はファンダメンタルズに由来する振幅を大きく上回っており，多くの部分が市場参加者の情動の産物である。そのシラー，ファマとともに2013年度ノーベル経済学賞を共同受賞したハンセンは，経済理論の実証

＊　本章の分析は Nirei et al. (2020) に基づく。また内容は楡井 (2023) に初出したものを加筆修正した。

的含意に焦点を絞り込んだ統計的検定手法を開発し，理論とデータの往復運動によって学説を深めていこうとする。経済という複雑系を相手にする経済学にとって，完全に当たる理論などそもそもない。内的整合性のとれた仮説体系に実証データを突き合わせる作業を繰り返す以外に，知見を積む道はないのだろう。

金融経済学から統計物理学まで動員したそのような営みの中で見出されてきた事実の 1 つが，資産価格変動のファットテイルである。ファットテイルとは分布の裾密度が大きいことを指す。裾が重いときは 4 次モーメント（尖度）が上がる。正規分布であれば尖度は必ず分散の 3 倍なので，尖度がそれよりも大きければ重い裾だといえるが，多くの場合，裾密度の減少速度が指数関数よりも遅いものをファットテイルと呼ぶ。ベストセラー『ブラック・スワン』(タレブ，2009) が面白おかしく説いたように，資産市場はまさかと思う想定外の希少事象に満ちており，その統計的な現れがファットテイルである。

ファットテイルに付随して起こる，より鮮明な統計的規則性が裾密度が冪関数的に減少する冪乗則（パワーロー）である。すでに第 3 章で見たように，確率変数を X，分布関数を F，密度関数を f とし，比例関係を記号 $\propto$ で表すと，定数 $\alpha > 0$ に対して x の大きな領域で $f(x) \propto x^{-\alpha-1}$（あるいは $1 - F(x) \propto x^{-\alpha}$）であるとき，$X$ は裾指数 α の冪乗則に従うという。

株式や外国為替，商品といった資産の価格変動率の冪乗則は，フラクタルの提唱者マンデルブロ (Mandelbrot, 1967) によって発見され，金融学者ファマ (Fama, 1963) によって確認された。裾領域は希少事象であるため必然的にデータの観察数が少なくなってしまうことが実証分析上の難点になるが，資産市場の高頻度データが事情を変えた。今や資産価格振動の冪乗則は広く受け入れられた実証的な事実である (Lux and Alfarano, 2016)。

冪乗則は分布の長いテイルを意味する。例えば第 3 章で見たように，所得分布では富裕層の内部に 2〜3 桁の格差を内包しており，冪乗則はそのように広い所得範囲で統計的規則性を示していることになる。別の例では，地震のエネルギー量（マグニチュード）は冪乗則に従い，マグニチュードが 1 増えるごとに発生頻度は約 10 分の 1 になる。マグニチュードが 2 増えるたびにエネルギー量は 1000 倍になるので，M3 から M8 の範囲で観測できる冪乗則は，7 桁ものエネルギー量の範囲をカバーしていることになる。

　このようにして見ると，頻度の裾指数がリスク量の決定に深く関わることが
わかる。M3 と M8 の地震では破壊力がまったく異なるので，地震のリスクを
測るときには，M3 以上の地震が起こる確率に加えて，M3 から M8 に向かっ
て確率密度が減衰する速さが重要になる。同じことを資産価格振動の冪乗則に
当てはめてみると，一定の閾値以上の異常値が起こる確率を表す VaR（バリュ
ー・アット・リスク）のようなノンパラメトリックな指標ではリスクを十分に評
価できないことがわかる。冪乗則のもとでは，閾値以上の異常値の中でも大き
な差異がありうるからである。そのため，冪指数は例えばオプション価格に大
きな影響を与える。オプション価格のブラック＝ショールズ公式は正規分布を
前提として得られたので，市場で成立するオプション価格との乖離があった。
資産価格振動の冪乗則が実証的に確立すると，数理ファイナンス分野で真っ先
に応用の動きが広がったのはそのためである。

　資産価格振動の冪乗則を研究する意義の 1 つは，前述のような大偏差リス
クの評価においてである。もう 1 つは冪乗則が，広範囲の領域で駆動してい
る同一メカニズムの存在を示唆するということである。希少事象が真に黒い白
鳥であったら，それは外れ値であるので，通常事象の説明とは別の説明が必要
になる。しかし，大小のブラック・スワンがあってそれらの間に規則性がある
というのなら，小さなブラック・スワンの研究が大きなブラック・スワンの理
解につながるかもしれない。資産価格振動でいえば，10 年に一度のクラッシ
ュも，日々の希少事象と同じ原理で起こるのかもしれないということだ。自然
科学・社会科学を問わず多くの研究者が冪乗則に惹かれるのは，大領域で成り
立つ普遍的な生成メカニズムが背景にある可能性を示すからである。

　本章では，資産価格と取引高の冪乗則を生み出す資産市場モデルを提示す
る。7.4 節で触れるように，冪乗則を生成する市場モデルはすでにさまざまに
提示されているのだが，経済学的な均衡モデルを使ったものはほとんどない。
本研究の貢献は，均衡モデル上で価格と取引高の冪乗則を解析的に導出し，数
値的分析も援用して，データから観察される冪乗則を再現したことである。

　モデルは情報の非対称性のある投資家たちの情報読み合いゲームである[1]。
市場には多数の投資家がおり，それぞれが私的シグナルを得て，シグナルの存

---

1)　基本的な設定は Minehart and Scotchmer (1999) に基づく。

在を知らないノイズ・トレーダーを相手に取引を行う。この市場で 1 人の投資家が購入すると，それを見た他の投資家は，その投資家が資産についてよいシグナルを得たに違いないと推測する。その結果，それら投資家も資産を購入する方に傾き，なかでももともとよいシグナルを得ていたものは実際に購入するかもしれない。すると，その購入がさらによいシグナルを市場に開示することになる。このようにして投資家の購入がまとまって起こることから，取引高と価格が大きく変動する可能性が生まれる。このモデルで，投資家の数を大きくし，シグナルの情報量を小さくすると，シグナルの詳細によらず，取引高と価格変動の分布が冪乗則に従うことを本章では示す。

　モデルにパラメトリックな制約を置かずとも，冪乗則というパラメトリックな性質が導出される点が重要である。これは，冪乗則が数理統計学の漸近定理に現れることと関係がある。例えば中心極限定理は，分散有限の任意の確率変数の標本平均が正規分布に分布収束することを示すが，分散に限定を置かない拡張された中心極限定理では，レヴィ分布に収束し，正規分布以外のレヴィ分布は冪乗則である (96 頁 注 2 参照)。また，標本の最大値は標本数を増やしたときに 3 類型の漸近分布（極値分布）に従うことが知られているが，そのうち 1 つ（フレシェ）は冪乗則である。本章のモデルで重要な数理は，マルチンゲールの到達時間分布が冪乗則になる性質である。投資家の買いが買いを呼ぶ過程を，均衡に至る架空の模索過程として定式化し，投資家数が増大するとその過程がマルチンゲールに近づくことを示して均衡の冪乗則的な振動を導出する。

　買いが買いを呼ぶというような，個人行動の戦略的補完性が全体行動の同期と振動をもたらすことは経済学でよく知られている。シェリング『ミクロ動機とマクロ行動』(シェリング，2016) やケインズ美人投票はそのような例であり，複数均衡やサンスポット均衡として定式化されている。本章で示すのは，複数均衡をもたらしうるような戦略的補完性が背景にある状況で，サンスポット的な振動を排除する均衡選択を施してもなお，小さなショックに対して大きな反応が起こり，その反応の振幅に冪乗則という統計的規則性が見出されるということである。

　この市場で価格に大きな振動が見られずにすむのは，資産需要が価格の減少関数である場合だ。価格が上がると，購入コストが上がるので，需要は減少す

る。このような通常の想定が成立すれば，価格は需要に対する供給の相対的な**希少性**を表す指標となっている。しかし情報の非対称性のもとでは，価格は希少性以外の情報をも含みうる。価格の上昇が，一部市場参加者だけが知っているよいニュースを反映しているのかもしれないときには，需要は価格について増加関数でありうる。1つの取引が市場に情報をもたらすことで価格に与えるインパクトを価格の**情報効果**と呼ぼう（Hasbrouck, 1991）。この情報効果が希少性効果を上回る状況下では，資産の需要関数は右上がりになり，需給均衡は小さな揺動に対して敏感に反応する。

　価格の希少性効果は経済学における市場の描像の中心的役割を占めるが，価格自体がはらむ情報効果もまた，多彩な経済学的思考の中で長い伝統を持つ。例えばハイエクが唱えた市場の発見的機能は，資源を必要としている場所を市場価格が社会に広く伝えることで効率的な再配分を達成するダイナミクスに注目したものである。同様の思考は，近年復活している誘引されたイノベーション論にも見られる。長期的に企業家が生産部門を変革していく創造的破壊過程を考えれば，それら企業家を導くものは潜在的な利益機会の在処を示す価格である。このように価格が伝える情報を，ごく短期の価格形成過程の中で先取りして取り込むような参加者がいるような市場を考えたのが本研究である。例えば資産市場では，「価格が一定以上下がった場合に売る」という注文（ストップロス注文）が広く使われている。なぜわざわざ価格が下がったときに損をしてまで売るのか？　それは価格低下という事実自体に投資家の将来見積もりの変更を迫る情報が含まれうるからである。

　以下では，まずはモデルを書き下し，具体的にどのような条件下で価格の情報効果が冪乗則を生み出すのかを見ていこう。

7.2　モ デ ル

■ **資産市場**　　議論を簡単にするため，買い方に私的情報を持つリスク中立的な投資家が n 人おり，売り方に私的情報を持たない投資家がおり，両者の売買をせり人が仲介するような資産市場を考える[2]。資産の価値は不確実な

---

[2]　情報を持つ投資家と持たない投資家が買い手と売り手双方にいる場合にモデルを拡張することも可能である。Avery and Zemsky (1998) が示したように，群集行動を起こすモデルで

経済の状態 $s \in \{H, L\}$ に依存しており，状態 H では 1，L では 0 の値をとるとする。経済状態に関する事前の信念は投資家に共通して $\Pr(H) = \Pr(L) = 1/2$ だが，n 人の投資家 i はこれに加えて状態に相関した私的シグナル X_i を得ることができる。状態 s のとき，シグナル X_i は線分 $[x_a, x_b]$ 上の分布 F^s から，i ごとに独立に抽かれるものとする。

売り手の投資家は無数にいて情報を持っておらず，全体として供給関数 $S(p)$ に従って売り注文を出している[3]。買い手の投資家は，資産を 1 単位買うか，まったく買わないかの二者択一であるとする。この離散性の仮定については後に議論する。購入量 1 単位を $1/n$ と基準化すると，総需要は離散集合 $\{0, 1/n, \ldots, 1\}$ の値をとることになる。m 人が買っているときに需給を一致させる価格を p_m とすると，$S(p_m) = m/n$ であり，均衡価格 p^* も集合 $\{p_0, p_1, \ldots, p_n\}$ から離散値をとることになる[4]。

投資家 i は，せり人に需要関数 $d_i(p \mid x_i)$ を提出するものとする。つまり，実現しうる価格 p すべてについて，需要量をあらかじめせり人に伝えておく。買い手の選択は仮定により二者択一なので，$d_i : [x_a, x_b] \times \{p_1, p_2, \ldots, p_n\} \mapsto \{0, 1\}$ である。シグナル列を $\boldsymbol{X} = (X_i)_{i=1}^{n}$ と書くと，総需要関数は次のように書ける。

$$D(p \mid \boldsymbol{X}) := \sum_{i=1}^{n} d_i(p \mid X_i)$$

取引は次のように進行する。

1. 真の経済状態 $s \in \{H, L\}$ が決まる。
2. シグナル列 $\boldsymbol{X}$ が分布 $\prod_{i=1}^{n} F^s$ から抽かれる。
3. シグナルを受けて投資家が需要関数をせり人に提出する。
4. せり人が均衡価格 p^* を決める。
5. 取引が実行され，$d_i(p^* \mid X_i) = 1$ を提出した投資家 i に 1 単位の資産

は，ある情報イベントがあったことを知っている投資家と知らない投資家が共存することが重要な条件であり，本モデルでも投資家の分割の背後にそのようなイベント不確実性を想定する。

3)　S は連続微分可能な増加関数とする。また，共通事前信念を反映する価格 $1/2$ で供給はゼロ，つまり $S(1/2) = 0$ とする。さらに，均衡価格が資産価値の上限を超えないように $\bar{p} := S^{-1}(1) < 1$ を仮定する。

4)　$S(1/2) = 0$ より，$p_0 = 1/2$ である。

が引き渡される。

6. 均衡取引高 $m^* := D(p^* \mid \boldsymbol{X})$ が求まる。

ステップ 4 では，せり人は次のように均衡価格 p^* を決める。$D(p_1 \mid \boldsymbol{X}) = 0$ の場合，買い手がほかにいない状況で単独でも買う，という投資家がいないわけなので，$p^* = p_0$ とする。$D(p_1 \mid \boldsymbol{X}) > 0$ の場合は，$p^* > p_0$ は需給一致条件

$$S(p^*) = \frac{D(p^* \mid \boldsymbol{X})}{n}$$

を満たすように決まる。

資産の価値は投資家によらず $\mathbb{1}\{s = H\}$ で[5]，購入コストは p なので，購入した投資家の利得は $\mathbb{1}\{s = H\} - p$ である。シグナル X_i と実現価格 p のもとで H が起きた条件付き確率を $r_i(p, X_i)$ と書くと，購入した投資家の条件付き期待利得は $r_i(p, X_i) - p$ となる。購入しなかった投資家の利得は状態によらずゼロである。

X_i と $d_i(p_m \mid X_i) = 1$ を所与とすると，p_m が均衡価格になるのは $m - 1$ 人の他の投資家が価格 p_m で購入しているときだけである。$\Omega_{m,i}$ をそのような事象とする。m を所与としたとき X_i と他の投資家の意思決定 d_j が独立であることから，次のように書ける。

$$r_i(p_m, X_i) = \frac{\Pr(\Omega_{m,i}, X_i, H)}{\Pr(\Omega_{m,i}, X_i)} = \frac{\Pr(\Omega_{m,i} \mid H)}{\Pr(\Omega_{m,i}, X_i)} \Pr(X_i \mid H) \Pr(H). \quad (7.1)$$

これを用いて，モデルの均衡は次のように定義される。

モデルの均衡

ナッシュ均衡は，需要関数 d_i と式 (7.1) に従う条件付き確率列 r_i，$i = 1, 2, \ldots, n$，および均衡価格対応 p^* のうち，次の条件を満たすものである。

(i) いかなる $i = 1, 2, \ldots, n$ と情報集合 (p, x_i) においても，d_i は d_j $(j \neq i)$ を所与としたときの i の期待利得を最大化している。

(ii) いかなる $i = 1, 2, \ldots, n$ においても，r_i は需要関数 $\{d_j\}$ と均衡価格対応 p^* と整合的である。

(iii) p^* は需給を一致させる。つまりすべての $\boldsymbol{x} \in [x_a, x_b]^n$ に対して

---

5)　$\mathbb{1}\{s = H\}$ は，条件 $s = H$ を満たすなら 1 を，そうでないなら 0 を返す指示関数を表す。

$$nS(p^*) = D(p^* \mid \boldsymbol{x})\text{。}$$

■ **シグナル** 投資家の数 n が大きい場合を考えたいので，n で番号付けられた市場の列を考える。供給関数 S は n に依存しないが，シグナル分布 F_n^s は n に依存し，その密度関数 f_n^s は $[x_a, x_b]$ で連続微分可能かつ厳密に正と仮定する。また，次の尤度比関数を定義する。

$$\ell_n := \frac{f_n^H}{f_n^L}, \quad \Lambda_n := \frac{1 - F_n^H}{1 - F_n^L} \quad \text{and} \quad \lambda_n := \frac{F_n^H}{F_n^L} \tag{7.2}$$

それぞれの n について，ℓ_n が $[x_a, x_b]$ において増加関数となるように（一般性を失わず）シグナルを選ぶ。そのため，x_i の大きな値は経済状態が H である可能性が高いことを意味する。$\Lambda_n(x)$ はシグナルが x より大きいときの尤度比である。後に示すように，投資家はある閾値 x よりも大きなシグナルを受けたときにのみ購入するのが最適になるので，投資家 i の購入行動は $X_i > x$ であることをその他の投資家に対して開示することになる。この開示された情報に対応する尤度比が $\Lambda_n(x)$ である。同様に $\lambda_n(x)$ は，購入しないという行動によって開示される情報 $X_i < x$ に対応する尤度比である。

通常の需要供給分析では，価格の上昇はその財の供給が需要に対して相対的に希少であることを市場参加者に伝える。Vives (2008) にならってこれを価格の希少性効果と呼ぼう。この希少性効果に加えて，情報非対称性のあるこのモデルでは，価格は投資家の得た私的シグナルを部分的に開示するという情報効果を持つ。例えば，価格の上昇の背景には，良好な経済状態を示す私的シグナルを入手して買いに回った投資家の存在が推察される。価格上昇によるシグナルの部分的開示は，他の投資家の信念を引き上げて追随購入を誘う。本章ではこの情報効果が引き起こしうる資産価格振動を分析したいので，情報効果が小さくなりすぎないような仮定を置く。情報効果は，今まで買っていなかった投資家が買うときにもたらされるので，その情報量は $\Lambda_n(x)/\lambda_n(x)$ に対応する。

[仮定 7.1] すべての $x \in [x_a, x_b]$ と自然数 $n > n_1$ に対して $n^\xi \log\left(\frac{\Lambda_n(x)}{\lambda_n(x)}\right) > \delta$ が成立するような，$n_1 \in \mathbb{N}$, $\xi \in (0,1)$ および $\delta > 0$ が存在する。

この仮定 $\xi < 1$ のもとでは，投資家の数 n が限りなく増大したとき，情報効果を集計した量 $n \log(\Lambda_n/\lambda_n)$ は発散している。つまり，もしも私的シグナ

ルを集計することができるのなら，投資家たちは集団として経済状態を正確に知ることができる，ということをこの仮定は含意する。

仮定 7.1 により，シグナルの集計的な情報量は n とともに増大する。同時に，個別のシグナルは n が増えるに従って弱くなり，ノイズに近づいていくことを次に仮定する。

[仮定 7.2]　$n \to \infty$ のとき，尤度比 ℓ_n は $[x_a, x_b]$ 上で一様に 1 に収束する。

仮定 7.1 と 7.2 により，n が大きいときのシグナルは，市場全体としては情報価値が大きいが，個別にはほとんどない。このような状況は，例えばごく短い時間内で取引が行われるような高頻度領域に対応すると考えることができる[6]。

最後に，シグナルの端点でのふるまいについて技術的な仮定を置く。この仮定がなくても，主要な冪乗則の結果を導出することは可能である（Nirei et al. (2020) 付録参照）。

[仮定 7.3]　ある $x_c < x_b$ が存在して，すべての $n \in \mathbb{N}$ について $x \in [x_c, x_b]$ に対して $\lambda_n''(x)\lambda_n(x) \leq \lambda_n'(x)^2$ である。

仮定 7.1〜7.3 を満たすシグナルは数多く考えられる。例えば，線形分布関数

$$f_n^H(x) = \frac{1}{2} + \epsilon_n x \quad \text{and} \quad f^L(x) = \frac{1}{2}, \quad -1 \leq x \leq 1,$$

（ただし $\epsilon_n = n^{-\xi}/3$ と $0 < \xi < 1$）や，指数分布関数

$$f^H(x) = \frac{\mu e^{-\mu x}}{1 - e^{-\mu}} \quad \text{and} \quad f_n^L(x) = \frac{(\mu + \epsilon_n)e^{-(\mu+\epsilon_n)x}}{1 - e^{-(\mu+\epsilon_n)}}, \quad 0 \leq x \leq 1,$$

（ただし $\epsilon_n = \delta_\epsilon n^{-\xi}$，$\delta_\epsilon > 0$，$\mu > 2$，および $0 < \xi < 1$）などが挙げられる。

最後に Λ_n と λ_n の性質を整理しておく。ロピタルの定理から $\Lambda_n(x_a) = \lambda_n(x_b) = 1$，$\lim_{x \to x_a} \lambda_n(x) = \ell_n(x_a)$，および $\lim_{x \to x_b} \Lambda_n(x) = \ell_n(x_b)$ を得る。また，ℓ が単調増加であることから，任意の $x \in (x_a, x_b)$ について $0 <$

---

6)　現実には，金融政策の発表のように，重要な情報が公表される瞬間があり，その前後での価格のジャンプはファンダメンタルズを反映している。本章で注目するのは，そのような事象ではなく，対応するファンダメンタル・ショックがない，ごく平穏な営業日にも観察される，資産価格振動のファットテイルである。

図 7.1　尤度比 $\ell_n = f_n^H / f_n^L,\ \lambda_n = F_n^H / F_n^L,\ \Lambda_n = (1 - F_n^H)/(1 - F_n^L)$

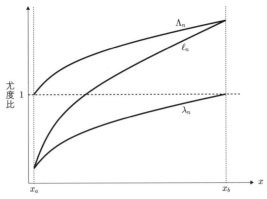

出所：Nirei et al. (2020)

$\lambda_n(x) < \ell_n(x) < \Lambda_n(x)$ であり (Smith and Sørensen, 2000)，$\lambda_n(x)$ と $\Lambda_n(x)$ も単調増加であることがわかる。これらの性質は図 7.1 にまとめられる。Λ_n と λ_n の微分は次のように書ける。

$$\frac{d\lambda_n(x)}{dx} = \frac{f_n^H(x)}{F_n^L(x)} - \frac{F_n^H(x)f_n^L(x)}{(F_n^L(x))^2} = \frac{f_n^L(x)}{F_n^L(x)}\left(\ell_n(x) - \lambda_n(x)\right) \tag{7.3}$$

$$\frac{d\Lambda_n(x)}{dx} = -\frac{f_n^H(x)}{1 - F_n^L(x)} + \frac{(1 - F_n^H(x))f_n^L(x)}{(1 - F_n^L(x))^2}$$

$$= \frac{f_n^L(x)}{1 - F_n^L(x)}\left(\Lambda_n(x) - \ell_n(x)\right) \tag{7.4}$$

■ **戦略と均衡**　投資家 i が購入 $d_i(p, X_i) = 1$ を選択するのは，正の期待利得が得られる場合，つまり $r_i(p, X_i) \geq p$ のときだけである。尤度比 $\rho_i(p, X_i)$ $:= r_i(p, X_i)/(1 - r_i(p, X_i))$ を用いると，この条件は次のように書き換えられる。

$$\rho_i(p, X_i) \geq \frac{p}{1 - p} \tag{7.5}$$

式 (7.1) と $\Pr(H) = \Pr(L) = 1/2$ を用いると，

$$\rho_i(p, X_i) = \frac{\Pr(\Omega_{m,i} \mid H)}{\Pr(\Omega_{m,i} \mid L)}\ell_n(X_i). \tag{7.6}$$

$\ell_n(x)$ は連続な（狭義）増加関数なので，$\rho_i(p_m, x)$ はすべての p_m について x

の連続な（狭義）増加関数である。よって，p_m 各々について閾値 $\sigma \in [x_a, x_b]$ が存在して，$X_i \geq \sigma$ のときに限り投資家 i が購入するのが最適になる。閾値 $\sigma = \sigma(m)$ は，購入するかしないかが無差別となる点，つまり $\rho_i(p_m, \sigma) = p_m/(1 - p_m)$ を満たすようなシグナル水準を表すか，もしくは端点解である。閾値 σ を用いて，投資家 i がせり人に提出する需要関数は次のように書ける。

$$d_i(p_m, x_i) = \mathbb{1}\{X_i \geq \sigma(m)\}$$

投資家が価格 p_m で購入できたとすると，自分のほかに $m - 1$ 人の投資家が p_m で購入を希望しているはずだ。また，それらの投資家も同じ閾値 $\sigma(m)$ ルールに従っている。よって価格 p_m が実現するには，自分以外の $m - 1$ 人の投資家が $\sigma(m)$ より大きなシグナルを受けており，残りの $n - m$ 人が $\sigma(m)$ より小さなシグナルを受けていなければならない。そのような事象が起こる確率は

$$\Pr(\Omega_{m,i} \mid s) = \binom{n-1}{m-1}(1 - F_n^s(\sigma(m)))^{m-1} F_n^s(\sigma(m))^{n-m}$$

である。尤度比の定義式 (7.2) と組み合わせると，p_m が実現する尤度の比は

$$\frac{\Pr(\Omega_{m,i} \mid H)}{\Pr(\Omega_{m,i} \mid L)} = \Lambda_n(\sigma(m))^{m-1} \lambda_n(\sigma(m))^{n-m}$$

となる。式 (7.6) に代入して意思決定ルール (7.5) を用いれば，価格 p_m のもとで購入するかしないかが無差別になるシグナル水準 $\sigma(m)$ は，内点解が存在するなら次の方程式で決定されることになる。

$$\frac{p_m}{1 - p_m} = \lambda_n(\sigma)^{n-m} \Lambda_n(\sigma)^{m-1} \ell_n(\sigma) \tag{7.7}$$

総需要関数 $D(p_m \mid \boldsymbol{x})$ は，閾値 $\sigma(m)$ より大きなシグナルを受けた投資家の数で決まる。式 (7.7) を分析することによって，総需要関数が右上がりになることを示すことができる。証明の概要は補論（7.5 節）を参照されたい。

[命題 7.1] 需要の性質　仮定 7.1 のもとではある $n_o \in \mathbb{N}$ が存在して，いかなる $n \geq n_o$ と $\boldsymbol{x} \in [x_a, x_b]^n$ においても，シグナルの閾値 $\sigma(m)$ は m の減少関数であり，総需要 $D(p_m \mid \boldsymbol{x})$ は m の増加関数である。

図 7.2 は，あるシグナル列 $\boldsymbol{x} = (x_i)_{i=1}^n$ が実現したときの総需要曲線 $D(p \mid$

図 7.2　あるシグナル列 x が実現したときの均衡アウトカム

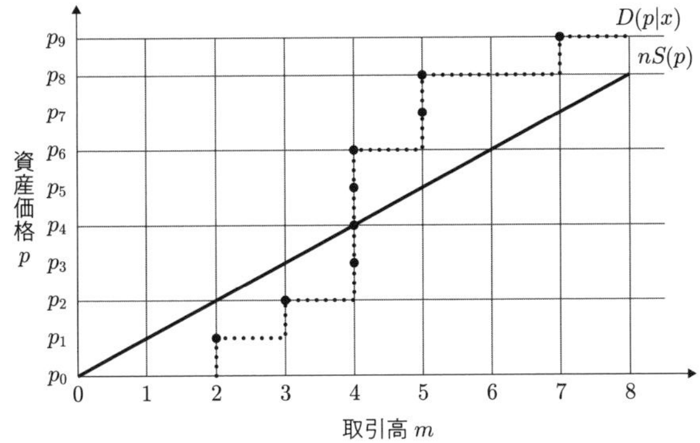

出所：Nirei et al. (2020)

x) を表している。右上がりの総需要曲線は，投資家の購入行動が情報効果を通じて戦略的補完性を持つことを示している。ここでいう補完性とは，ある投資家がよいシグナルを受けたので資産を購入するときは，それにより高まった価格から他の投資家にもそのよいシグナルが部分的に伝わるため，他の投資家も資産購入に傾くということを指す。このようなメカニズムは「合理的な群集行動」としてよく知られており，資産価格の文脈でも例えば Bulow and Klemperer (1994) が提唱した「合理的な熱狂」に近い。この文脈の中で本章の眼目は，そのような合理的な群集行動が，冪乗則という統計的規則性を生むことを示すところにある[7]。

　命題 7.1 は，n が十分大きければ総需要曲線が右上がりであることを示している。この市場で n が小さいときは供給が相対的に希少であるといえる。これは，需要側の注文は 1 人につき $1/n$ 単位であるのに対し，総供給が n に依存しないためである。供給曲線に沿って取引量が $1/n$ 単位増えたときの価格

---

7)　群集行動 (herd behavior) モデルは Banerjee (1992) や Bikhchandani et al. (1992) が代表的であり，金融市場への応用も多い（Caplin and Leahy, 1994；Lee, 1998；Chari and Kehoe, 2004；Cipriani and Guarino, 2005）。概説として Brunnermeier (2001)，Chamley (2004)，Vives (2008) がある。なかでも Gul and Lundholm (1995) は投資家の待ち時間が確率的に同期することを示していて本章のモデルに近い。群集行動を生むシグナル構造については Smith and Sørensen (2000) や Park and Sabourian (2011) に詳しい。群集行動モデルの多くが逐次動学的モデルであるのに対して，本章のモデルは静学的だが，情報の非対称性が同調行動をもたらすという原理については同じである。本章とこれらが異なるのは，先行研究のいずれも冪乗則を示したものはないという点においてである。

の増分 $\log(p_{m+1}/p_m)$ は $1/n$ のオーダーである。したがって n が小さいときは希少性効果が大きく，需要量が増えたときの購入コスト（すなわち価格）の増大幅が大きい。希少性効果が情報効果を上回れば，総需要曲線は右下がりになる。逆に n が十分大きいときは，希少性効果が $1/n$ の速さで小さくなる一方，仮定 7.1 によりシグナルの情報量の劣化は $1/n$ ほど速くないので，右上がりの総需要曲線が得られるのである。

総需要は階段関数となって連続性を持たないが，単調増加であることから，タルスキの不動点定理を利用して均衡の存在を示すことができる。

> **[命題 7.2] 均衡の存在** 仮定 7.1 のもとで，いかなる $n > n_\circ$ においても，実現シグナル列 $\boldsymbol{x}$ に対する均衡実現値 (p^*, m^*) が存在する。

複数均衡の可能性が残るので，以下の分析では，それぞれの $\boldsymbol{x}$ ごとに最も小さな均衡取引高 $m^\dagger$ を選ぶような均衡選択を採用する[8]。この均衡選択により，サンスポット均衡のような，複数均衡間を行き来する同調行動によって発生する振動を排除する。この論文では，取引高を最小化するルールのもとでさえ起こる大きな振動に関心を集中させる。均衡選択ルールによって，シグナル列の実現値 $\boldsymbol{x}$ それぞれに対応する $m^\dagger$ が決まる。よって，選択された均衡取引高 $M_n^\dagger$ を確率変数として定義することができ，その確率分布は $\boldsymbol{X}$ の確率分布と均衡選択ルールによって決定される。

7.3 資産市場の冪乗則

本節では，本章の主要な結果である均衡取引高と価格変化幅の冪乗則を示す。これらの解析的結果は漸近的にのみ示されるので，n が有限な場合の数値解析も合わせて示す。

■ **取引高の冪乗則** 確率変数 Y の右裾が指数 α の冪乗則に従うとは，十分大きな y について右裾の確率が漸近的に冪関数に従う，つまり $\Pr(Y \geq y) \propto y^{-\alpha}$ が成り立っているときにいう。まず，モデルの均衡取引高 $M_n^\dagger$ が n につ

---

8) この均衡選択ルールの 1 つの解釈は，取引高が価格に与える影響を最小化するよう，取引所がせり人に依頼しているというものである (Hasbrouck, 1991)。

いて漸近的に冪乗則に従うことを示す。

> **[命題 7.3] 取引高の冪乗則**　仮定 7.1〜7.3 のもとでは $n \to \infty$ のとき $M_n^\dagger$ は分布収束して，$m \geq 1$ に対しては
> $$\lim_{n\to\infty} \Pr(M_n^\dagger = m) = \frac{e^{-m}(m-1)^{m-1}}{m!},$$
> $m = 0$ に対しては $\lim_{n\to} \Pr(M_n^\dagger = 0) = e^{-1}$ である。特に，この漸近分布の右裾は指数 0.5 の冪乗則に従う。

命題 7.3 の後段は，前段の結果にスターリングの公式 $m! \sim (2\pi m)^{1/2}(m/e)^m$ を適用すれば得られる。つまり大きな m に対して

$$\Pr(M_n^\dagger \geq m) \propto m^{-1/2}$$

が成り立つ。仮定 7.1〜7.3 を満たすシグナルであれば，均衡取引高の冪指数 (1/2) はシグナル分布の詳細に依存しない点に注意したい。つまり，取引高の大きな振動を特徴づける冪乗則は，シグナル分布のパラメトリックな性質から得られるのではない。

命題 7.3 の証明の鍵は，超過需要 $E_m := D(p_m, \boldsymbol{X}) - nS(p_m)$ を m 上の確率過程とみなすとマルチンゲールになっていること，つまり E_{m+1} の条件付き期待値が E_m に等しいことである。均衡取引高 $M_n^\dagger$ は，需給一致条件 $D(p_m, \boldsymbol{X}) = nS(p_m)$ を満たす最小の m だった。これを言い換えれば，$M_n^\dagger$ は超過需要過程 $\{E_m\}$ がゼロに到着する初期通過時間である。そして，ブラウン運動を始め多くのマルチンゲールについて，その到達時間が冪乗則に従うことが知られている。証明ではその結果を $\{E_m\}$ に拡張すればよい[9]。われわれは静学モデルを分析しているので，この「時間」は架空の概念にすぎない。しかし，このような確率過程に従う均衡模索過程を導入することが，静学ナッ

---

9)　Feller (1966) にブラウン運動とランダム・ウォークの場合が示されている。Nirei et al. (2020) ではポアソン過程の場合にこの命題を拡張している。ゼロに初めて到達するまでの時間が冪乗則に従うことの直観を得るため，m に番号付けられ $Y_0 = 1$ から始まる確率過程 $\{Y_m\}$ を考える。$\{Y_m\}$ に負のドリフトがあれば，ゼロへの到達時間はたいてい小さく，大きな値をとる確率は非常に小さい。一方 $\{Y_m\}$ に正のドリフトがあると，到達時間が無限大となる確率が正である。$\{Y_m\}$ がマルチンゲールの場合は，小さい到達時間がたくさん観察されるとともに，非常に大きい到達時間も観察される。なぜなら，一度上方に大きく外れた経路もいずれは戻ってくるためである。

シュ均衡の実現値の分布を導出することに役立つのである。

　$\{E_m\}$ がマルチンゲールになるのは，投資家 1 人の購入が発する情報効果によって追随購入する投資家の数が，平均的に 1 人であるためだ。例えば，$E_m > 0$ だったとすると，せり人は価格を p_m から p_{m+1} に引き上げて売り手を確保する。一方でこの価格上昇により投資家はポジティブな情報を得て買いに傾く。この情報効果によって購入する人が平均的に 1 人であれば，需要増の平均値が供給増に等しいため，超過需要の増加の平均値はゼロになる。すなわち $\{E_m\}$ がマルチンゲールである。

　それでは，このモデルで n が大きいときに超過需要過程がマルチンゲールになること，あるいは 1 人の購入が平均的に 1 人の追随買いを引き起こすのはなぜだろうか。導出の概略は数学補論に回し，その直観について項を改めて考えたい。

■ **なぜ冪乗則が現れるのか**　　1 人の購入が平均的に 1 人の追随買いを引き起こす状況というのは，経済学者に馴染みのあるモデルでいえば，ケインズの美人投票に似ている。ケインズのコンテストでは，賞品が当たるのは当選者ではなく，当選者に投票した人だ。すると投票者は，どの候補者が当選しそうかを推測することで，勝ち馬に乗って賞品をもらおうとする。このような状況では，投票者は自分が誰を推すかよりも，他の投票者が誰に投票するかを参考にして投票する。つまり投票行動に補完性が生じることになる。

　具体的に，n 人の投票の平均値に近い値を投票すると賞品がもらえるものとしよう。このとき，自分以外の全員が数値を 1 だけ引き上げたら，自分も 1 引き上げる誘因を持つ。さらに確率的で離散選択の状況を考えて，誰かが 1 だけ引き上げたときに，平均値が $1/n$ 引き上がるために，他の投票者が 1 引き上げたいと思う確率が $1/n$ であるとすると，それが，われわれのモデルで導いたマルチンゲールの状況にほかならない。

　では，われわれのモデルがケインズのコンテストに似た状況を作る理由はなんだろうか。もう一度分析を振り返ると，購入の閾値 σ を決定するのは式 (7.7)

$$\frac{p_m}{1 - p_m} = \lambda_n(\sigma)^{n-m} \Lambda_n(\sigma)^{m-1} \ell_n(\sigma)$$

である。ここで 1 人が購入に回ると，市場で共有された右辺の情報が Λ_n/λ_n だけ増加する。これが，購入行動の価格を通じた情報効果である。m の増加によって左辺も増加するが，この希少性効果は仮定により小さい。すると，Λ_n/λ_n による増加を相殺するように σ が減少しなければならない。σ が減少すると，「購入しないという行動」が開示する情報 $\lambda_n(\sigma)$ が減少する。つまり，購入していない投資家の持っているシグナルが，従来の範囲 $X_i < \sigma$ よりもさらに悪いものだったことが市場に開示される。このように，誰かが購入したことによるポジティブな情報効果が，購入しないままでいる投資家のネガティブな情報開示によって相殺されるレベルにまで，閾値 σ が調節されることになる。このため，1 人の投資家の購入による閾値引き下げ効果 $\sigma'(m)$ は $1/n$ のオーダー $O(1/n)$ になる。よって，1 人の購入が他の投資家に波及する確率が $1/n$ のオーダーになるのは，購入した投資家の情報効果が，購入しない投資家の情報効果にならされて平均されることから起こると理解できる。

　この波及確率が，オーダーでなく値として $1/n$ に等しくなるためには，n が大きくシグナルのノイズも大きいという付帯条件が必要である。σ' は

$$-\log\frac{\Lambda}{\lambda} + O(1/n) = \frac{\lambda'}{\lambda}n\sigma'$$

で決まる。x_b 近傍を考えると，$F^H = F^L = \lambda = 1$，$\Lambda = \ell$，$\lambda'/\lambda = f^H - f^L$ なので，追随買いの平均値は $n|\sigma'|f^H = \log(\ell)/(1-\ell)$ となる（真の状態が H のとき）。シグナルがノイズに近づくとき，この値は 1 に近づくことがわかる。この値がケインズ美人投票の状況に対応していることは先に議論した。しかし，合理的投資家の情報読み合いゲームが，ある種の極限でケインズ美人投票にならなければならないことが，何かの偶然なのか，より深い経済学的論理を持つのか，筆者はまだわからないでいる。

■ 冪乗則の持つ意味　　1 人の購入が平均的に 1 人の追随買いを引き起こす状況というのは，感染症の疫学モデルの言葉でいえば，買いが感染する「再生産数」が 1 である，ということだ。再生産数が 1 を超えると感染爆発が起こるのは，今般の新型コロナウイルス蔓延によって広く知られるようになったところである。再生産数が 1 よりも小さければ，感染は指数関数的に減少して終息する。再生産数がちょうど 1 に等しいとき，2 つの相の境にあることから臨

界点と呼ばれる。臨界点上では，感染者数が冪乗則に従う。

　冪乗則はミクロとマクロをつなぐ鍵であるといわれる。一般に，指数 α の冪乗則では，指数 α より大きい k 次のモーメントが発散している。われわれのモデルでいえば均衡取引高 $\Pr(M^\dagger = m) \propto m^{-\alpha}$ が指数 0.5 の冪乗則に従うので，1 次のモーメント，すなわち平均が発散している。これは，裾密度の減衰があまりにも遅いので，平均を求める積分値が定義できないためである。

　このことから，非常に大きな n の場合でも，均衡取引量 $M_n^\dagger/n$ が確率的に大きな振動を示しうることが推察できる。例えば，離散であることはひとまず無視して M_n が $[0, n]$ の領域で指数 0.5 の冪乗則に従うとする。密度の基準化定数を c と書くと，M_n/n の分散は次のように計算できる。

$$\int_0^n \left(\frac{M_n}{n}\right)^2 cM_n^{-1.5} dM_n = \frac{c}{1.5} n^{-0.5}$$

つまり，平均されたマクロ量である均衡取引高 M_n/n の分散は $n^{-0.5}$ の速さでしか 0 に収束しない。これを，投資家の意思決定が独立だった場合と比較してみよう。投資家の購入 $d_i = 1$ が確率 $\delta n^{-\xi}$（モデルにおける情報効果の大きさ）で独立に起こるとすれば，中心極限定理により，M_n/n の分散は $n^{-1-\xi}$ の速さで 0 に収束する。収束の速さの差 $0.5 + \xi$ が，投資家行動の補完性により振動が増幅された部分を示す。このように中心極限定理のくびきを外れることによって，n が十分に大きい場合でも，ミクロ行動の相関に由来するマクロレベルの振動が引き起こされる可能性が現れるのである。

　ミクロレベルの相関があっても，相関が十分に大きくなければ，マクロ量の振動分散の収束は n^{-1} より遅くならない。われわれのモデルで，1 人の購入が引き起こす追随買い（「再生産数」）が 1 よりも小さければ，均衡購入者数は冪乗則ではなく指数分布に従い，よってすべてのモーメントが有限になる。そのため M_n/n の分散も急速にゼロに収束する。このような数理は時系列分析にも見ることができる。定常な自己回帰過程では，自己相関関数は時間の指数関数になる。つまり，今期起こったショックが t 期後に及ぼす影響は t に対して指数関数的に減衰する。この場合，各期の変数には相関が見られるものの，時系列平均の分散はサンプルサイズの逆数に比例する。ところが，自己相関関数が冪関数的にしか減衰しない，長相関と呼ばれるような場合は，この性質が成り立たず，時系列平均が大きな分散を持つ。われわれのは静学モデルではあ

るが，均衡模索過程での超過需要 $D(p_m, \boldsymbol{X}) - nS(p_m)$ をマルチンゲールとして表現できる点に，長相関過程の数理との共通点を見出すことができる。

　命題 7.3 は，情報集計と組織的学習（例えば Vives, 2008）との関連も示唆している。われわれのモデルは，大人数の投資家が互いの行動を観察することで経済の真の状態を学習しようとする状況を表している。投資家の受けるシグナルを集計することができれば，全体としては尤度 $\prod_{i=1}^{n} \ell_n(x_i)$ で表される情報を得ることが可能である。端点 $\{x_a, x_b\}$ 近傍での $|\ell_n(x_i) - 1|$ の下限が $\delta n^{-\xi}$ によって与えられているので，この全体としての尤度は端点において $n \to \infty$ のとき発散する。つまり，投資家が私的シグナルを共有することができれば，n が大きいとき漸近的に投資家たちは真の状態を学習することができる。しかしモデルでは，情報の非対称性により，投資家は部分的にしか真の状態を学習することができない。どの程度学習できるかは何人が購入するかに依存しており，そしてその数は冪乗則に従うことを見た。

　冪乗則の含意は，このゲームを繰り返し行うような拡張によって示せる[10]。私的シグナルを繰り返し得ることによって，すべての投資家がいずれは真の状態を学習することができる。このような設定で冪乗則は，集合的な学習過程が滑らかに起こるものではないことを意味している。冪乗則（あるいは高い尖度；leptokurtosis）は，大きな事象は稀だがそれなりの確率で起こり，その他はほとんどが小さな事象であることを意味する。よって，多くの場合で少ない取引しか起こらないので，投資家たちはシグナルを私的に溜め込むことになり，社会的な学習につながらない。しかし，ごくたまに，冪乗則のテイルにあたる事象が起きて，多くの投資家が同時に購入するという同期が起こり，社会的な学習が一気に進む。われわれの示した均衡取引高の冪乗則は，情報非対称性下の集合的学習が，徐々にではなくあるとき突然起こることを示唆するのである。

■ **取引高の冪乗則指数について**　　命題 7.3 で得られた裾指数 $\alpha = 0.5$ は，実証研究で得られた取引高の冪乗則の指数よりも小さい。多くの研究は指数 1.5 前後を示しており，Gabaix et al. (2006) は取引高の「2 分の 3 乗則」と名付けている。この実証的な指数をわれわれのモデルで再現することはたやすい。

10）　拡張モデルについては Nirei (2011) を参照。

それは，再生産数が 1 前後に揺動する場合には，総感染者数の冪乗則の指数が 1 だけ増加することが知られているためである (Sornette, 2004)。

命題 7.3 での指数 0.5 は，投資家数 n が無限大になりシグナルの情報量がゼロになるときの漸近的な解析結果である。しかし n が有限のときには，超過需要 E_m はマルチンゲールから乖離しうる。ϕ を再生産数，つまり 1 人の投資家の購入が引き起こす購入の平均値とすると，$\phi < 1$ のときの購入投資家数の分布 $\Pr(M^\dagger = m \mid D(p_1, \boldsymbol{x}))$ は，m の大きい領域では $e^{-(\phi - 1 - \log \phi)m} m^{-1.5}$ に比例することが示せる（原論文参照）。$\omega := \phi - 1 - \log \phi$ と書けば，この分布は領域 $m < 1/\omega$ では指数 0.5 の冪乗則，領域 $m > 1/\omega$ では指数分布のようにふるまう。$\omega = 0$ の場合は $\phi = 1$ に対応するので，命題 7.3 のとおり全領域が指数 0.5 の冪乗則になる。

ここで適当な $\epsilon > 0$ をとり，ω が $(0, \epsilon)$ 上の一様乱数だとしてみよう。すると，上記の確率分布を ω で積分することにより，大きい m の領域で次の裾分布を得る。

$$\int_0^\epsilon \frac{\Pr(M^\dagger = m \mid D(p_1, \boldsymbol{x}), \omega)}{\epsilon} d\omega \propto \int_0^\epsilon \frac{e^{-\omega m} m^{-1.5}}{\epsilon} d\omega = \frac{1 - e^{-\epsilon m}}{\epsilon} m^{-2.5} \tag{7.8}$$

裾の冪指数が，確率分布で 2.5，つまり累積分布では 1.5 になっていることに注目しよう。これがちょうど 2 分の 3 乗則に対応する。式 (7.8) の導出で ω を一様乱数としたのはアドホックだが，次頁の「投資家数が有限な経済の数値的解析」の項ではそのような仮定なしに，有限な n のもとでのモデルの数値シミュレーションによって取引高の指数を説明することができる。

■ **リターンの冪乗則**　取引高の冪乗則を示したので，次は資産リターンの冪乗則に移る。両者をつなぐのは供給関数 $S(p)$ である。モデルにおいて，情報を持つ買い手の需要を吸収するのは，情報を持たない売り手の投資家である。よって需給一致条件 $m^*/n = S(p^*)$ より，供給関数 S が m^* 変動のインパクトをリターン $q := \log p^* - \log p_0$ に伝える。ここで p_0 を前期の価格と考えれば，q は対数収益率である。

取引高の外生的な変動とそれに伴う資産価格の変動の関係，つまり S^{-1} は，価格インパクト関数と呼ばれる。実証研究によれば価格インパクト関数は凹関

数である (Hasbrouck, 1991；Lillo et al., 2003)。Keim and Madhavan (1996) の
モデルでは，マーケットメーカーが取引相手を探すのに費用がかかる場合に凹
なインパクト関数が得られる。このような先行研究にならって，インパクト関
数が $q = \beta(m/n)^\gamma$ for $m = 1, 2, \ldots, n$（ただし $\beta > 0$ および $0 < \gamma < 1$）と
なるような供給関数を与える。この供給関数のもと，われわれのモデルでリタ
ーンの冪乗則を得ることができる。

[**命題 7.4**] **リターンの冪乗則**　取引量 m/n が $\Pr(m/n) \propto (m/n)^{-\alpha-1}$ と
いう冪乗則に従い，供給関数 S がパラメータ $\beta, \gamma > 0$ によって

$$\log(S^{-1}(m/n)) - \log(S^{-1}(0)) = \beta(m/n)^\gamma \tag{7.9}$$

と表されるならば，リターン q は指数 α/γ の冪乗則に従う。

（証明）　m/n を変数変換して単調な供給関数 S を適用すれば，

$$\Pr(q) = \Pr(m/n)|d(m/n)/dq| \propto ((q/\beta)^{1/\gamma})^{-\alpha-1}(1/\gamma)q^{1/\gamma-1} \propto q^{-\alpha/\gamma-1}.$$

$\square$

　株式市場の実証研究からは，株式リターンが指数 3 の冪乗則に従うという
3 乗則（キュービック・ロー）が提唱されている (Gabaix et al., 2006; Lux and
Alfarano, 2016; Gu and Ibragimov, 2018)。われわれのモデルで 3 乗則が得られ
るのは，上式により $\alpha/\gamma = 3$ のときである。命題 7.3 で得られた $\alpha = 0.5$ と
合わせれば，モデルが 3 乗則と合致するのは $\gamma = 1/6$ のときである。Lillo et
al. (2003) によれば，インパクト関数の係数 γ の実証的推定値は 0.1 から 0.5
の間なので，$\gamma = 1/6$ という設定は実証結果とも整合的である。

■ **投資家数が有限な経済の数値的解析**　　最後に，n が有限のときのモデルを
数値的に分析する。その狙いの 1 つは，有限の n のときでも均衡取引高 $M_n^\dagger$
が冪乗則に従うことを示して，命題 7.3 の漸近的な解析結果を補強すること
である。もう 1 つは，n が有限な場合にはモデルから導かれる冪指数に幅があ
ることを示すことである。これがモデルの柔軟性を高め，取引高とリターンの
振動分布の実証結果を説明することができる。

　数値計算のためにモデルを次のように特定化する。シグナルの分布 F^s は正
規分布とし，状態 s について共通の標準偏差 ς と異なる平均（$\mu_H = 1$, $\mu_L = 0$）

を持つとする。ς の値は 30 から 50 に設定する。このように平均差に比して大きな標準偏差は，シグナル X_i の情報量が少ない状況を表している。投資家の数 n は，500 から 2000 に設定する。供給関数を (7.9) で与え，パラメータ値は冪乗則の推定と同じく東京証券取引所の日次データを用いて推定する。価格インパクト関数の推定法にならい，式 (7.9) を日次取引高と絶対リターンに非線形最小二乗法でフィットさせることで $\beta = 0.768$ と $\gamma = 0.4642$ という推定値を得る。これらのパラメータ値のもとで，最適な閾値関数 $\sigma(\cdot)$ を計算し，その閾値ルールを用いて均衡のモンテカルロ・シミュレーションを行う。すなわち，シグナル列 $(x_i)_{i=1}^{n}$ を 10^6 回ランダムに生成し，その都度，均衡取引高 $m_n^{\dagger}$ と均衡価格 p_n^* を計算する。

　図 7.3（上）は $M_n^{\dagger}$ のヒストグラムを異なる n と ς の組み合わせに対して示している。ヒストグラムは両対数で描画されているので，直線になっていれば冪乗則 $\Pr(M_n^{\dagger} = m) \propto m^{-\alpha-1}$ を表し，その傾きが密度の裾指数 $-\alpha - 1$ を示す。図からわかるように，シミュレーションによって得られた両対数ヒストグラムは $M_n^{\dagger}$ の広い領域で線形であり，$M_n^{\dagger}$ が冪乗則に従うという解析結果と合致する。ただし，$M_n^{\dagger}/n$ が 1 に近い領域では，n の有限性からヒストグラムは指数関数的に切断されている。

　命題 7.3 の漸近的結果によれば，取引高の冪指数 α が 0.5 になるはずである。図 7.3（上）では，$(n, \varsigma) = (800, 30)$ や $(2000, 50)$ の場合は有限の n でもこの予想が当たっている。このアラインメントよりも n が減少したり（点線と比較した破線の場合）や ς が増加した場合（グレーの線と比較した点線）には，裾指数は大きくなっている。このような漸近結果 $\alpha = 0.5$ からの外れは，有限の n によってもたらされうる。モデルは実証結果の示す幅に適合する程度の柔軟性を備えているといえる。

　この柔軟性を用いて，取引高とリターンの実証分布に合わせることで，モデルの実証的な有用性を試してみよう。比較の対象としたデータは，日経フィナンシャル・クエスト所収の，東京証券取引所一部上場企業の 1988 年 3 月から 2018 年 3 月にわたる日次取引高と価格である。

　図 7.3（下）は日次取引高のヒストグラムを 4 つの個別銘柄について描画している。取引高は，銘柄ごとに平均取引高によって除してある。4 銘柄は東証一部上場の製造業企業の中から時価総額の 5 分位にあたるものを選んだ。

図 7.3　取引高のヒストグラム

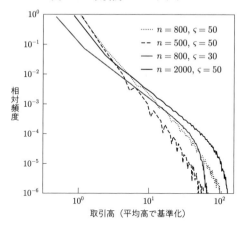

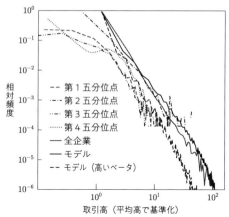

取引高は時系列平均によって基準化されている。上：さまざ
まなパラメータ値のもとでのモデルが生成した均衡取引高
$M_n^\dagger$ のヒストグラム。n は投資家の数，ς は私的シグナルの
標準偏差を表す。下：個別の銘柄と全銘柄をプールしたサン
プルの日次株式取引高，およびモデルから生成されたヒスト
グラム。個別銘柄は 1988〜2018 年，プールしたサンプルは
2016 年のデータ。個別銘柄は東証一部製造業企業の時価総額
5 分位点の企業を選び，プールしたサンプルは上場全社を含
む。「全企業」はプールしたサンプル，「モデル」はパラメー
タ値 $n = 800$ と $\varsigma = 50$ のもとでモデルから得られたヒス
トグラム，「モデル（高いベータ）」は β が 50% 大きかった
場合のモデルのヒストグラムを示す。

出所：Nirei et al. (2020)

ヒストグラムからはファットテイルを見てとることができる。しかし観測数 (7401) はテイルを詳しく分析するには十分ではなく，またサンプル期間（30 年）は分布の同一性を保証するには長すぎる。これらの限界を考慮して，もっと多くの銘柄の短い期間での観測をプールすることを試みる。グレーの実線で印した分布「全企業」は，上場 2250 社すべての 2016 年 1 年間における観測から作成したヒストグラムである（取引量はそれぞれの企業の平均取引量で除してある）。このヒストグラムの裾はより長く，裾指数は個別銘柄の裾指数と大きく変わらない。両対数ヒストグラムの傾きはおよそ 3 なので，プールされたサンプルの裾指数は約 2 である。この図に，$(n, \varsigma) = (800, 50)$ の場合のモデルから生成されたヒストグラムを重ね，黒の実線で「モデル」を示した。モデルの分布は実証分布にうまく適合していることがわかる。

　冪指数の推定にはヒル推定量を用いることができる。冪乗則は裾部分だけに合致するので，裾部分の下限の推定と組み合わせるのがよりよい。これを実装した Clauset et al. (2009) の推定量を用いて，5 分位銘柄とプールされたサンプルに適用すると，裾指数の推定値 1.73 (0.04)，1.31 (0.04)，2.50 (0.08)，3.68 (0.25)，および 1.89 (0.02) を得た（カッコ内は標準誤差）。モデルから得られた分布に適用すると，推定値は 2.03 となり，上記データからの推定値の範囲内に収まった。裾指数の正確な推定には観察数が少ないという困難があり，上記の推定値にも相応の幅があるが，「2 分の 3 乗則」（指数 1.5）もこの範囲に収まっている。

　図 7.4 は，同じサンプルから日次リターン幅のヒストグラムを示している。ここで日次リターンは，営業日の始値から終値の対数収益率を用いている。個別銘柄ごとに平均対数収益率との差をとったうえで標準偏差で除し，絶対値をとった。結果を見ると，5 分位の個別銘柄やプールされたサンプルのヒストグラムは裾指数およそ 3 の冪乗則を示しており，実証研究の示す 3 乗則 (Lux and Alfarano, 2016) と整合的である。モデルで生成されたヒストグラムも，データよりやや高い指数ながら冪乗則を示している。リターンの裾指数を，取引高の裾指数と同じ手法で推定すると，データの 5 系列では 4.52 (0.72)，2.49 (0.11)，3.26 (0.16)，2.83 (0.13)，および 3.62 (0.03)，モデルでは 4.38 となった。

　以上，図 7.3 と図 7.4 に示されたように，東証の高頻度データから推定したインパクト関数を用いたモデルをシミュレートすることで，東証で観測され

図 7.4　日次リターンのヒストグラム

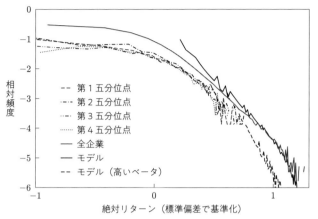

横軸のリターンは，営業日の終値と始値の対数差の絶対値を示す。サンプル系列は図 7.3 のものと同一である。

出所：Nirei et al. (2020)

た取引高とリターンの冪乗則を再現することができた。

■ **モデルの拡張**　本章で提示したモデルは非常に単純化されたものだったが，冪乗則のようなファットテイルはより一般的なモデルでも得られると期待される。例えば，買い手と売り手の双方にシグナルが伝わる場合や，ノイズ・トレーダーがシグナルを持つ投資家の行動から学習できる場合にも，本章の分析は拡張できる。例えば，値動きの背景に買い手へのシグナルがあったということを，売り手のノイズ・トレーダーが確率 π で知ることができるとする。その場合，供給関数の傾き β が $1/(1-\pi)$ 上昇するだけで，他の分析は影響を受けない（原論文を参照）。仮に $\pi = 1/3$ とおけば β は 50% 上昇する。そのときのシミュレーション結果が図 7.3（下）と図 7.4 に含まれている。図からは，売り手による学習がある場合，取引高とリターンの冪指数が増加することがわかる。図 7.3（上）と比較すると，β の上昇は n の低下と同様に取引高冪指数を増加させており，このことは両要因とも供給の相対的な希少性を強めることと整合的である。希少性効果の増大が n が有限のときの取引高冪指数 α を増加させ，γ は不変であることからインパクト関数を通じてリターンの冪指数を増加させると考えられる。

　また,「買うか買わないか」という二者択一の仮定を緩めることもできる。例えば, よりよいシグナルを受けたときにはより多くを購入するような行動が自然だが, そのようにモデルを拡張することは可能である。ただし, 選択集合がシグナル集合よりも疎であることは本質的に重要である。なぜなら, シグナルと同様に選択集合も連続な場合は, 投資家の選択を観察することでその投資家が受けたシグナルを正確に推測することが可能になるためである。この場合, 市場参加者は集団としてシグナルを集計し, 正確に学習することができる。投資家の選択に離散性があることは, ミクロレベルでの振動に一定の大きさを与えるという直接的な効果のほかに, 行動による情報の開示を部分的なものにとどめることによって, 情報の非対称性を維持させる役割を持っている。

　モデルには政策要素は含まれていないが, 潜在的な政策含意を引き出すことはできる。このモデルでは, 外生的に大きなショックがないときに, 大きな振動が内生的に起こることを示している。これは, 少しずつ積み重なる情報を市場は滑らかに咀嚼することができず, 不必要に非連続的な反応を起こしてしまうということだ。ファンダメンタルズに由来しない資産価格の不必要な振動が金融機関のバランスシート変動などを通じて市場機能を損なう可能性があることから, このモデルは価格の安定性に関わるある種の市場の失敗を指摘している。この市場の失敗は, 資産価格を安定化させるような制度的介入, 例えばサーキットブレーカーを正当化する。また, 投機による変動を抑制するために提言されたトービン税を考察することもできる。本モデルで取引費用を増加させると, 取引の回数を減らすことにはなるが, 取引の同期を抑制することには必ずしもつながらない。一方で, 取引の回数を減らすことは, 市場に開示される私的情報を減らすことになり, 市場の学習機能を阻害する。これらの点からこのモデルへのトービン税の導入は, 短期的な投機を抑制できたとしても, 同期現象の準周期性を長引かせるだけで振動自体は必ずしも小さくしないという結果になるだろう。

7.4　市場の学習に伴う突発的な同期

　本章では, 情報の非対称性のある資産市場において, 投資家の数が十分大きくシグナルの情報量が十分小さい条件下では, 均衡取引高と対数収益率の振動

が冪乗則に従うことを示した。取引高と価格の振動を生み出す原因は，価格の情報効果によって投資家の行動に補完性が生じることにある。シグナル情報量が小さいとき，このミクロの補完性はケインズの美人投票に見られるような臨界点にまで高まって大きな変動を生む原因となり，冪乗則というマクロレベルの統計的規則性を創発する。

「1 人の買いが平均的にもう 1 人の買いを誘発する」ような臨界的補完性のもとで冪乗則が生まれる数理は，統計力学 (statistical mechanics) を中心にすでによく知られている。ミクロとマクロを架橋する冪乗則は複雑系科学を横断するテーマであり，経済分野への応用が息長く続けられてきた[11]。1960 年代に遡るマンデルブロや井尻雄士とハーバート・サイモンによる開拓的研究，80 年代以降のブルックヘイヴン国立研究所やサンタフェ研究所の活動，90 年代以降の経済物理学の広がりとその象徴の 1 つともなった青木正直による長年の研究は，経済学にも大きな影響を与え，2000 年代以降のガベックスによる研究などが認知されてきた (Gabaix, 2009)。

その背景の中で本章の新規性は，補完的行動の臨界性がどこから来るのかという問いに経済学から答えたところにある。私的情報が個人に退蔵される市場では，個人の売買がもたらす情報効果が市場全体の集合的な学習を可能にする。しかし，ある投資家の購入による情報効果は，その他大勢の，その購入があってすら買わないという（無）行動の情報効果によって平均される。この情報効果の平均化によって，1 人の購入が他の n 人の投資家の購入を誘う確率が $1/n$ になることを，シグナルがノイズに近いときに示した。

市場の集合的学習が冪乗則に従うことは，情報が徐々に市場にもたらされるときでも集合的学習はある瞬間突然訪れることを意味する。このことは，アルゴリズム取引がもたらすフラッシュ・クラッシュのように高頻度帯で起こる事象の理解に役立つ[12]。また，より長期的な現象，例えば，住宅ブーム時の住

---

11)　資産価格の冪乗則を説明する統計物理学の臨界現象モデルの代表的なものには Bak et al. (1997), Stauffer and Sornette (1999), Lux and Marchesi (1999), Cont and Bouchaud (2000), Kaizoji et al. (2002) などがある。しかしこれらのモデルでは，投資家行動の連関がなぜ臨界点になるのかという説明は乏しかった。その説明を本章の設定を用いて経済学的に試みたのは Nirei (2008) だが，厳密な証明は原論文 (Nirei et al., 2020) まで待つことになった。そのほかには，Lux and Sornette (2002) は確率的合理的バブルが冪乗則を導くことを示した。Gabaix et al. (2006) は，投資家のファンドのサイズが冪乗則に従うことを前提に，需要サイズの冪乗則が価格振動の冪乗則を生み出すことを示した。

宅価値やテックブーム時のテクノロジー企業の市場価値が，泡沫にすぎなかったと市場が集合的に結論づける瞬間にほかならない，資産バブル崩壊の理解にも示唆を与える。

　本研究には留保点も多い。モデルには制約が多く，多様な資産市場制度を広く含むものとは言い難い。また，実証分析との突き合わせは緒についたばかりである。そもそも冪乗則（パワーロー）の「ロー」は「分布」であって「法則」とは読まない方がよい。希少現象を対象とする冪乗則の実証推定には困難があり，指数の正確な推定は難しい。また，冪乗則を生み出す数理は 1 つではない。例えば，対数正規分布の広い領域は冪乗則のようにふるまう。冪乗則実証のこのような脆弱性は留意されるべきであるが，冪乗則研究の意義を否定するものではない。例えば対数正規分布と冪乗則の近似性にしても，それは両者の背景に乗算的成長過程があるという本質的な共通点に由来する。実証的な冪乗則は，それ自体がエビデンスであるということよりも，その現象の背後にある動学の本質を垣間見せる点にこそ価値があるといえる。

7.5　数 学 補 論

■ **命題 7.1 の証明の概略**　式 (7.7) は自然数 m に対して定義されたが，m を実数 t に置き換えることもできる。p_t は需給一致条件 $S(p_t) = t/n$ で決まり，$\sigma(t)$ は，式 (7.7) を対数で変換した次の方程式によって決まるものとする。

$$0 = \Phi(\sigma, t) := (n - t) \log \lambda_n(\sigma) + (t - 1) \log \Lambda_n(\sigma) + \log \ell_n(\sigma) - \log \frac{p_t}{1 - p_t},$$
$$\tag{7.10}$$

σ の内点解が t について単調減少であることがわかれば，t の端点での解を分析することによって $\sigma(t)$ すべてが内点解であることがわかる（原論文参照）。よってここでは (7.10) の内点解を前提する。方程式 $\Phi(\sigma, t) = 0$ の全微分をとれば

$$\frac{1}{p_t(1 - p_t)} \frac{1}{nS'(p_t)} dt = \log \frac{\Lambda_n(\sigma)}{\lambda_n(\sigma)} dt$$
$$+ \left((n - t) \frac{\lambda'_n(\sigma)}{\lambda_n(\sigma)} + (t - 1) \frac{\Lambda'_n(\sigma)}{\Lambda_n(\sigma)} + \frac{\ell'_n(\sigma)}{\ell_n(\sigma)} \right) d\sigma.$$

よって

---

12)　モデルでは「間違った」側への学習，例えば $\theta = L$ のもとでの買い方の同期も起こりうる。

$$\frac{d\sigma}{dt} = \frac{-\log\left(\Lambda_n(x)/\lambda_n(x)\right) + \{p_t(1-p_t)S'(p_t)n\}^{-1}}{(n-t)\lambda_n'(x)/\lambda_n(x) + (t-1)\Lambda_n'(x)/\Lambda_n(x) + \ell_n'(x)/\ell_n(x)}\Bigg|_{x=\sigma(t)}.$$

$$(7.11)$$

右辺の分母は正である。分子第1項は，仮定7.1より $-\log(\Lambda_n(x)/\lambda_n(x)) < -\delta/n^\xi$ であり，第2項は $1/n$ のオーダーである。よって，n が十分大きければ $d\sigma/dt \leq 0$ となることがわかる。最後に，$D(p_m, \boldsymbol{x})$ は $x_i \geq \sigma(m)$ となる投資家の数だから，$\sigma(m)$ が減少関数であることは $D(p_m, \boldsymbol{x})$ が m の増加関数であることを意味する。

■ **命題7.3の証明の概略**　　$M_n^\dagger$ の分布を求めるために，閾値 σ 以上のシグナルを得た投資家の数 $\sum_{i=1}^n \mathbb{1}\{X_i \geq \sigma\}$ を考える。σ が最大値 x_b から最小値 x_a まで動くとき，この数はポアソン過程のように次第に増大していく。均衡戦略では $\sigma(m)$ は自然数 m に対してのみ定義されていたが，それを実数 t に拡張し，記号の濫用ながら $\sigma(t)$ と再定義する。すると σ は逆関数を持つので，それを用いて上の過程を $\Gamma(t) := \sum_{i=1}^n \mathbb{1}\{\sigma^{-1}(X_i) \geq t\}$ と書き直すことができる。命題7.1より $\sigma(t)$ は減少関数なので，シグナルの実現値 $\boldsymbol{x}$ を固定すれば，$\Gamma(t)$ は t について増加する。$\Gamma(m)$ が m と初めて一致する点が均衡取引高 $m^\dagger$ である。よって，$M_n^\dagger$ は $\Gamma(t) - t$ が初めてゼロに到達する時刻と同じである。

閾値 $\sigma(t)$ は減少関数なので，t 以前に購入していた（つまりシグナルが閾値を上回っていた）投資家は $t + dt$ でも購入し続ける。一方，t 以前に購入していなかった投資家の中には $t + dt$ で初めて購入を決断するものがありうる。その確率は次のように求まる。真の経済状態を $s = \theta$ と書き，シグナルを F_n^θ に従って受信したとすると，t 以前に購入していなかった確率は $F_n^\theta(\sigma(t))$ である。また，十分大きな n を前提とすれば，$\sigma(t)$ が単調関数であることから確率密度関数の変換公式を用いることができ，$\sigma^{-1}(X_i)$ の密度は $f_n^\theta(\sigma(t))|\sigma'(t)|$ となる。よって，t では購入していなかった投資家が $t + dt$ で購入する確率は，$\pi_n(t)dt := f_n^\theta(\sigma(t))|\sigma'(t)|dt/F_n^\theta(\sigma(t))$ と表される。この確率は投資家間で独立なので，$[t, t+dt]$ で初めて購入する投資家の数は，確率 $\pi_n(t)dt$ と人口 $n - \Gamma(t)$ の二項分布に従う。最後に $t = 1$ の場合を考える。$\Gamma(1)$ は $x_i \geq \sigma(1)$ となる投資家の数を表すので，$\Gamma(1)$ は確率 $1 - F_n^\theta(\sigma(1))$ と人口 n の二項分布に従う。これによって $t \in [1, n]$ における確率過程 $\Gamma(t)$ が定義できた。

もし $\Gamma(1) = 0$ であれば，$\sigma(1)$ より大きなシグナルを得た投資家がいないということなので，均衡取引高は $m^\dagger = 0$ である。$\Gamma(1) = 1$ であれば，p_1 で購入する意

思のある投資家がちょうど 1 人なので，均衡取引高は $m^\dagger = 1$ である。$\Gamma(1) > 1$ であれば，均衡取引高は $\Gamma(m^\dagger) = m^\dagger$ を満たす最小の $m^\dagger$ なので，$\Gamma(t) - t$ がゼロに初めて到達する時刻である。この到達時間分布を調べたい。

$\Gamma(t + dt) - \Gamma(t)$ の期待値を $\phi_n(t)dt$ と書けば，$\phi_n(t) := \pi_n(t)(n - \Gamma(t))$。よって，$\Gamma(t)$ が有限のとき，$\Gamma(t + dt) - \Gamma(t)$ の二項分布は $n \to \infty$ のとき平均 $\phi_n(t)dt$ のポアソン分布に分布収束する。したがって $\Gamma(t)$ は n が大きいとき平均 $\phi_n(t)$ のポアソン過程によって近似される。この平均 $\phi_n(t)$ が，仮定 7.2 のもとで $n \to \infty$ のとき 1 に収束することが，概略次のように示される。$t = \sigma^{-1}(x)$ に密度関数の変数変換を適用すれば，

$$\phi_n = \pi_n(t)(n - \Gamma(t)) = \left(1 - \frac{\Gamma(t)}{n}\right) n |\sigma'(t)| \left. \frac{f_n^\theta(x)}{F_n^\theta(x)} \right|_{x = \sigma(t)}. \tag{7.12}$$

式 (7.3) と (7.11) を $\sigma'(t)$ に代入し，$\theta = H$ のときに評価する（$\theta = L$ の場合も同様に示すことができる）。

$$n|\sigma'(t)| \frac{f_n^H(x)}{F_n^H(x)} = \frac{\log(\Lambda_n(x)/\lambda_n(x))}{1 - e^{-\log(\ell_n(x)/\lambda_n(x))}} + O(1/n) \tag{7.13}$$

ここで，有限の t について，$n \to \infty$ のときに $\sigma(t) \to x_b$ となることを次のように示す。まず，

$$\log \Lambda_n(\sigma) = \log \frac{1 - F_n^H(\sigma)}{1 - F_n^L(\sigma)} = \log \frac{1/F_n^L(\sigma) - \lambda_n(\sigma)}{1/F_n^L(\sigma) - 1}$$
$$= \log \left(1 + \frac{1 - \lambda_n(\sigma)}{1/F_n^L(\sigma) - 1}\right).$$

任意の $y \geq 0$ について $\log(1 + y) \leq y$ と $1 + \log y \leq y$ が成り立つことから，$\sigma < x_b$ のとき，

$$\log \Lambda_n(\sigma) \leq \frac{1 - \lambda_n(\sigma)}{1/F_n^L(\sigma) - 1} \leq \frac{-\log \lambda_n(\sigma)}{1/F_n^L(\sigma) - 1}.$$

よって，

$$\log \Lambda_n(\sigma) - \log \lambda_n(\sigma) \leq \frac{-\log \lambda_n(\sigma)}{1 - F_n^L(\sigma)}.$$

仮定 7.1 より $\log \Lambda_n - \log \lambda_n > \delta n^{-\xi}$。したがって十分大きい n について

$$-\log \lambda_n(\sigma) \geq (1 - F_n^L(\sigma)) \delta n^{-\xi}. \tag{7.14}$$

さて，閾値 σ を決定する式 (7.10) は次のように変形できる。

$$n \log \lambda_n(\sigma) = \log \frac{p_t}{1 - p_t} + t \log \frac{\lambda_n(\sigma)}{\Lambda_n(\sigma)} + \log \frac{\Lambda_n(\sigma)}{\ell_n(\sigma)} \tag{7.15}$$

右辺は有限の t につき有限である。一方左辺は，(7.14) と $\xi < 1$ から，$F_n^L(\sigma) < 1$ ならば $n \to \infty$ のとき負の無限大に発散する。よって $F_n^L(\sigma)$ は 1 に収束しなければならない。つまり，任意の有限な t について，$n \to \infty$ のとき $\sigma(t) \to x_b$ である。

$\Lambda(x_b) = \ell(x_b)$ と合わせれば，$n \to \infty$ のときに $\Lambda_n(\sigma(t))/\lambda_n(\sigma(t))$ は $\ell_n(\sigma(t))/\lambda_n(\sigma(t))$ に収束することがわかる。よって，式 (7.13) の右辺は，t が有限で $n \to \infty$ のとき 1 に収束し，(7.12) から，ϕ_n も 1 に収束することが示せた。あとは，到達時間分布の漸近性を考えるために，有限の t についての $\phi_n(t)$ を知れば十分であることを示す必要があるが，マルチンゲールの到達時間は確率 1 で有限であることが助けになる。詳細は原論文を参照されたい。

終　章 ━━━━━━━━━━━━━━━━━━━━

自律変動する3つの
マクロ経済変数

────────────────────────────────

　本書では第Ⅰ部において，マクロ経済を理解するフレームワークとして標準となっている動学一般均衡理論を導入し，市場がいかにして効率的な資源配分を分権的に達成するのか，そして効率的資源配分のもとでマクロ経済変動はいかにしてマクロ生産技術の生産性変動と中央銀行の金融政策によって理解できるのかを説明した。

　次に第Ⅱ部において，同じ動学一般均衡の枠組みの中で，生産性変動や政策ショックといったマクロ的外生ショックによらない経済変動がいかにして可能であるのかを考察した。注目した移ろいやすいマクロ変数は，総投資，物価，そして資産価格である。3変数が内生的に変動を起こす理由は，それらを決定するミクロ主体行動の相互補完性にある。それら3変数はミクロ行動の補完性が完全性を示す特殊な領域であり，そこにおいてミクロショックが確率的に同期してマクロショックに転化することを示した。そしてこの転化は，冪乗則をめぐる数理によって特徴付けられたのである。

　ミクロ行動が完全補完性を示す特殊な領域として，収穫一定技術のもとでの設備投資（4.2節），高インフレ下の製品価格付け（第5章），高いノイズのもとでの資産投資（第7章）という3つを提示した。順に振り返ってみよう。

　マクロ生産関数は，一定の規模の生産がスケーラブルであるとき（例えば近代工業に典型的に見られるような工場），収穫一定でかつ設備投資が非可分であるという性質を持つ。収穫一定技術のもとで，生産限界費用は生産規模にかかわらず一定になり，企業にとって意味のある要素価格の組み合わせが生産水準の多寡によって大きく動かされない。このような環境では，企業の設備投資の意思決定は，他の企業の設備投資に対して完全な補完性を示す。これに製品価格

の硬直性が組み合わさると，総投資の自律的な振動が，労働需要と総所得の順循環を通じて投資と消費の順循環を生み出す。4.3節はこうして景気循環の統計的パターンを再現できることを示した。

　よく知られているように，ワルラス体系の中には物価水準を決定する要因がない。財価格と名目賃金の同率の変化は，実質価格体系を変えないので，資源配分に影響しない。マクロモデルに物価水準を意味ある形で導入するために，実質貨幣残高が市場取引を円滑にして家計効用を高めたり企業操業を可能にすることをまず考えるのが通常である。第5章で示した貨幣入り効用関数は代表的な定式化の1つである。しかしそのもとでも，中央銀行が貨幣需要変動に対して受動的に供給せざるをえない短期には，物価水準をアンカーする実体要因の効果は強くないと考えられる。このような状況は新古典派経済学のベンチマークである貨幣中立的経済に対応する。

　物価水準を強く規定するマクロ的要因がない短期において，物価水準の動向を決めるのはミクロの企業の値付け行動である。そしてミクロ企業の直面する需要を規定するのは物価水準に対する自財の相対価格なので，ミクロ企業の値付けの名目水準は完全補完関係に近くなる。このとき起こる雪崩のような価格改定の広がりは冪乗則に従う確率変数となり，マクロの物価水準に意味のあるレベルの振動を引き起こす。この振動の大きさは，価格改定の閾値上の企業密度に依存する。定常インフレ率が高いときほど，無行動領域内の企業定常分布は一様分布に近づき，定常状態での閾値上の密度は高くなる。このことから，第5章ではインフレ率の水準とボラティリティの相関という実証事実を説明する仮説を提示できた。

　投資においても値付けにおいても，ミクロの相互作用が冪乗則的同期を通じてマクロ現象に転化するためには，完全な戦略的補完性が必要だった。完全な補完性が生じるのが，規模の収穫一定性や貨幣中立性という特定の，しかし典型的なマクロ経済条件下であることを強調してきた。さらに同様の補完的行動が資産市場においても起こることを第7章では示した。資産の真の価値について，市場参加者はそれぞれ私的な情報を持っている。取引に一定の離散性があるときは，微小な情報は参加者の行動を変えないため，情報の一定量は各参加者の胸の内に退蔵されていることになる。この情報量はミクロでは微小だが，集計すれば十分大きい。そこで，もしすべての参加者が持っている情報を

プールすることができれば資産の真の価値を特定できるような状況を考える。この状況で，ある参加者の資産購入行動は，その参加者の私的情報を開示することになり，他の参加者の購入行動を促す。これが補完性を生む。さらに元の情報にノイズが大きい場合，例えば高頻度取引のように短時間の情報に反応する取引では，ケインズの美人投票に見られるような完全な補完性が現れることを示した。そしてそのような確率的行動同期が，一般的に観察される資産価格振動の冪乗則を説明することを明らかにした。

　このように示した3つの内生的マクロ振動を別の角度から見れば，効率性が生む不安定性ともいえるだろう。設備投資を行う企業も，自社製品に価格付けする企業も，資産を買い入れる投資家も，自らの利得を最大化することに熱心である。そして実際に最大化に成功しており，彼らの資本水準や価格水準，資産ポートフォリオはおおむね正しい。ただ小さな調整費用があるために，ごく短期に細かい調整を繰り返すことはせず，ある程度の期間おきに一定程度の大きさで調整する。したがってそれら企業・投資家総体として見ると，おおむね効率的な資源配分が達成されている。

　しかし，それらミクロ主体の行動が完全補完の関係にあるときには，ミクロの調整が確率的に同期することで大きな集計変動をもたらす。その変動自体は企業や投資家に非効率性を強いるものではない。しかしその変動が，マクロ経済の一般均衡を通じて他の部門に影響する場合に厚生損失は起こりうる。典型的には景気変動が雇用を脅かすことによって家計厚生は悪化するのである。

■ **政策インプリケーション**　　設備投資，物価，資産価格という，内生的なマクロ振動を引き起こしうる3つの領域は，歴史上のマクロ経済変動と対応づけることができる。

　景気の比較的規則的な変動，つまり景気循環が経済学者の注意を引くようになったのは，工業化の歴史とともに古い。ピグーによる浩瀚な『産業変動論』（1927年）ではすでに循環論の諸相が緻密に分析され，折り込みの時系列プロットが描く規則的な律動が美しい。「循環」の発見をシュンペーターはフランスの医師ジュグラーの1862年の著作に帰し，その後の多くの論者が循環の中心に固定設備投資を据えたことを記している。60年代までの日本の景気循環も，4.2節で見たような同調的な設備投資の変動が基調を成していたと考えるこ

とはできないだろうか。一方で70年代に主要な経済変動は，いうまでもなく物価である。多くの国でインフレ率が高騰し，それにつれてインフレ率の変動が高まったことが，第5章で示した物価の内生的変動理論のモチベーションとなった事実である。そして80年代以降，米国の「大いなる安定」に見られるように，従来型の景気変動は沈静化したように見え，その一方で資産市場を震源とする大きなマクロショックが起こるようになった。第7章で示した資産価格の内生的振動はこのような近年の景気変動の起源に対応しうる。しかしそのような歴史的実証分析は将来の研究課題として残された。

　本書で提示した景気変動の内生的起源は，マクロ経済政策についてどのような含意を持つだろうか。この問いもまた，個別の綿密な分析を要するものだが，本書の考え方の枠組みから自然に導かれる示唆はいくつかある。あくまで筆者の考えとして提示したい。

　4.2節で見た総投資の自律的振動が含意することは，1つに，基礎的条件に変化のない平時にもある程度のマクロ振動が常時起こるのが自然だということ，もう1つに，そのような振動が政府の財政出動によって抑えられるべき程度の大きさに達する可能性も存在するということだ。このことから，平時の安定化のための財政出動政策とは決別すべきであること，しかし危機時のマクロ財政政策の正当性は保持されるべきであるというレッスンを引き出す。

　議論の前提として，景気変動の社会的損失とは何かを明示しなければならない。本書のような動学一般均衡枠組みで考えるかぎり，消費と余暇の変動が平均的な家計にもたらす厚生損失はごくわずかである (Lucas, 2003)。不況による典型的な GDP 低下が年率2%だとして，失職リスクを考えずに済む家計が被る2%程度の一時的な所得低下は，はたして一国が議論すべき政治的アジェンダを書き替えてしまうほどの重要事だろうか。筆者には，財政出動ではなく，制度化された財政の自動安定化装置や，安定化ミッションを与えられた中央銀行による自律的な金融調節手段で機動的に対応すべきことのように思われる。

　不況の本当の厚生損失は，平均的な家計の所得変動ではなく，失業に現れる (Mukoyama and Şahin, 2006)。失業は所得に大変動をもたらすことで家計の消費平準化を著しく困難にする。また，働く意思と能力のある労働者にその機会がないのは，生産資源の退蔵という意味でそのまま社会的な損失となる。マク

ロ安定化政策の目的である経済厚生にとって，一義的に重要な指標は失業率であり，GDP はその失業率とよく連動し，かつ操作可能な変数として重要性を持つ。そして本書の分析を経ても，失業率安定化のためにまず召喚されるべき政策が機動的な金融政策であることは変わらない。さらに，失業リスクを家計で広範にシェアするための社会保険制度の充実が検討されるべきだろう。本書の 1 つのメッセージは，平時にも起こる一定のマクロ経済変動の受容である。変動があることを前提にして恒久的な安全網が備えられるべきなのであって，変動のたびに間に合わせの対策が作られるべきものではない。

　このようなレッスンは日本の経験に基づくものである。過去 30 年間，日本経済のマクロ指標は確かに停滞した。変動のたびに危機が叫ばれ，緊急経済対策という名目のもと巨額の補正予算編成が常態化した。センセーショナルな一部経済論壇は，危機の常在化ともいうべき自家撞着に陥っている。真に議論されるべきは，長期的停滞を直視する長期的変革だ。教育・訓練など人的投資，科学技術・インフラ投資，人口動態とエネルギー変革を見据えた投資など，財政の果たすべき役割は大きい。煽られた危機に対する近視眼的な対策は，財政の質を大きく損なっているように見える。遺憾なことは，そのような近視眼的な政策フレーミングと財政出動スローガンに，財政乗数効果の議論に終始する煎じ詰められすぎたマクロ経済学的「常識」が無批判に援用されてしまったことである。思想の漸次的な浸透力は既得権の力に比べて過小評価されているというケインズの言葉はなんとも皮肉ではないか。ケインズ経済思想の浸透は財政と癒着した既得権に塩を送っているのである。

　安直な財政出動論とは決別したうえで，真の危機時には財政出動による安定化政策が有効であること，その政策的実装に行政は通暁しているべきことを確認し，それを有用な政策手段として政府の道具袋の中に保持しておくべきだ。第 4 章は，そのような政策の高度化に資する研究と捉えることができる。まず，変動の起源が基礎的条件の変化なのか内生的起源なのかというショックの識別が政策構想のために必要であり，識別のためにはモデル構築がいる。第 3 章で導入した異質的家計・企業・産業を含むマクロモデルは，政策効果発現経路の分析に重要な貢献をする可能性がある。実際，東日本大震災におけるサプライチェーン途絶 (Carvalho et al., 2021) や，COVID-19 パンデミック (Guerrieri et al., 2022；Woodford, 2022) では，産業をまたぐショックの伝播の

分析に関心が集まった。

第5章の物価の内生的振動が持つ政策含意は，既存の金融政策研究によく適合するものである。現代の金融政策では，中央銀行がインフレ率の目標を定めて将来の金融政策を市場に透明に開示するが，インフレ目標の望ましい水準については論者によって幅がある。本書の分析は，高インフレ率の社会的費用として挙げられることの多い，インフレ率とボラティリティの相関について，ミクロ的基礎のある因果仮説を提示した。それにより，高インフレが高ボラティリティを生むことで厚生損失をもたらす可能性を論じたのである。しかし厚生損失の定量的分析は今後の課題として残されている。

第7章では資産価格振動を論じた。成熟経済では資産市場の機能が重要になっている。理由の1つは，経済のストックが増大し，資産市場での評価の変動がフローに与える影響を増したことにある。もう1つは資産市場機能が経済成長に及ぼす影響である。成熟経済において成長をもたらすイノベーションは，ベンチマークなき創造であるため不確実性が大きい。民間投資と公的投資とを問わず，いかに見込みのある投資プロジェクトを選別できるかが経済成長を左右する。

多くの投資家が集まって自身の資金を投じる対象を真剣に吟味する資産市場は，そのような選別に有効な制度である。しかし価格を通じて情報を集計するその仕組みの中に，価格の不安定性を生む力学が内包されている。

一般に，価格には情報効果がある。例えば消費者が見知らぬ自由市場経済でパンを買うとき，その値段がその国のパンの生産費用を大まかに反映したものであると考えていい。なぜなら，もし法外な値段だったら競合する業者が手をこまねいてはいないはずだからだ。また，その値段を確かめに隣の店に行って比べる必要もない。もしも隣の店が大幅に安いのであれば，誰もこの店ではパンを買っていないだろうからだ。競争のもとで成立する価格はこのようにして情報を集約するので，取引主体は自分で情報を収集する必要から解放される。ハイエクが唱えた市場経済の優位は，資源配分の効率性とともに情報集約の可能性にあった (Hayek, 1945)。

資産市場にも同じような社会的情報集約機能が期待され，見込みのあるプロジェクトに高い値がつくはずだ。しかし1つの逆説は，市場参加者が皆その情報集約機能に依存して誰も自分で情報を集めなくなったら，情報集約が機

能しなくなることである。流通する資産の価値の一部には本質的に投機的な性質が含まれる。投機的な価値は他の人が買う意思のあるかぎりにおいてつくるので，本当のところ価値のないものにも値はつきうる。価格は常識に似ている。先人の経験を凝縮した有益な知恵であることが多いが，盲信するのは危うい。第 7 章で示した価格の情報効果が生み出す資産価格の内生的な振動は，市場の情報的効率性の（離散的取引制約のもとでの）上限を示すものと考えることができる。

　局所的情報を集合的に学習する市場という機構には限界がある。他人の評価が自分の評価にも一定程度影響する投機性を含む資産市場であればなおさらだ。したがって基礎的条件の変動によらない大きな資産価格変動も可能であるという，常識的な教訓が導かれる。資産の真の価値が誰にも（中央銀行にも）わからない以上，このような資産価格振動は政策的対応の対象ではない。そのような変動がありうるということを，市場参加者はあらかじめ踏まえるべきというにすぎない。

　経済学を認識論の歴史家の観点から考察したフーコーは，市場は 18 世紀以降，統治実践の是非を識別するための「真理陳述」の場所を構成するようになり，その歴史の動きの一環に経済学の発生があるといった（フーコー，2008）。以前の時代のように法的に正しい価格で公正な取引が行われることが期待されるのではなく，自然発生的な価格形成によって経済の真実を吐露することが期待される。その期待は価格の変動を選好・技術・資源賦存の変化に還元する経済学的思考につながっている。しかし，もしも資産価格が政権の通知表であるならば，資産市場とはなんと杜撰でときに不実な採点者だろうか。自然発生的な価格形成機構が，ある配置のもとで共通して鳴らす冪乗則という唸りに本書は関心を寄せたのである。

■ **不均衡理論**　　本書の中心をなす 4.2 節，第 5, 7 章の研究は国際学会の議論のために供されたものの翻訳である。しかし，これらは日本で形成された研究の蓄積に大きな影響を受けてきた。

　ケインズ経済学のミクロ的基礎について国際的に先駆的な研究は根岸隆の同名の著書（Negishi, 1979；根岸, 1980）である。ケインズ経済学の基礎として主要な要素と目された独占的競争に関する先駆的業績（Negishi, 1961）は，信用論

的景気循環論で知られる清滝信宏のニューケインジアン初期の貢献 (Kiyotaki, 1988) に引き継がれた。また根岸の提案した屈折需要曲線モデルはミクロ的基礎のある価格粘着性モデルの先駆けである。独占的競争と価格粘着性は，本書でも受け継がれる動学一般均衡モデルの基礎的な共有財産となった。

　ケインズ経済学のミクロ的基礎が問題となる以前の一般均衡理論の創成に貢献した根岸にとって，均衡の安定性について展望した 1962 年論文の段階では，一般均衡理論は動学化の多様な方向性 (various ways of dynamizing) にまだ開かれていた (Negishi, 1962)。その積極的な開拓として，Hahn and Negishi (1962) は不均衡状態から均衡への収束する過程の非ワルラス的定式化を提示した。

　しかしマクロ経済学は別の動学化の道を歩んだ。第 I 部で概説したように，動学一般均衡理論に基づくマクロ経済学では，通時的に変動する確率的な経路を全体として均衡経路であると定式化した。経済の時系列データに対応するのは，確率的均衡経路の実現値系列であり，不均衡は実現しない（したがって観測されない）状態とされた。この定式化は，時系列的変動を不均衡状態から均衡への動学と見る定式化と対立した。政策思想の対立も含んだ 70 年代の議論は激化し，宇沢弘文（宇沢，1986）をして「悪夢」といわしめた。

　宇沢は在庫流通業者を導入して需給不一致状態を表現した小谷清（小谷，1987）に依拠して不均衡動学を提唱した。岩井克人 (Iwai, 1981；岩井，1987) は貨幣的取引を体系に導入することで必然的に発生する一般不均衡の理論を構築した。不均衡学派の展開については伊藤隆敏（伊藤，1985）が詳しい。マクロ経済モデルへの貨幣の導入は現在に至るまで満足な定式化の得られない点である。第 5 章で見た貨幣入り効用関数を全面的に用いることで，小野善康（小野，1992）は長期的な経済停滞を表現した。齊藤誠 (Saito, 2021；齊藤，2023) は貨幣的一般不均衡体系を用いて，未だに完全な理解の及ばない日本の長期マイルド・デフレーションの解明に取り組んだ。貨幣中立性のもとで起こりうる物価の累積過程を提示したヴィクセルを引いた岩井の「蚊柱」理論は第 5 章との近縁性を想起させるだろう。しかし一般不均衡の考え方からすれば本書の枠組みは「大気に不完全な真空という定義を与えた気象理論」にすぎない。

　不均衡学派と合理的期待形成学派の激しい論争と並行して，ゲーム理論においてはナッシュ均衡の定義以来，均衡概念の拡張が進んでいた。ワルラス体系

で需給一致を意味した市場均衡は，厚生経済学基本定理に込められた規範的含意を帯びていた。均衡とは個人合理性と社会的効率性が調和している状態であると解釈されていたが，ゲーム理論による「静かな革命」は，均衡概念が帯びた予定調和という規範的含意を脱色した。例えば，囚人のジレンマのナッシュ均衡は停滞均衡であり，パレートの意味で非効率である。拡張された均衡概念には，「ウィン-ウィン取引の取り尽くし」と「悪循環にスタック」の両方の可能性が開かれた。

　経済学はあらかじめ市場の予定調和を想定した学問だという批判を聞くことがある。ゲーム理論による均衡概念の拡張は，そのような批判を相当程度無効にしたといえる。主流派マクロ経済学に対抗するレギュラシオン学派を提起したボワイエは近著（ボワイエ，2019）の中で，主流派経済学は今に至るまで「弁解がましく規範的」と難じている。何かといえば市場の働きを肯定的に捉える論調のことを指していると思うが，拡張された均衡概念の持つ規範性の希薄さを見ればあるいは異なった印象を持つだろうか。

　しかし，ミクロ経済学において均衡概念が規範的な含みを相当程度一掃したのに対して，マクロ経済学ではどうだろうか。確かに，失業や在庫といった需給不一致現象は，拡張された均衡概念を用いて十分に分析できるようになった。伊藤 (1985) らの確率的数量割当モデルによって需給不一致とミクロ意思決定理論との整合性は回復され，その後のサーチ理論（今井ほか，2007；Rhodes et al., 2021）に典型的に見られるような非ワルラス的市場のゲーム理論的な均衡分析に昇華された。拡張された均衡概念によって，「均衡」はもはや需給一致条件を含んでも含まなくてもよいものになり，需給不一致現象は均衡論的理論体系に回収されることになった。

　その間に失われたものは，経済の内発的変動に関わる理論的地平ではなかっただろうか。ミクロ的基礎付けの要請とルーカス批判により，基礎的経済条件の変化を起源としない経済変動の表現（例えば有効需要の原理）は，不可能ではなくとも不如意になった。クルーグマンはこの30年のマクロ経済学の展開を「良くて無意味，悪くて有害」と言い放ち[1]，スティグリッツやソローといった大御所も辛辣である。マクロ経済学のミクロ的基礎付けを厳しく批判して，

---

1)　"What went wrong with economics," *The Economist*, July 16th, 2009.

経済の実態に根ざした，より自由度の高いモデルによる分析を追究する青木正直と吉川洋 (Aoki and Yoshikawa, 2007) は，マクロ経済分析の方法論として統計力学に範を取る。マクロ的現象一般について，分野の枠にとらわれない普遍的な方法論を志向する統計力学には，概念的な魅力と洗練された数理手法があり，いわゆる「経済物理学」の分析に結実している。本書の研究においても，冪乗則や砂山モデル，ランダム成長モデルや再帰時間モデルなど，統計力学の分析手法から多くを学んだ。

マクロ動学の方法論はなぜ強い関心事なのか。それは市場経済体制における政府の役割を規定するからである。市場の失敗に政府の存在意義を認めるのが経済学の長い伝統である。ケインズの創始したマクロ経済学はそれに加えて，労働需要の全面的な蒸発を妨げるための総需要管理を提唱し，需要蒸発といった事態を放置する政策を自由放任主義として強く批判した。70 年代以降のケインズ反革命はケインズ主義を軌道修正し，その後のマクロ経済学の発展は第Ⅰ部で見たような総需要管理政策と金融調節政策のエレガントな整理と，専門家集団による深化した政策議論へと導いた。一方で，政策思想を包摂すべく一般化されたはずの理論体系は，非決定性や合理的バブルモデル[2]などの例外を除いては，ディープ・パラメータの変動の外にマクロ変動の起源を求めることをあらかじめ排除するように機能している。そのことは，ケインズが理論体系を拡張して初めて余地を見出した安定化政策の基盤を掘り崩し，ケインズ以前のレッセフェールの経済政策思想への先祖返りを起こしかねない，理論体系の実質的な狭隘化を意味している。本書第Ⅱ部が目指したことは，市場が大まかにはよく機能する体系の内側に，局所的だが重要な活断層のあることを指摘し，政策介入を要請する領域が存在することを示すことだった。

動学一般均衡の中に内生的な変動の余地を見出したのは，本書が最初でも唯一でもない。例えばハンセンとサージェント (Hansen and Sargent, 2007) は，モデル内の意思決定主体が経済についての不完全なモデルによって経済を認識し，意思決定主体の認識と経済の反応が相互作用する理論体系を彫琢している。マクロ経済学における均衡経路のうちでファンダメンタルズの反映ではない内生的変動を表現する代表的な手法は複数均衡と非決定性であり，例えば福

---

2) Hirano et al. (2015), Hirano and Yanagawa (2017), 櫻川 (2021) が参考になる。

田慎一（福田, 1995）によって追究された。これらのモデルは頑健・明快であり非常に有益だが，それでは複数均衡・非決定性の中で何が実現値を決めるのかという問題が理論的にも実証的にも残る。本書第Ⅱ部では，均衡は定常均衡に一番近いものを選択したうえで，選択した均衡点が時間変動する過程を，ミクロ相互作用の雪崩によって特徴付けた。

　本書の提示する内生的変動が受け継いだのは，経済理論における非線形力学研究である。奥野正寛，西村和雄，松山公紀，矢野誠らが先導したこの分野の成果の中でよく知られているものは，収穫逓増的生産技術や世代重複構造を背景として，マクロ変数の動学が強い非線形を示すことから生じる，均衡経路の複数性や周期性，カオス性である。これら非線形動学は精緻な数理的完成を見たが，景気変動の理論としてそのままの形で応用されることは減り，非決定性モデルの数理的基礎となった。その理由に，景気変動を説明するほどに強いマクロの非線形性を生み出す収穫逓増性や価格支配力が現実の経済に観察されなかったことがある。本書の研究の貢献は，非線形力学の経済モデルが開いた内生的変動の可能性を，低自由度カオスから弱い非線形力学の高自由度な結合へと拡張し，強い非線形性の仮定を緩めるとともに，実証的に起源の明らかでないマクロ変動を基礎付けた点にあるといえる。そのような研究は，砂山モデルを考案したバックが経済学者のシェインクマンとウッドフォードと共同研究した論文 Bak et al. (1993) に遡る。非線形力学は動学一般均衡理論という構築物の中に，内生的変動が生じる余地を見出した。本書はその屋根裏部屋を広げてみせたのである。その意味で，事実解明的な「科学としての」経済学は，広く複雑系科学の一翼に位置付けられるべきであるというのが本書の方法論的志向である。

　では，なぜわざわざ動学一般均衡理論という建物の中に屋根裏部屋を見出す必要があったのか，例えば経済物理学の研究者なら不審に思うかもしれない。確かに個別の経済事象であれば，建物の広い外側により簡便な表現が見つかることもあるだろう。しかし，社会厚生の政策的改善に関わらない現象自体に経済学はそれほど興味を持たない。そしてそのような厚生分析は，政策思想と深く結びついた経済学の歴史の中にこそある。本書が複雑系分析手法を動学一般均衡理論の枠内に実装した理由は，均衡分析の広範な有効性を支持するからにほかならない。

　宇沢弘文『経済動学の理論』(1986 年) は，その 8 年前に連載された論文「不均衡動学序説」(1978 年) を直接の下敷きとしている。「序説」では，第 3 章のビューリー・モデルのような，状態にばらける個人の濃度が構成するマクロが描かれ，ミクロにおける意思決定の**離散性**が強調されている。**収穫一定経済における供給側の非決定性**が解説され，均衡を制約するのが IS 曲線，その制約の中で均衡点を決定するのは**資産価格**が調節する LM 曲線の世界である。「不均衡」の語は消えたが，その亡霊が指差す経済原理は失った名を求めてさまよい続けているかのようだ。

　経済学説は単線に進むものではないのだろう。多くのアイデアは昔から知られており，忘れられたり再発見されたりしてきた。アイデアは使いきれないほど豊富に存在してすでに無償で提供されており，コストがかかるのはそれを現実に使えるよう実装する作業にあると，ワイツマン (Weitzman, 1998) がイノベーションについて語ったことは学説にも当てはまるのかもしれない。経済学徒たるもの体系書をものする栄誉は 1 人アダム・スミスに委せ[3]，時代時代の経済の真実をつかみ取るべくアイデアをかき集めてはかりそめの体系を築き崩してきた。本書は市場のよく機能した安定の中にありながら派手な危機とも隣り合わせでいる，現代に向けられたそのような努力である。

---

3)　そう説く Keynes (1924) 自身はその後，『一般理論』の執筆に挑んでしまうのだが。

あとがき

■ **謝辞**　本書の内容の多くが共同研究の成果である。出版物の利用を快諾してくれた共著者たち，青木周平，相馬亘，渡辺努，頼超群，ルイージ・ギゾー，ジョゼ・シェインクマン，ジョン・スタハースキ各氏との，長きにわたる友誼に心より感謝する。共同研究者との語らいなしにはこの研究の進展はなかった。

　これまで奉職する幸運を得た素晴らしい大学研究機関，サンタフェ研究所，ユタ州立大学，カールトン大学，一橋大学，東京大学の同僚にも深く感謝したい。頑是ない私を温かく迎え入れ何くれとなく声をかけてくれた彼ら彼女らのおかげで，私は研究を続ける場所のみならず，学問の糧と日々の活力を得たのである。

　最後に，東京大学とシカゴ大学にて指導を仰いだ先生方，根岸隆，岩井克人，神谷和也，ラーズ・ハンセン，フェルナンド・アルバレス，ジョゼ・シェインクマン各教授の学恩に，篤く御礼を申し上げたい。本書の研究の種のすべては，そうと気がつかない研究指導の間に，すでに私の中に植えられてあったからである。

■ **初出一覧**

第3章　Nirei and Souma (2007), Nirei and Aoki (2016), Aoki and Nirei (2017)

第4章　Nirei (2006), Nirei (2015), Guiso, Lai, and Nirei (2017)

第5章　Nirei and Scheinkman (2024)

第7章　Nirei, Stachurski, and Watanabe (2020), 楡井 (2023)

■ **さらに読み進める読者のために**

●マクロ経済学全般について上級手法も含む教科書として

　齊藤誠・岩本康志・太田聰一・柴田章久 (2016)『マクロ経済学（新版）』有斐閣

- マクロ経済の現代的モデルと数値計算解法について

  北尾早霧・砂川武貴・山田知明（2024）『定量的マクロ経済学と数値計算』日本評論社

- 主流派に批判的な視点から統計力学に方法論を求めた体系書として

  吉川洋（2020）『マクロ経済学の再構築——ケインズとシュンペーター』岩波書店

- 冪乗則への導入として

  ジョフリー・ウェスト（2022）『スケール——生命，都市，経済をめぐる普遍的法則』山形浩生・森本正史訳，ハヤカワ文庫

- 自己組織臨界現象のわかりやすい解説として

  マーク・ブキャナン（2009）『歴史は「べき乗則」で動く』水谷淳訳，ハヤカワ文庫

参 考 文 献

阿部修人 (2011)　『家計消費の経済分析』岩波書店

伊藤隆敏 (1985)　『不均衡の経済分析——理論と実証』東洋経済新報社

今井亮一・工藤教孝・佐々木勝・清水崇 (2007)　『サーチ理論——分権的取引の経済学』東京大学出版会

岩井克人 (1987)『不均衡動学の理論』岩波書店

植田健一 (2022)　『金融システムの経済学』日本評論社

宇南山卓 (2023)　『現代日本の消費分析——ライフサイクル理論の現在地』慶應義塾大学出版会

宇沢弘文 (1986)　『経済動学の理論』東京大学出版会

小谷清 (1987)　『不均衡理論——ワルラス均衡理論の動学的基礎』東京大学出版会

小野善康 (1992)　『貨幣経済の動学理論——ケインズの復権』東京大学出版会

加藤涼 (2007)　『現代マクロ経済学講義——動学的一般均衡モデル入門』東洋経済新報社

香取眞理 (1997)『複雑系を解く確率モデル——こんな秩序が自然を操る』講談社ブルーバックス

川口大司 (2017)　『労働経済学——理論と実証をつなぐ』有斐閣

北尾早霧・砂川武貴・山田知明 (2024)『定量的マクロ経済学と数値計算』日本評論社

齊藤誠 (2023)　『財政規律とマクロ経済——規律の棚上げと遵守の対立をこえて』名古屋大学出版会

櫻川昌哉 (2021)『バブルの経済理論——低金利，長期停滞，金融劣化』日本経済新聞出版

佐和隆光 (2003)『経済学への道』岩波書店

シェリング，トーマス (2016)『ミクロ動機とマクロ行動』村井章子訳，勁草書房

タレブ，ナシーム・ニコラス (2009)　『ブラック・スワン——不確実性とリスクの本質』（上・下），望月衛訳，ダイヤモンド社

楡井誠 (2023)　「価格の情報効果と資産価格振動のファットテイル」『現代経済学の潮流2022』東京大学出版会

根岸隆 (1980)　『ケインズ経済学のミクロ理論』日本経済新聞社

ブキャナン，マーク (2009)　『歴史は「べき乗則」で動く』水谷淳訳，早川書房（ハヤカワ文庫）

福田慎一 (1995)　『価格変動のマクロ経済学』東京大学出版会

フーコー，ミシェル (2008)　『生政治の誕生——コレージュ・ド・フランス講義 1978-1979年度』慎改康之訳，筑摩書房

ボワイエ，ロベール (2019)　『資本主義の政治経済学——調整と危機の理論』山田鋭夫監修，原田裕治訳，藤原書店

森嶋通夫 (1999)『智にはたらけば角が立つ——ある人生の記録』朝日新聞社

渡辺努 (2022)『物価とは何か』講談社

渡辺努・岩村充 (2004)『新しい物価理論——物価水準の財政理論と金融政策の役割』岩波書店

Acemoglu, D., V. M. Carvalho, A. Ozdaglar, and A. Tahbaz-Salehi (2012) The network origins of aggregate fluctuations. *Econometrica*, 80: 1977-2016.

Aiyagari, S. R. (1994) Uninsured idiosyncratic risk and aggregate saving. *Quarterly Journal of Economics*, 109: 659-684.

Aoki, K. (2001) Optimal monetary policy responses to relative-price changes. *Journal of Monetary Economics*, 48: 55-80.

Aoki, M. and H. Yoshikawa. (2007) *Reconstructing Macroeconomics: A Perspective from Statistical Physics and Combinatorial Stochastic Processes.* Cambridge University Press.

Aoki, S. and M. Nirei (2017) Zipf's law, Pareto's law, and the evolution of top incomes in the United States. *American Economic Journal: Macroeconomics*, 9: 36-71.

Ascari, G. and A. M. Sbordone (2014) The macroeconomics of trend inflation. *Journal of Economic Literature*, 52: 679-739.

Avery, C. and P. Zemsky (1998) Multidimensional uncertainty and herd behavior in financial markets. *American Economic Review*, 88: 724-748.

Bak, P., C. Tang, and K. Wiesenfeld (1988) Self-organized criticality. *Physical Review A*, 38: 364-374.

Bak, P., K. Chen, J. Scheinkman, and M. Woodford (1993) Aggregate fluctuations from independent sectoral shocks: Self-organized criticality in a model of production and inventory dynamics. *Ricerche Economiche*, 47: 3-30.

Bak, P., M. Paczuski, and M. Shubik (1997) Price variations in a stock market with many agents. *Physica A*, 246: 430-453.

Ball, L. M. (2013) The case for four percent inflation. *Central Bank Review*, 13: 17-31.

Ball, L., N. G. Mankiw, and D. Romer (1988) The New Keynesian economics and the output-inflation trade-off. *Brookings Papers on Economic Activity*, 1: 1-65.

Banerjee, A. V. (1992) A simple model of herd behavior. *Quarterly Journal of Economics*, 107: 797-817.

Beaudry, P. and F. Portier (2006) Stock prices, news, and economic fluctuations. *American Economic Review*, 96: 1293-1307.

Behrens, K., G. Mion, Y. Murata, and J. Süedekum (2020) Quantifying the gap between equilibrium and optimum under monopolistic competition. *Quarterly Journal of Economics*, 135: 2299-2360.

Benhabib, J., S. Schmitt-Grohé, and M. Uribe (2001) The perils of Taylor rules. *Journal of Economic Theory*, 96: 40-69.

Bikhchandani, S., D. Hirshleifer, and I. Welch (1992) A theory of fads, fashion, custom, and cultural change as informational cascades. *Journal of Political Economy*, 100: 992-1026.

Blanchard, O. J. and L. H. Summers (1988) Beyond the natural rate hypothesis. *American Economic Review*, 78: 182-187.

Blanchard, O. J. and N. Kiyotaki (1987) Monopolistic competition and the effects of aggregate demand. *American Economic Review*, 77: 647-666.

Brunnermeier, M. K. (2001) *Asset Pricing under Asymmetric Information: Bubbles, Crashes, Technical Analysis, and Herding.* Oxford University Press.

Bulow, J. and P. Klemperer (1994) Rational frenzies and crashes. *Journal of Political Economy*, 102: 1-23.

Caballero, R. J. and E. M. R. A. Engel (1991) Dynamic (S,s) economies. *Econometrica*, 59: 1659-1686.

Campbell, J. Y. and L. M. Viceira (2002) *Strategic Asset Allocation: Portfolio Choice for Long-Term Investors*. Oxford University Press.

Caplin, A. and J. Leahy (1994) Business as usual, market crashes, and wisdom after the fact. *American Economic Review*, 84: 548-565.

Carvalho, V. M., M. Nirei, Y. U. Saito, and A. Tahbaz-Salehi (2021) Supply chain disruptions: Evidence from the Great East Japan earthquake. *Quarterly Journal of Economics*, 136: 1255-1321.

Cashin, D. and T. Unayama (2016) Measuring intertemporal substitution in consumption: Evidence from a VAT increase in Japan. *Review of Economics and Statistics*, 98: 285-297.

Chamley, C. P. (2004) *Rational Herds: Economic Models of Social Learning*. Cambridge University Press.

Chari, V. V. and P. J. Kehoe (2004) Financial crises as herds: Overturning the critiques. *Journal of Economic Theory*, 119: 128-150.

Cipriani, M. and A. Guarino (2005) Herd behavior in a laboratory financial market. *American Economic Review*, 95: 1427-1443.

Clarida, R., J. Galí, and M. Gertler (1999) The science of monetary policy: A New Keynesian perspective. *Journal of Economic Literature*, 37: 1661-1707.

Clauset, A., C. R. Shalizi, and M. E. J. Newman (2009) Power-law distributions in empirical data. *SIAM Review*, 51: 661-703.

Cogley, T. and J. M. Nason (1995) Output dynamics in real-business-cycle models. *American Economic Review*, 85: 492-511.

Coibion, O. and Y. Gorodnichenko (2011) Monetary policy, trend inflation, and the Great Moderation: An alternative interpretation. *American Economic Review*, 101: 341-370.

Cont, R. and J.-P. Bouchaud (2000) Herd behavior and aggregate fluctuations in financial markets. *Macroeconomic Dynamics*, 4: 170-196.

Cooper, R. (1994) Equilibrium selection in imperfectly competitive economies with multiple equilibria. *Economic Journal*, 104: 1106-1122.

Cooper, R., J. Haltiwanger, and L. Power (1999) Machine replacement and the business cycles: Lumps and bumps. *American Economic Review*, 89: 921-946.

Cukierman, A. and A. H. Meltzer (1986) A theory of ambiguity, credibility, and inflation under discretion and asymmetric information. *Econometrica*, 54: 1099-1128.

Dallard, P., A. J. Fitzpatrick, A. Flint, A. Low, R. M. Ridsdill Smith, and M. Willford (2001) The London Millennium Footbridge. *The Structural Engineer*, 79(22), 20 November 2001.

Diamond, D. W. and P. H. Dybvig (1983) Bank runs, deposit insurance, and liquidity. *Journal of Political Economy*, 91: 401-419.

Duffie, D. (2019) Prone to fail: The pre-crisis financial system. *Journal of Eco-*

nomic Perspectives, 33: 81-106.

Evans, G. W. and S. Honkapohja (2009) Learning and macroeconomics. *Annual Review of Economics*, 1: 421-449.

Fama, E. F. (1963) Mandelbrot and the stable Paretian hypothesis. *Journal of Business*, 36 : 420-429.

Feller, W. (1966) *An Introduction to Probability Theory and Its Applications*, volume II, 2nd ed. Wiley.

Fischer, S. and F. Modigliani (1978) Towards an understanding of the real effects and costs of inflation. *Review of World Economics*, 114: 810-833.

Fujiwara, Y., W. Souma, H. Aoyama, T. Kaizoji, and M. Aoki (2003) Growth and fluctuations of personal income. *Physica A*, 321: 598-604.

Gabaix, X. (1999) Zipf's law for cities: An explanation. *Quarterly Journal of Economics*, 114: 739-767.

Gabaix, X. (2009) Power laws in economics and finance. *Annual Review of Economics*, 1 : 255-294.

Gabaix, X. (2011) The granular origins of aggregate fluctuations. *Econometrica*, 79: 733-772.

Gabaix, X., P. Gopikrishnan, V. Plerou, and H. E. Stanley (2006) Institutional investors and stock market volatility. *Quarterly Journal of Economics*, 121: 461-504.

Golosov, M. and R. E. Lucas, Jr. (2007) Menu costs and Phillips curves. *Journal of Political Economy*, 115: 171-199.

Gottardi, P., A. Kajii, and T. Nakajima (2015) Optimal taxation and debt with uninsurable risks to human capital accumulation. *American Economic Review*, 105: 3443-3470.

Greenwood, J., Z. Hercowitz, and G. W. Huffman (1988) Investment, capacity utilization, and the real business cycle. *American Economic Review*, 78: 402-417.

Gu, Z. and R. Ibragimov (2018) The "cubic law of the stock returns" in emerging markets. *Journal of Empirical Finance*, 46: 182-190.

Guerrieri, V., G. Lorenzoni, L. Straub, and I. Werning (2022) Macroeconomic implications of COVID-19: Can negative supply shocks cause demand shortages? *American Economic Review*, 112: 1437-1474.

Guiso, L., C. Lai, and M. Nirei (2017) An empirical study of interaction-based aggregate investment fluctuations. *Japanese Economic Review*, 68: 137-157.

Gul, F. and R. Lundholm (1995) Endogenous timing and the clustering of agents' decisions. *Journal of Political Economy*, 103: 1039-1066.

Hahn, F. H. and T. Negishi (1962) A theorem on non-tâtonnement stability. *Econometrica*, 30: 463-469.

Hansen, G. D. and S. İmrohoroğlu (2016) Fiscal reform and government debt in Japan: A neoclassical perspective. *Review of Economic Dynamics*, 21: 201-224.

Hansen, L. P. and T. J. Sargent (2007) *Robustness*. Princeton University Press.

Harris, T. E. (1989) *The Theory of Branching Processes*. Dover.

Hasbrouck, J. (1991) Measuring the information content of stock trades. *Journal of Finance*, 46: 179-207.

Hayashi, F. and J. Koeda (2019) Exiting from quantitative easing. *Quantitative Economics*, 10: 1069-1107.

Hayek, F. A. (1945) The use of knowledge in society. *American Economic Review*, 35: 519-530.

Hirano, T. , M. Inaba, and N. Yanagawa (2015) Asset bubbles and bailouts. *Journal of Monetary Economics*, 76: S71-S89.

Hirano, T. and N. Yanagawa (2017) Asset bubbles, endogenous growth, and financial frictions. *Review of Economic Studies*, 84: 406-443.

Iiboshi, H., M. Shintani, and K. Ueda (2022) Estimating a nonlinear New Keynesian model with the zero lower bound for Japan. *Journal of Money, Credit and Banking*, 54: 1637-1671.

Ijiri, Y. and H. A. Simon (1967) A model of business firm growth. *Econometrica*, 35: 348-355.

Iwai, K. (1981) *Disequilibrium Dynamics: A Theoretical Analysis of Inflation and Unemployment*. Yale University Press.

Jung, T., Y. Teranishi, and T. Watanabe (2005) Optimal monetary policy at the zero-interest-rate bound. *Journal of Money, Credit and Banking*, 37: 813-835.

Kaizoji, T., S. Bornholdt, and Y. Fujiwara (2002) Dynamics of price and trading volume in a spin model of stock markets with heterogeneous agents. *Physica A*, 316: 441-452.

Kaldor, N. (1957) A model of economic growth. *Economic Journal*, 67: 591-624.

Kalecki, M. (1945) On the Gibrat distribution. *Econometrica*, 13: 161-170.

Keim, D. B. and A. Madhavan (1996) The upstairs market for large-block transactions: Analysis and measurement of price effects. *Review of Financial Studies*, 9: 1-36.

Keynes, J. M. (1924) Alfred Marshall, 1842-1924. *Economic Journal*, 34: 311-372.

King, R. G. and S. T. Rebelo (1999) Resuscitating real business cycles. In J. B. Taylor and M. Woodford, eds., *Handbook of Macroeconomics*, 1B, 927-1007. North-Holland.

Kitao, S. (2015) Fiscal cost of demographic transition in Japan. *Journal of Economic Dynamics and Control*, 54: 37-58.

Kitao, S. and T. Yamada (2019) Dimensions of inequality in Japan: Distributions of earnings, income and wealth between 1984 and 2014. RIETI Discussion Paper Series, 19-E-034.

Kiyotaki, N. (1988) Multiple expectational equilibria under monopolistic competition. *Quarterly Journal of Economics*, 103: 695-713.

Krugman, P. R. (1998) It's baaack: Japan's slump and the return of the liquidity trap. *Brookings Papers on Economic Activity*, 1998: 137-205.

Krusell, P. and A. A. Smith, Jr. (1998) Income and wealth heterogeneity in the macroeconomy. *Journal of Political Economy*, 106: 867-896.

Kubota, S., K. Onishi, and Y. Toyama (2021) Consumption responses to COVID-19 payments: Evidence from a natural experiment and bank account data. *Journal of Economic Behavior and Organization*, 188: 1-17.

Kuramoto, Y. (2003) *Chemical Oscillations, Waves, and Turbulence.* Dover.

Kyle, A. S. (1985) Continuous auctions and insider trading. *Econometrica*, 53: 1315-1335.

Laibson, D. (1997) Golden eggs and hyperbolic discounting. *Quarterly Journal of Economics*, 112: 443-478.

Lee, I. H. (1998) Market crashes and informational avalanches. *Review of Economic Studies*, 65: 741-759.

Lillo, F., J. D. Farmer, and R. N. Mantegna (2003) Master curve for price-impact function. *Nature*, 421: 129-130.

Lise, J., N. Sudo, M. Suzuki, K. Yamada, and T. Yamada (2014) Wage, income and consumption inequality in Japan, 1981-2008: From boom to lost decades. *Review of Economic Dynamics*, 17: 582-612.

Lucas, R. E., Jr. (2003) Macroeconomic priorities. *American Economic Review*, 93: 1-14.

Luttmer, E. G. J. (2007) Selection, growth, and the size distribution of firms. *Quarterly Journal of Economics*, 122 (3) : 1103-1144.

Lux, T. and D. Sornette (2002) On rational bubbles and fat tails. *Journal of Money, Credit and Banking*, 34: 589-610.

Lux, T. and M. Marchesi (1999) Scaling and criticality in a stochastic multi-agent model of a financial market. *Nature*, 397: 498-500.

Lux, T. and S. Alfarano (2016) Financial power laws: Empirical evidence, models, and mechanisms. *Chaos, Solitons and Fractals*, 88: 3-18.

Mandelbrot, B. (1967) The variation of some other speculative prices. *The Journal of Business*, 40 (4): 393-413.

Mankiw, N. G. (1985) Small menu costs and large business cycles: A macroeconomic model of monopoly. *Quarterly Journal of Economics*, 100: 529-537.

Minehart, D. and S. Scotchmer (1999) Ex post regret and the decentralized sharing of information. *Games and Economic Behavior*, 27: 114-131.

Moriguchi, C. and E. Saez (2008) The evolution of income concentration in Japan, 1886-2005: Evidence from income tax statistics. *Review of Economics and Statistics*, 90: 713-734.

Mukoyama, T. and A. Şahin (2006) Costs of business cycles for unskilled workers. *Journal of Monetary Economics*, 53: 2179-2193.

Nakajima, T. and S. Takahashi (2017) The optimum quantity of debt for Japan. *Journal of the Japanese and International Economies*, 46: 17-26.

Nakamura, E. and J. Steinsson (2008) Five facts about prices: A reevaluation of menu cost models. *Quarterly Journal of Economics*, 123: 1415-1464.

Nakata, T. (2017) Uncertainty at the zero lower bound. *American Economic Journal: Macroeconomics*, 9: 186-221.

Negishi, T. (1961) Monopolistic competition and general equilibrium. *Review of Economic Studies*, 28: 196-201.

Negishi, T. (1962) The stability of a competitive economy: A survey article. *Econometrica*, 30: 635-669.

Negishi, T. (1979) *Microeconomic Foundations of Keynesian Macroeconomics.*

North-Holland.

Nimark, K. P. (2014) Man-bites-dog business cycles. *American Economic Review,* 104: 2320-2367.

Nirei, M. (2006) Threshold behavior and aggregate fluctuation. *Journal of Economic Theory*, 127: 309-322.

Nirei, M. (2008) Self-organized criticality in a herd behavior model of financial markets. *Journal of Economic Interaction and Coordination*, 3: 89-97.

Nirei, M. (2011) Beauty contests and fat tails in financial markets. Research Center for Price Dynamics Working Paper, 76.

Nirei, M. (2015) An interaction-based foundation of aggregate investment fluctuations. *Theoretical Economics*, 10: 953-985.

Nirei, M. and J. A. Scheinkman (2021) Repricing avalanches. NBER Working Paper, 28654.

Nirei, M. and J.A Scheinkman (2024) Repricing avalanches. *Journal of Political Economy*, 132: 1327-1388.

Nirei, M. and S. Aoki (2016) Pareto distribution of income in neoclassical growth models. *Review of Economic Dynamics*, 20: 25-42.

Nirei, M. and W. Souma (2007) A two factor model of income distribution dynamics. *Review of Income and Wealth*, 53: 440-459.

Nirei, M., J. Stachurski, and T. Watanabe (2020) Trade clustering and power laws in financial markets. *Theoretical Economics*, 15: 1365-1398.

Nishiyama, S. (2015) Fiscal policy effects in a heterogeneous-agent OLG economy with an aging population. *Journal of Economic Dynamics and Control*, 61: 114-132.

Nutahara, K. (2015) Laffer curves in Japan. *Journal of the Japanese and International Economies*, 36: 56-72.

Øksendal, B. and A. Sulem (2019) *Applied Stochastic Control of Jump Diffusions*, 3rd ed. Springer.

Okun, A. M. (1971) The mirage of steady inflation. *Brookings Papers on Economic Activity*, 1971: 485-498.

Park, A. and H. Sabourian (2011) Herding and contrarian behavior in financial markets. *Econometrica*, 79: 973-1026.

Patinkin, D. (1969) The Chicago tradition, the quantity theory, and Friedman. *Journal of Money, Credit and Banking*, 1: 46-70.

Philippon, T. (2015) Has the US finance industry become less efficient? On the theory and measurement of financial intermediation. *American Economic Review*, 105: 1408-1438.

Redner, S. (2001) *A Guide to First-Passage Processes*. Cambridge University Press.

Rhodes, A., M. Watanabe, and J. Zhou (2021) Multiproduct intermediaries. *Journal of Political Economy*, 129: 421-464.

Saito, M. (2021) *Strong Money Demand in Financing War and Peace: The Cases of Wartime and Contemporary Japan*. Springer.

Sargent, T. J. and N. Wallace (1981) Some unpleasant monetarist arithmetic.

Federal Reserve Bank of Minneapolis Quarterly Review, 5: 1-17.

Scheinkman, J. A. and M. Woodford (1994) Self-organized criticality and economic fluctuations. *American Economic Association, Papers and Proceedings,* 84: 417-421.

Schmitt-Grohé, S. (1997) Comparing four models of aggregate fluctuations due to self-fulfilling expectations. *Journal of Economic Theory,* 72: 96-147.

Shiryaev, A. N. (1978) *Optimal Stopping Rules.* Springer-Verlag.

Simon, H. A. (1955) On a class of skew distribution functions. *Biometrika,* 42: 425-440.

Sims, C. A. (2001) Solving linear rational expectations models. *Computational Economics,* 20: 1-20.

Sims, C. A. (2003) Implications of rational inattention. *Journal of Monetary Economics,* 50: 665-690.

Smith, L. and P. Sørensen (2000) Pathological outcomes of observational learning. *Econometrica,* 68: 371-398.

Sornette, D. (2004) *Critical Phenomena in Natural Sciences,* 2nd ed. Springer.

Stauffer, D. and D. Sornette (1999) Self-organized percolation model for stock market fluctuations. *Physica A,* 271: 496-506.

Stokey, N. L. (2009) *The Economics of Inaction: Stochastic Control Models with Fixed Costs.* Princeton University Press.

Toda, A. A. (2014) Incomplete market dynamics and cross-sectional distributions. *Journal of Economic Theory,* 154: 310-348.

Vives, X. (1990) Nash equilibrium with strategic complementarities. *Journal of Mathematical Economics,* 19: 305-321.

Vives, X. (2008) *Information and Learning in Markets: The Impact of Market Microstructure.* Princeton University Press.

Walsh, C. E. (2017) *Monetary Theory and Policy,* 4th ed. MIT Press.

Watanabe, K., T. Watanabe, and T. Watanabe (2001) Tax policy and consumer spending: Evidence from Japanese fiscal experiments. *Journal of International Economics,* 53: 261-281.

Weitzman, M. L. (1998) Recombinant growth. *Quarterly Journal of Economics,* 113: 331-360.

Woodford, M. (2022) Effective demand failures and the limits of monetary stabilization policy. *American Economic Review,* 112: 1475-1521.

索　引

事　項

人　名

著者紹介

楡井　誠（にれい まこと）

東京大学大学院経済学研究科教授

1994 年，東京大学経済学部卒業，2002 年，シカゴ大学 Ph.D.（経済学）取得。2001 年，サンタフェ研究所ポストドクトラルフェロー，2004 年，ユタ州立大学経済学部助教授，2006 年，カールトン大学経済学部助教授，2008 年，一橋大学イノベーション研究センター・大学院商学研究科准教授，2015 年，財務総合政策研究所総括主任研究官，2017 年，東京大学大学院経済学研究科准教授，2019 年より現職。

主な著作：

"Repricing avalanches" (with José A. Scheinkman), *Journal of Political Economy*, 132: 1327-1388, 2024.

"Supply chain disruptions: Evidence from the Great East Japan Earthquake" (with Vasco M. Carvalho, Yukiko U. Saito and Alireza Tahbaz-Salehi), *Quarterly Journal of Economics*, 136 (2): 1255-1321, 2021.

"Trade clustering and power laws in financial markets" (with John Stachurski and Tsutomu Watanabe), *Theoretical Economics*, 15: 1365-1398, 2020.

"Zipf's Law, Pareto's Law, and the evolution of top incomes in the United States" (with Shuhei Aoki), *American Economic Journal: Macroeconomics*, 9 (3): 36-71, 2017.

"Pareto distribution of income in neoclassical growth models" (with Shuhei Aoki), *Review of Economic Dynamics*, 20: 25-42, 2016.

"An interaction-based foundation of aggregate investment fluctuations," *Theoretical Economics*, 10: 953-985, 2015.

"Management of science, serendipity, and research performance: Evidence from a survey of scientists in Japan and the U.S." (with Kota Murayama and Hiroshi Shimizu), *Research Policy*, 44 (4): 862-873, 2015.

"Closely competing firms and price adjustment: Some findings from an online marketplace" (with Takayuki Mizuno and Tsutomu Watanabe), *Scandinavian Journal of Economics*, 112 (4): 673-696, 2010.

"A two factor model of income distribution dynamics" (with Wataru Souma), *Review of Income and Wealth*, 53 (3): 440-459, 2007.

"Quantifying borrowing constraints and precautionary savings," *Review of Economic Dynamics*, 9: 353-363, 2006.

"Threshold behavior and aggregate fluctuation," *Journal of Economic Theory*, 127 (1): 309-322, 2006.

マクロ経済動学——景気循環の起源の解明
Interaction-driven Macroeconomic Fluctuations

2023 年 11 月 20 日 初版第 1 刷発行
2024 年 10 月 30 日 初版第 2 刷発行

著　者	楡井　誠	
発行者	江草貞治	
発行所	株式会社有斐閣	
	〒101-0051 東京都千代田区神田神保町 2-17	
	https://www.yuhikaku.co.jp/	
装　丁	高野美緒子	
印　刷	大日本法令印刷株式会社	
製　本	大口製本印刷株式会社	
装丁印刷	株式会社亨有堂印刷所	